KB272156

품바 각설이타령의 재발견

서도민요부터 신중현 기타연주까지
각설이타령 음반 100년사

품바 각설이타령의 재발견

굶주림과 어둠 속에서도 풍류와 희망을
노래하고 나눈 두레 문화의 발자취

노재명 지음

박문사

각설이타령의 흔적을 찾아서

20세기 하반기 정악과 민속악의 우위 대립기가 있었다. 전통사회 대중음악이었던 국악이 일제 식민지 문화 말살 정책 이후 비인기 장르이자 기생들이나 하는 혐오 음악으로까지 왜곡 전락되었다. 그리하여 국악이 전반적으로 전승의 어려움 속에서 최대한 궁중음악 등 품위가 있다고 여겨지는 국악 장르쪽에 연구와 관심이 편중되기도 하였다. 그래서 소외계층의 민속음악은 상대적으로 학계에서 소홀히 다루어졌고 대다수 세인으로부터 무시된 적이 있었다. 특히 신분이 낮았던 각설이패의 〈각설이타령〉은 장기간 대중의 많은 인기와 사랑을 획득했음에도 불구하고 그 예술성과 역사적 가치가 범사회적으로 제대로 조명되지 못하고 외면되었으며 관련 자료에 대한 집대성과 연구가 거의 전무한 상황이었다.

〈각설이타령〉이 오랫동안 대중음악처럼 인기를 구가한 점과는 별개로 사회적으로 크게 존중받지 못했기에 관계 기관이나 연구자 등에 의해 관련 자료들이 체계적으로 방대하게 수집되지 못했고 이에 따라 학계에서 관련 연구 또한 어려움이 있었다고 볼 수 있다. 비단 〈각설이타령〉뿐 다니라 국악 전반이 가볍게 여겨져 버려진 까닭에 자료가 턱없이 부족한 상황이다.

필자는 지난 40년간 각종 국악 자료를 수집하며 자연히 〈각설이타령〉 자료도 같이 확보하게 되었고 그러한 결과로 정식 음반으로 제작된 〈각설이타령〉 녹음은 거의 다 연구자료로 갖추어 본 서적을 집필하게 되었다. 삶의 현장에서 생사를 넘나들며 처절하게 불려진 〈각설이타령〉의 철학 정신은 희석되고 각설이 복장의 가장행렬처럼 변질되어 행해지는 관련 축제 등을 보며 이 노래의 근본 정신과 철학 문화를 보다 가치 있게 알리고 싶은 측면이 강했다. 1970년대 필자가 목격했던 각설이패의 실상과 기억도 기록으로 남기고 싶었다.

필자가 1986년 국악 연구에 입문하게 된 계기는 홍익인간 정신으로 보다 아름다운 세상이 되기를 염원하며 온몸을 진동시켜 호령조 통성으로 판소리를 구사한 명창들의 뜻과 기개, 예술성에 감화되어서이다. 〈각설이타령〉에 대한 연구와 본 서적 집필 역시 그러한 맥락에서 이루어졌다.

서도민요부터 신중현의 기타연주까지 〈각설이타령〉 음반 100년사를 이 책에 담았고 이를 통해 〈각설이타령〉의 진면모를 드러내고 각설이패의 노래를 다시 바라보는 재발견의 계기가 되기를 바래본다. 굶주림과 어둠 속에서도 풍류와 희망을 노래하고 나눈 두레 문화의 발자취가 조금이나마 여기 기록되기를 소망했다. 더불어 〈각설이타령〉의 역사와 예술미학과 철학 가치가 두루 보다 이해되고 연구가 활성화되기를 기원한다.

사랑도 명예도 이름도 남김 없이 한평생 전국을 떠돌며 당대 민중의 애환과 사회상과 삶의 의미를 담아 〈각설이타령〉을 목놓아 외치고 다닌 이들의 넋에 이 책이 작은 위로가 되기를 희망한다. 또한 '적선지가필유여경'(積善之家必有餘慶, 착한 일을 쌓는 집안에는 반드시 남는 경사가 있다) 의미로, 혹은 마음에서 자연히 우러나 각설이패에게 적선한 한반도의 수많은 선한 선조들에게도 고마운 마음을 전하고 싶다. 모쪼록 홍익인간 정신을 담고 있는 〈각설이타령〉의 숨은 뜻과 음악성이 전세계에 전파되어 보다 인류가 행복하고 평화로운 세상이 되기를 바래본다.

2026년 1월 1일
트럭 12대 분량의 국악 자료들을 손수 옮겨 12차례 이사한 끝에
정착한 용답동 국악음반박물관에서…
이 마을 재개발로 인해 다시 이주를 구상하며…
국악 연구 만 40년이 되는 해를 기념하며…
저자 노재명 씀.

제1장

각설이타령의 역사와 특징

가무잡희(歌舞雜戲)를 벌이며 돈을 걷는 놀이패는 여러 가지가 있는데 사당패나 걸립승은 염불, 초라니는 탈놀이와 고사소리, 걸립패는 걸립 풍물굿과 고사소리, 각설이패는 〈각설이타령〉,[1] 풍각쟁이는 해금 연주 등을 한다.

언제부터 한반도에서 〈각설이타령〉이 불려졌는지는 알 수 없으나 조선시대 대기근 이후 걸인이 대거 증가했으리라 생각된다.

『선조실록(宣祖實錄)』권47 선조 27년(1594년) 1월 17일 병신(丙申) 첫 번째 기사에 다음과 같은 기록이 있다.

> 기근이 극도에 이르러 심지어 사람의 고기를 먹으면서도 전혀 괴이하게 여기지 않습니다. 그러므로 길가에 쓰러져 있는 굶어 죽은 시체에 완전히 붙어있는 살점이 없을 뿐만이 아니라 어떤 사람들은 산 사람을 도살(屠殺)하여 내장과 골수까지 내어 먹는다고 합니다. 도성 안에 이같은 경악스러운 변이 있는데도 형조에서는 무뢰(無賴)한 기민(飢民)이라 하여 전혀 체포하거나 금하지 않고 있으며 발각되어 체포된 자 또한 엄히 다스리지 않고 있습니다.(司憲府 啓曰: 饑饉之極, 甚至食人之肉, 恬不知怪. 非但剪割道殣, 無一完肌, 或有屠殺生人, 并與腸胃腦髓而噉食之. 都城之內, 有如此可愕 之變, 而刑曹諉以飢民無賴, 慢不捕禁, 其所現捉者, 亦不嚴治.)

이상 기후가 계속되어 기근이 지속되면서 이처럼 식인 사태까지 일어났고, 정부에서 이를 묵인하기도 했다.

1670년 경술년과 1671년 신해년에 발생한 경신대기근(庚辛大飢饉)과 1695~1699년에 있었던 을병대기근(乙丙大飢饉)으로 조선 전국토에서 기아, 전염병이 급속히 확산되었다.[2]

---

1 강은해, 「각설이타령 원형과 장타령에 대한 추론」, 『국어국문학』 85, 국어국 문학회, 1981.

소빙기로 인해 1675~1864년에 차산지(茶産地)는 사실상 소멸에 가까 웠다.[3] 17세기 한랭화 현상 속에서 한재와 수재가 기승하면서 의서와 농 업서가 대응으로 나왔다.[4]

역사 기록에 따르면 17세기 중후반에 대기근이 발생해 인구의 30%가 사라졌다. 2세기에 걸친 국가적 재난 상황에서 식량 부족, 장기 약탈, 식 인, 민심 동요 등이 벌어지면서[5] 전국적으로 걸인이 급증했다고 어렵지 않게 짐작할 수 있다. 〈각설이타령〉은 이러한 흐름 속에서 전국적으로 급속히 확산되고 유행했다고 판단된다.

1. 각설이타령 명칭 탐구

국립국어원『표준국어대사전』에는 '각설이(却說이)'가 장타령꾼을 낮 잡아 이르는 말, '장(場)타령꾼'은 예전에 장이나 길거리로 돌아다니면 서 장타령을 부르던 동냥아치, '품바'는 장터나 길거리를 돌아다니면서 동냥하는 사람이라고 되어 있다.

걸인, 각설이는 전국에서 통용된 단어였고 걸인의 별칭은 지역마다 조금씩 달랐는데 각서리, 각써리, 각설히, 각설이, 먹메, 먹뫼, 동냥치, 똥냥치, 동냥꾼, 각설이꾼, 각설꾼, 장타령꾼, 양아치, 풍각쟁이, 동나 치, 거지. 거라지, 거러지, 거러시, 거러치, 거라치, 초살이, 생초, 묵은

2　김덕진,『대기근 조선을 뒤덮다(우리가 몰랐던 17세기의 또 다른 역사)』, 푸른 역사, 2008.

3　이현숙,「조선시대 차산지 연구」,『한국차학회지』9-2, 한국차학회, 2003, 23~ 39면.

4　김호,「16세기 말 17세기 초 '역병(疫病)' 발생의 추이와 대책」,『한국학보』 19-2, 일지사, 1993, 2120~2146면.

5　노재명,『중고제·호걸제 판소리 시조 염계달 명창과 수궁가』, 그래서음악, 2023, 288~290면.

초, 엉아리꾼, 옹아리꾼, 땅거지, 상거지, 걸꾼, 구걸꾼, 개걸꾼, 걸개꾼, 유걸꾼, 유개, 먹장이, 먹쟁이, 걸구꾼, 걸쟁이, 거렁뱅이, 비렁뱅이, 비럭질꾼, 먹설이꾼, 천사, 날개 없는 천사 등이다. 각설(却說)은 여러 고대소설에서 보이는 말로서 그로부터 연유된 듯하다. 〈품바타령〉은 김시라가 각색하고 연출한 연극 '품바'에서 〈각설이타령〉을 '품바타령'이라 한 것이 일반화되어 불린 경우이며 〈장타령〉은 '장만센가'라고도 한다.[6]

신재효(申在孝, 1812~1884)가 정리한 판소리 변강쇠가에는 품바의 뜻이 타령의 장단을 맞추고 흥을 돋우는 소리라 하여 '입장고'라 기록되어 있다. 그후 일제, 광복, 자유당, 공화당 시절에 이르기까지는 입으로 뀌는 방귀라는 의미로 '입방귀'라는 말과 뜻이 널리 일반화되었다. 고금을 막론코 피지배계급(가난한 자, 역모에 몰린 자, 관을 피하여 다니는 자, 지배계급에 불만을 품은 자, 소외된 자 등)에 속한 이들이 걸인 행세를 많이 하였는데 그들은 부정을 치부한 자, 아부 아첨하여 관직에 오른 자, 기회주의자, 매국노 등의 문전에서 "방귀나 먹어라 이 더러운 놈들아"라는 의미로 입방귀를 뀌어 말로는 표현할 수 없는 현실에 대한 한과 울분을 표출했다 한다. 이처럼 품바는 〈각설이타령〉의 후렴구에 사용되는 일종의 장단 구실을 하는 의성어로 전해 왔었으나 오늘날은 각설이나 걸인의 대명사로 일반화되었다. 그리고 품바란 가진 게 없는 허(虛), 텅 빈 상태인 공(空), 그것도 득도의 상태에서의 겸허함을 의미한다고 전하며 구걸할 때 품바라는 소리를 내서 "왔습니다. 한푼 보태주시오. 타령 들어갑니다" 등의 쑥스러운 말 대신 썼다고들 한다. 또 품바란 한자의 품(稟)자에서 연유되어 '주다', '받다'의 의미도 있고 일하는 데 드는 수고나 힘을 뜻하는 품, 품앗이, 품삯 등에서 연유했다고도 한다.[7]

---

6 김시라, 「품바타령, 즉 각설이타령과 기타」, 『소설 품바시대(상)』, 영한문화사, 1987, 24면.

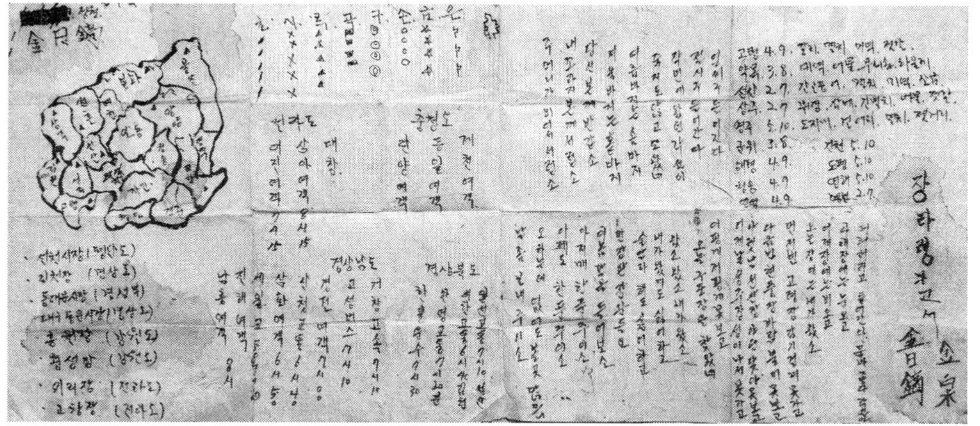

20세기 후반 김천 김일호가 민요 〈장타령〉 가사와 전국 주요 장터 관련 지도·정보 등을 적은 기록지.
2025년 4월 5일 경상북도 경산시 와촌면 음양리에서 노재명이 구입한 것. 국악음반박물관 소장 자료.

〈각설이타령〉(품바타령)과 〈장타령〉은 대체로 같은 의미로 알려져 있으나 일부 학자는 각기 다른 민요라는 의견을 제시하기도 하였다.[8] 그 가사와 기능이 일부 다르나 큰 의미에선 걸인이 동냥하면서 부르는 소리라는 점에서 공히 각설이가 부를 수 있는 여러 소리 가운데 즐겨 부른 각설이의 대표적인 곡들이라고 하겠다. 그리고 일반 대중들은 그 두 곡을 각설이들이 부르기에 통틀어 〈각설이타령〉이라고도 하고 장(場)에서도 그 두 곡을 부르고 다니기에 〈장타령〉이라고 통칭했다고 할 수 있다.

가신(歌神)·가선(歌仙)으로 불린 동편제 대가 박기홍은 후배 동편제 명창 송만갑의 통속화 된 소리를 일러 '장타령 아니면 염불'이라고 비판

---

7 김시라, 「품바란」, 『소설 품바시대(상)』, 영한문화사, 1987, 21~22면.
8 이창식, 『한국의 유희민요』, 집문당, 1999, 136면에 따르면 본래 〈장타령〉은 주로 보부상이 불렀다고 한다.

한 바 있는데, 민요 〈장타령〉을 정통 판소리에 비해 하급 수준의 노래로 인식한 것이라 할 수 있다.

그간 학자들은 〈각설이타령〉, 〈장타령〉에 대해 다음과 같은 의견을 피력한 바 있다.(학자명 가나다순)

[김정희]

〈각설이타령〉의 가사는 대개 각설이가 된 내력을 밝히며 시작되는데, 보통은 정승 판서의 자제로 태어났으나 돈 한푼 또는 술 한잔에 팔려 각설이가 되었다고 둘러댄다. 그리고 자신의 노래를 자화자찬하는 대목이 이어지게 마련이다. 그 다음 주로 나오는 것이 '숫자 풀이' 또는 '투전 뒤풀이'라고 하는 부분인데, 1~10까지 나열하면서 숫자에 해당되는 노랫말을 이어가는 것이다. 또 팔도의 주요 장터를 나열하면서 각 장(場)의 특징이나 이름 풀이를 이어가는 '장타령'도 흔히 나오는 내용이다. 그 외에도 〈각설이타령〉에는 '고리타령', '딸타령' 등 다양한 주제의 가사가 풍부하다.

전국의 〈각설이타령〉이 리듬이나 선율에서 정형화되어 있어 지역성이 거의 드러나지 않는 것은 이 노래가 지역을 기반으로 한 토속민요가 아니라 각 지역을 떠돌아다니던 각설이패에 의해 만들어진 후 민간에 퍼진 곡이기 때문이다.[9]

[박기종]

〈장타령〉은 황해도, 평안도 전지역에서 불리던 서도소리의 하나이다. 집없는 떠돌이나 걸인들이 시장판이나 각 가정을 돌아다니면서 구

---

9 '지리산자락의 민요(2)' 음반(국립민속국악원 제작, 로엔엔터테인먼트 제조 L100003944, 1CD, 2009년 제작)의 해설서(김정희, 『지리산자락의 민요(2)』, 국립민속국악원, 2009) 85~88면.

걸을 할 때 부르던 노래다.

원래 입에서 입으로 구전돼 오던 노래이지만 그 내용이 아주 소박한 서민들의 애환을 담은 것이 공감되어 일반 대중이나 소리꾼들에게도 애창되고 있는 소리이다.

일명 〈각설이타령〉이라고도 불려지는 이 노래는 전국 각 지역마다 각기 조금씩 다른 〈장타령〉이 퍼져 있다.

덧없는 인생살이를 풍자적으로 엮어 나가고 단순하고도 부드러우며 상스럽지 않게 부르는 이 노래는 때와 장소에 구분없이 누구나가 즐길 수 있는 곡이다.

서도 창법으로 2박을 근간으로 구성지게 부르며 중간중간 추임새를 넣어 더욱 흥취를 느끼게 한다.[10]

[박창원]

〈장타령〉은 흔히 〈각설이타령〉이라고도 한다. 각설이는 걸식하며 다니는 거지를 말한다. 2~3인이 한 조가 되어 대문 앞이나 장터의 가게 앞에서 구걸을 할 때 이 노래를 부른다. 각설이들이 불쑥 들어가지 않고 우스꽝스런 노래와 춤으로 주인에게 인사를 하고 적선을 청하는 수법을 쓰는 것이다.

〈장타령〉은 〈투전 뒤풀이〉의 사설을 차용하여 부르는 경우와 월령(月令)으로 정월에서 섣달까지 1년을 노래하는 경우가 있는데, 어느 것이나 "얼씨구씨구 들어간다 절씨구씨구 들어간다"로 시작한다. 비록 각설이라 할지라도 자존심은 있어, 본래 정승 판서의 자제이나 거추장스런 벼슬을 마다하고 돈 한푼 얻는 재미로 각설이 노릇을 한다는 변명을 늘어놓는다.

---

10 박기종, 『서도소리 가사집(황해도 · 평안도)』, 서도소리연구회, 1999, 239면.

본래 각설이들의 노래였지만 가락이나 사설이 재미가 있어서 요즘은 그런 기능은 상실한 채 일반인들에 의해 가창유희요로 많이 불려진다.[11]

[이소라]
〈각설이타령〉(품바타령)은 예전에 거지가 동냥하던 소리로, 요즈음은 놀이로서 불리운다. 일자부터 장자까지 2분박 리듬에 얹어 풀어 나가는 각설이와 어떤 장은 어째서 못보고 하는 식으로 시장(市場)의 특색들을 주워 섬기는 장타령으로 구분할 수 있다.[12]

[이창배 · 이성희]
각설이란 각설(却說)인데 장타령꾼을 낮게 부르는 소리로, 각 장터나 집집마다 돈을 얻으러 다니는 걸인이 그냥 남더러 달라는 것보다 입심 좋게 〈장타령〉을 부르고 동냥하는 것을 〈각설이타령〉이라고 한다. 걸인이 돈을 동냥하는 데 쓰는 노래이어서 퍽 격이 낮게 알지만 사실은 그렇지 않다.

이 〈각설이타령〉은 사설의 내용도 좋고 곡조도 단순하지만 그대로 엮어 가다가 엇가락으로 넘어가는 데는 참으로 들을 맛이 있다. 청승스럽고도 구수한 데가 있으나 거지가 부른다 하여 즐겨 부르지 않으므로 점차 없어지는 경향이 있다.

이 〈각설이타령〉은 충청남도 청양 지방과 부산 지방에서 성창하던 것이며, 〈장타령〉은 강원도 이천 지방과 경상북도 영천, 충청남도 예산 지방에서 부르던 노래이다.[13]

11　박창원,『포항 지역 구전민요』, 포항문화원, 1999, 214면.
12　'고양 민요론' 음반(고양문화원 기획 · 제작, Heritage Gramophone 제조 emu-0625, 1CD, 2007년 제작)의 해설서(이소라,『고양 민요론』, 고양문화원, 2007) 90면.
13　이창배,『한국 가창 대계』, 홍인문화사, 1976, 914면; 이성희,『경서도창 가사

[장사훈]

〈장타령〉은 경기 이남 지역에 널리 퍼져 부르던 걸인의 노래. 〈각설이타령〉이라고도 함. 가사의 종류는 지방에 따라 많이 다르지마는 임헌도 조사에 의한 충남 공주 지방의 〈장타령〉이 가장 보편적으로 알려져 있다.[14]

[최상일]

각설이패가 살아가기 위한 주요 수단으로 삼았던 것이 바로 〈각설이타령〉이라는 노래였다. 아무것도 안하고 동냥만 달라고 하는 거지와는 달리 각설이패는 일종의 연예를 제공하는 대가로 밥이나 돈을 구걸했던 셈이다.

각설이패들은 노래로 사람들을 감동시키기 위해 나름대로 궁리를 많이 했기 때문에 〈각설이타령〉은 풍부한 노랫말과 세련된 곡조를 가지고 있다.

각설이패는 남의 집 대문으로 들어서면서부터 노래로 각설이가 왔다는 것을 알리고 나서 인사치레로 자신이 각설이로 나서게 된 내력을 밝힌다. 재주껏 갖가지 얻어들은 문서를 털어서 타령을 엮어 나간다. 먼저 제 노래를 제 스스로 칭찬하는 대목이다. 다음은 이른바 '장(場)타령'이 나올 차례다. 짧게 끝내면 동냥을 얻기가 어려웠을 것이다. 노래를 잘 불러서 동냥을 주든 시끄럽고 귀찮아서 동냥을 주든 〈각설이타령〉은 무조건 동냥이 나올 때까지 노래를 계속해야 한다. 그래서 〈각설이타령〉은 머우 길다.

1에서 10까지 숫자를 풀어가는 대목은 흔히 '투전 뒤풀이'라고 하는 것이다. 이런 〈각설이타령〉은 1960~1970년대에 대학생들이 술자리에

집』, 경기소리휘몰이잡가보존회, 2005, 476면. 두 기록 내용 동일함.
14 장사훈, 『국악 대사전』, 세광음악출판사, 1991, 75 · 646면.

서 흔히 부르던 것이다.[15]

변미혜 등 편저『국악 용어 사전』(민속원, 2012)에는 〈각설이타령〉, 〈장타령〉 설명 항목이 전혀 없다. 이 곡에 대한 사회적인 인식이 많이 좋아진 근래에도 학계에서 조차 이 곡을 낮게 보는 인식, 존중되지 못하는 현실 상황이 작용했다고 볼 수 있다.

김익두 · 김동효 · 노복순이 집필한 '한국민요대전 전라북도' 음반(문화방송 기획 · 발행 MBCD-031~042, 12CD, 1995년 제작)의 해설서(현지답사 · 녹음진행: 최상일 · 김동효) 497면에는 다음과 같은 〈각설이타령〉 해설 글이 있다.

'숫자풀이(품바타령), '고리타령', '딸타령', '장타령' 등이 하나로 묶여서 매우 다양하게 짜여진 〈각설이타령〉. 흔히 각설이패가 부르는 노래를 '장타령'이라고 하는데, 이는 〈각설이타령〉 중의 '장타령'이 특히 유명하기 때문이다.

이는 〈각설이타령〉, 〈장타령〉의 관계에 대해 간단 명료하게 잘 정리한 설득력 있는 글이라고 판단된다. 〈장타령〉은 각설이의 여러 레퍼토리 노래 중 하나라 하겠고 〈장타령〉이 각설이의 유명한 대표곡이라 세인들 사이에서 '각설이타령=장타령'으로 등식화 된 것이라 볼 수 있다.

〈장타령〉이 각별히 유명해진 까닭은 아마도 전국을 유람하는 듯한 여행감을 주고 청자들이 익숙한 장터에 대한 사연이 나오기 때문일 수 있다.

각설이의 〈장타령〉이 인기를 얻자 한때 엿장수가 〈엿타령〉 등의 기

---

[15] 최상일, 『우리의 소리를 찾아서(2) 의례요 · 유흥요 · 서사민요 · 기타 민요』, 돌베개, 2002, 172~177면.

존 엿장수 노래와 메들리로 융합하기도 했고, 약장수의 엿 판매 선전 현
장에서 판소리 등 타장르와 함께 연희하기도 했다.

각설이패는 일반인의 장례식에서 식사를 얻어 먹고 축원 노래를 하
거나 덕담을 해주고 상여소리를 돕기도 하여 노래 장르간 넘나듦이 있
었다. 이는 여러 계층의 다양한 직업군이 인생의 흥망성쇠를 겪으며 각
설이패로 유입되며 자연스레 이루어진 것으로 보인다. 〈각설이타령〉
의 가사와 곡조, 축원 기능, 국악인의 은어와 일부 유사한 각설이의 은어
로 봐서 전문국악인의 음악적 영향도 있었던 것으로 보인다.

황기분(2008년 2월 28일 충청북도 단양군 단성면 가산1리, 당시 78세 여성)은 〈각
설이타령〉을 〈화투 뒤풀이〉라는 곡명으로 기억하고 있는데, 이 소리를
화전놀이 하러 올라가 놀면서 불렀다고 한다.[16] 장영진(경상북도 의성군 안
사면 쌍호2리 주민, 1916년생 남성)은 이 소리를 〈투전 뒤풀이〉라는 곡명으로
기억하였다.[17] 이러한 점은 각설이패가 〈화투 뒤풀이〉, 〈투전 뒤풀이〉
도 부르게 되면서 생긴 현상이기도 하고 일반인들이 〈각설이타령〉의
영향을 받아 화투, 투전 관련 노래를 하면서 일어난 현상이라 할 수 있
겠다.

2. 장르 분류상의 각설이타령

국악 장르는 크게 민속악, 정악, 종교음악, 연희 음악(민속놀이 · 연극 ·

---

[16] '아름다운 단양을 지켜온 사람들의 노래 - 단양의 민요' 음반(단양군/단양문
화원 기획 · 제작 · 발행, CDNARA 제조 CDNARA-20080725-1, YSRD-9803,
5CD, 2008년 제작)의 해설서(책임 조사 · 현장 녹음 · 채록 집필: 김형근 · 노
한나) 54~55면.

[17] '義城의 民謠' 음반(의성문화원 기획 제작, 대도레코드사 제조 DFCD-20001,
1CD, 2000년 제작)의 해설서(이소라,『義城의 民謠』, 의성문화원, 2000) 483면.

춤·풍물), 신작국악으로 분류할 수 있다. 그런데 이는 서구 학문의 예술 구분 논리의 영향을 받아 억지로 나누다 보니 그 경계가 모호하고 적합하지 않은 경우가 많다. 한국을 비롯한 아시아의 가무악은 서구 공연물과 달리 노래, 춤, 연주음악, 연기, 그림, 문학, 철학 등이 명확히 구별되어 행해지지 않고 종합적으로 어우러지는 사례가 많기 때문이다. 최근 동서양 모두 학문의 경계가 점차 없어지고 전공과 무관하게 음악, 미술, 문학, 철학, 역사, 정치, 물리, 생체 등 상호 연관성을 염두에 두고 총체적으로 분석 연구하는 경향이 강해지고 있다.

서구식 학술적 국악 분류가 점점 더 세분화되고 있는데 국악 음반의 경우 판매와 직결되는 문제이기에 학술적 장르 구분에 비해 인기 종목 위주로 제작되어 다음과 같이 간략하게 분류해 볼 수 있다.

[민속악] 단가 / 판소리 / 창극 / 가야금병창 / 거문고병창 / 민요 / 봉장취 / 산조 독주 / 산조 합주 / 시나위 독주 / 시나위 합주 / 삼현 육각 / 민요 연주 / 민속무용 반주음악 / 사물놀이
[정악] 정가 / 정악기악 독주 / 정악기악 합주 / 사관풍류
[종교음악] 불교음악 / 무속음악
[민속놀이·연극·춤·풍물] 민속놀이·연극 / 전통춤 / 풍물
[신작국악] 신작국악 성악 / 신작국악 기악

이 가운데 〈각설이타령〉(품바 장타령)은 전래민요에 해당되고 이를 현대에 편곡한 신작국악이 발표되었다. 〈각설이타령〉은 학계에서 대개 가창유희요로 분류되는데, 이는 일반 대중이 각설이패의 〈각설이타령〉을 익숙하게 듣고 방창하여 부른 민요를 의미하고 실제 각설이패의 〈각설이타령〉은 가창유희요라고 볼 수 없는 처절한 생존 수단의 노래, 일종의 노동요라고 하겠다.

3. 각설이타령의 전승 흐름

거리에서 "뚫어", "칼 갈아요"를 외치며 굴뚝 청소업, 칼날 갈아주는 직업의 사람들은 매일 오랫동안 그 소리를 지르기에 생계를 위해 연마된 그 성음 만큼은 타의 추종을 불허할 정도로 압도적인 공력이 있었다. 〈각설이타령〉 또한 각설이패가 평생 이 노래로 생사를 넘나들며 지속적으로 불러서 상당수 각설이는 득음한 수준의 공력을 지녔었다.

〈각설이타령〉은 곡의 구조와 발성이 구성지고 좋아 전국적으로 광범위하게 일반인이 따라 부르면서 크게 유행하였다. 판소리 명창과 현대 대중음악 스타 등이 부를 정도로 〈아리랑〉 못지 않은 민중의 사랑을 받은 명곡이다.

"씨구 씨구", "품바 품바", 숫자의 나열 풀이와 같이 특유의 반복적인 가사와 중독성 있는 곡조로 만인에게 익숙함과 친근감을 주었다고 할 수 있다. 이러한 음악 기법은 판소리, 대중가요, 서양의 사이키델릭 록 음악 등에서도 많이 나타나는 특징인데 듣기 좋은 선율을 반복 구사하여 대중성을 확보하려는 작곡 의도라고 하겠다. 이러한 음악 특징은 〈각설이타령〉이 잠깐 유행 후 사라지지 않고 오랫동안 전승되는 데 기여했다고 볼 수 있다.

TV나 공연 등 볼거리가 흔치 않았던 시절 유랑 걸인의 무료 야외 기예는 서민들에게 신기하고 흥미로운 연희물 구실을 하였다. 전통사회에선 우렁차고 구성진 〈각설이타령〉이 잔잔하고 평이한 일상의 단조로움에 던져진 신선한 구경거리였다. 또한 국민 대다수가 정착 농경사회였던 과거에 유랑 각설이패에 견주어 일반인들이 밥 먹고 사는 현실에 비교 감사하며 위안을 삼은 측면도 있었다고 하겠다. 〈각설이타령〉을 걸인이 아닌 만인이 따라 부른 인기 비결은 신나는 명곡이기도 하고 인류 보편적인 성공과 부를 악착같이 지켜야 하는 부담의 해방감과도 관련 있어 보인다. 가련하기도 하지만 때론 부귀와 공명에서 벗어나 자유분방한 삶처럼 보이는 각설이패의 거침 없고 흥겨운 노래를 통해 일반 청중들이 사회적 속박과 육중한 삶의 무게에서 일시적이나마 긴장이 이완되는 효과도 분명 느꼈으리라 생각된다.

각설이패는 전국을 떠돌아서 〈각설이타령〉의 지역 편차가 적고 대동소이하다. 그들 중에는 사회에서 몰락하여 합류한 지식층도 일부 존재했을 것이고 각설이들이 유랑하며 보고 들은 것도 많았을 것이고 그렇게 습득한 지식과 소문을 〈각설이타령〉 가사에 반영했던 것으로 보인다.

전통사회에서 거지와 극빈자의 경계가 모호할 정도로 많은 사람들이 힘겨웠던 대기근시대 등에 민중들에게 유랑 걸인의 해금 연주, 〈각설이타령〉 등은 큰 공감을 주었던 것 같다. 그러한 유랑 구걸인의 음악은 걸인의 영역으로 뛰어들진 못했으나 생활 수준이 거의 다름 없다고 느낀 대다수 극빈층의 심정을 대변했다고도 볼 수 있다.

인위적인 연출이 아닌 삶의 현장 속 〈각설이타령〉은 1970년대 정도까지 왕성하게 존재했던 것으로 보인다.

1969년 서울 신도림동에서 출생한 권용복은 어려서 서울에서 걸인을 본 적은 있으나 〈각설이타령〉을 서울에서 하는 장면은 못봤고, 부친 고향인 경상북도 예천군 개포면 이사리(당시 50여가구)에서 각설이들의 노래 광경을 목격했다고 한다. 권용복 나이 4세 때인데 그 이사리의 조부 장례식에 거지 30~40대 아저씨들 10명 정도가 이상한 빵집모자 쓰고 누더기옷 입고 와서 모친이 마당에 밥을 챙겨 줬고 밥을 막 허겁지겁 먹고 나서 그들이 어떤 타령(〈각설이타령〉처럼 신나는 곡이 아닌 추모하는 듯한 차분한 노래)을 밥 먹은 값으로 하듯이 했으며 막 신나게 놀지 않고 조용히 있다가 잘 먹었다고 한 후 가는 걸 봤다고 한다. 경상도에선 이렇게 마당에

상들을 펴놓고 문상객, 걸인을 구분하지 않고 다 받아서 음식을 차별없
이 똑같이 대접했는데 장례에 사람이 많이 오면 망자가 좋은 데 간다는
믿음 때문이라 한다. 각설이들이 상가집을 어떻게 알았는지 온 것이 신
기하다고 한다.(2024년 2월 13일 권용복 증언, 노재명 대담·녹음)

각설이패에 대한 권용복의 이러한 증언 내용은 경상도뿐 아니라 거
의 전국조으로 비슷하게 볼 수 있는 광경이었다.

'한국민요대전 전라북도' 음반(문화방송 기획·발행 MBCD-031~042, 12CD,
1995년 제작, 현지답사·녹음진행: 최상일·김동효)의 해설서 497면에 다음과
같은 기록이 있다.

> 김판술(1991년 3월 12일 전라북도 부안군 부안읍 옹중리 중리 주민, 당
> 시 83세 남성) 회고: 동노치들이 문앞에 와서 〈장타령〉을 하면 우! 허
> 니 몰려가서 〈장타령〉 하는 것을 봐. 장타령꾼만 어디서 왔다 하면
> 그냥 우! 허니 굿을 보러 떼로 몰려가지. 그러면 그런 소리 듣지 말
> 라고 우리 아버지가 그냥 때리고 그랬어. 상놈의 소리 들으면 못쓴
> 다고.

청주 갈대호드기와 갈대피리의 명인 정영권은 어린 시절에 고향인
청주시 상신동에서 목격한 각설이패에 대해 다음과 같이 회고하였
다.(2024년 2월 27일 정영권 증언, 노재명 대담·녹음)

> (청주시 까치내 작천, 상신동이 예전에) 글쎄 한 30가구 됐으니
> 까 한 대여섯명, 많은 집은 한 열명 잡으문 아마 다 따지문 한 백명은
> 되지 않을까 그렇게 되겠네. 그 전엔 한 50가구가 넘었었어요. 넘었
> 었는데 인제 다 이사 가구 없구 새로 전부 다 지어서 지금은 몇 집
> 없어. 저희 고향에서는 대보름 때 행사를 했어요. 달집 태우기 행사
> 도 하고 이렇게 선조 때서부터 해오던 것이 지금은 거 산업단지로

바뀌어 가지구서 그 동네가 거의 없어졌어요. 그러니까 작년까지만 해도 했는데 올해는 인제 안햐. 그 고향 사람들이 전부 다 떠나갔으니 또 고향사람들이 그 고향을 찾아온다는 게 힘들잖아요.

　우리 동네 잔치를 하잖아요. 잔치를 하문 (각설이들이) 와서, 여럿이 와서, 쭉들 와서 인제 저기를 하는 거요. 저기 바가지 뚜들구, 그라구 춤 추구 뭐 이렇기 하면서 그 저기를 하는데 그라문 인제 정월 대보름 때 이렇게 해서 뭐래두 주야 될 것 아니요. 요때쯤 돌아대니면서 이렇게 했어요 그게. 근데 그 사람들이 지금 없어졌어요. 어트게 알고 오는지 그때는 청주시두 째끄맸었어요 그때 아주. 걸어서 이십리까지 걸어다니구 그랬거든요. 근데두 어트게 그 그지떼들이 말이지 주욱들 와서 이렇게 해서 있구 그라문 집들까지 가서 있구 그랬단 말이에요. 그라문 이제 한상 차려서 이렇게 주구 했는데 이 잔치 때나 정월 대보름 이때쯤 꼭 그 사람들이 와요. 지금은 없어졌지만 그전에는 그것이 항상 해마다 뭐 잔치라고 그라문 어트게 알고 오는지도 모르게 왔어요. 인제 잔치가 그전에는 뭐 3일씩 하구 이렇게 돼지 잡구 뭐 인제 동네 사람들이 도와주구 뭐 이렇게 하잖아요. 그라문 그 집들까지 와서 쭈욱 앉어서 그라문 거기서 가서 인제 뭐 한상 차려주구 먹구 가구 이렇게 하구 그랬는데 참 그것이 우리의 전통은 진짜 전통이라구 그게. 근데 그거를 몰라. 그전에는 무대가 어딨어. 그냥 돌아대니면서 (〈각설이타령〉을) 하구. (각설이들이 동네 장례식에도 오고) 그렇죠. (각설이들이) 장례식에서는 노래 안하구 그렇죠, 노래는 제가 들은 적두 없구 그건 잘 몰르구. (장례에 각설이들이 와서 밥은 얻어 먹고) 그렇죠. 그러니깐 산까지는 안오구 거 돌아가시문 삼일장을 하잖아 삼일장, 저기 하문 오일장 이렇게 하잖아요. 그라문 거기 와서 인제 이렇기 아침에 쭈욱 들어와서 집 기둥 아래 쭈욱들 있어요. 그라문 거기서 인저 뭐 달라구 그라는구나. 그래서 우선 갖다 주야지 하면서 먹을 거 갖다 주구 그라구 술두 주구 이렇게 하구 또 먹다가 가구 또 와유 그

이튿날. 삼일씩 하니까 보통 삼일씩 했잖아요. 그렇게 하구서 그런데 그것이 참 지금 그 그지들이 어디 사는지는 몰러두 하여튼 청주에서 왔을꺼 아마. 그 그지덜은 떼로 오는 거 보문 전부 몰려 살겠지. 집도 절도 없으니까 그냥 모여서 사는 거 같어요 그 사람덜이. 제가 인제 한 열, 중학교 다닐 때 고때 (각설이들이) 없어진거요 고때 인저 응. 그때 그러니까 한 70년, 65년, 한 70년 요사이에 그때 한참 저기 했어요. 그라구 나서 저 75년도쯤에 그 청주가 공업단지가 들어서면서 젊은 사람들이 전부 다 빠져나갔구 이제 공장에 가느라구.

그때 그 사람덜이 불던 게 있어요. 인제 호드기니 뭐 저기 같은 거 뭐 막대 하나 '삑삑삑' 소리하고 그라는데. 소리 내면서 뭘로 '삑삑' 그러는데 갈대가 아니여 좌우간. 지금으로 보면 푸라스틱으루 나온 거 있잖아요. 쉽게 나오는 거 그런 거, 그런 걸거요 그게. 애덜 푸라스틱 그거루 해서 쪼그맣게 왜 부는 거 있죠 왜. 리드 같은 거, 저기 빨대 같은 거 그걸 어떻게 그렇게 하는데 그거 뭐 이렇게 "일자나 한자나 들고나 보니~" 이렇게 하면서 소리를 한단 말이여. 그라문 '삐삐삐삐' 이렇게 하능겨. 그러니까 이 갈대를 가지고 하문 또 색달르게 본다 이거죠. 재질이 푸라스틱인지 뭔지 잘 몰라두, 내가 그걸 자세히 보진 않았지만 소리가 나니까 풀피리, 구멍을 뚫으니깐 피리, 이렇게 원칙은 풀피리두 풀루 해서 하는 건데 리드해서 부는 건데 (버들피리) 그런 건지두 모르지 나두. 내가 그건 자세히 안 봐도서. (그땐 여러 명이 〈각설이타령〉을 할 때 옆에서 한명이 '삑삑삑' 피리를 분 거) 그렇죠 그러니까 옷두 그지마냥 입구서 이제 "작년에 왔든 각설이~" 그 소리를 하드라구요. 하면서 이렇게 하는데 뭐 손으로 춤 추며 이렇게 하는데 그 저 바가지 뚜들기구 뭐 꽹과리 뚜드리면서 이렇게 하는데 꽹과리두 아니여 그때 북두 찢어진 북 같은 거 그런 거 인제 그런 거 가지구 이렇게 하는데 그래두 그게 어울리잖아요 그게.

뭐 지금마냥 뭐 사물놀이 새 거 가지구 치는 거보다 옛날의 찢어진 북 같은 거 그런 거 치구 장구두 치구 이렇게 해서 하문 아마 딱 어울리지 않을까. 그라문 내가 인제 이 새납이라는 거 큰 거 있어요 새납, 새납이 이렇게 길어. 길어 한 한발 반발 정도, 쪼그맣게 한 50cm 되는 거 그런 걸로 해서 이렇게 '뿍뿍뿍뿍' 앞에 인제 나발을 달아서 나발을 그 인제 갈대로 만들어서 나발두 그걸 달아서 '뿍뿍북' 이쪽에서 불구 이쪽에서도 불구 뒤에서도 불구 앞에서도 불구 이렇게 하문 아마 볼거리가 좋지 않을까 나는 이렇게 보고 있습니다. 그라면서 우리의 소리 그냥 뭐 그전 소리 그전부터 하던 거 있어요. 〈각설이타령〉 "일자나 한자나 들고나 보니~" 이 소리, 그거 해가면서 이렇게 하문 아마 그것은 아마 대한민국에서 그렇게 하는 데 없을 거요 아마. 이 갈대로 좀 굵은 거 있어요 굵은 걸로 그 〈각설이타령〉을 하는 데 '빡빡빡' 불면서 "얼씨구 좋다 기화자 좋다" '빡빡빡 빡빡빡' 이렇게 불으문 아마 (품바 근래 행사에서) 이제까지 〈각설이타령〉 한 중에서 그렇게 한 사람이, 한 적이 없으니까 올해는 그렇게 하문 어떻겠나. 그래서 내가 그러문 갈대를 가지구서 다섯 개 정도 주문은 그 각설이들이 와서 분단 말이에요 그걸 좀 이? 부는 방법은 쉬워요. 이렇게 인제 해보문은 뭐 이 다른 거보다는 쉬워. 그냥 뭐 이 지공이 없으니까. 그냥 '뿍뿍뿍' 불으니까. 그렇기만 다섯명이 그렇게 하문서 다니문 아 새로운 것이 나왔구나, 아 이것 참 최고다 이렇게 할 수가 있단 말이죠. 그러면서 돌아대니면서 거기서 '빡빡빡' 인제 저기 하러 왔다구 이러면서 그럼 찬조두 할 거 아니요. 그렇게 볼거리를 해놓으면 좋은데 그래서 아직까지는 그걸 한 저기두 없구 참 안타까워요. 소리 내는 거만 내가 다섯 개만 준다 이거에요. 주되 소리 내는 거만 가리켜 주면 돼. 소리는 뭐 세게 불어두 안되구 약하게 불어두, 사람마다 다 달러요. 호흡이 다르니까. 호흡이 좀 폐활량이 좋은 사람은 좀 거 이 리드를 쪼끔 저기하게 만들구 좀 저기한 사람은 약하게 만들어서 소리가 잘 나게끔 이래서

1시간만 내가 가져가서 저기 이렇게 만들어서 주면 딱 한단 말이에
요. 다섯명만 하문 아마 멋있을 거요. 혼자 하문 쪼끔 좀 쓸쓸하구.
그래서 거기에 보니깐 한 열댓명이 쭉들 다니더라구. 그러니까 앞
에서 인제 하문 그거 참 좋다 이거요. 그러니깐 거기에 가게털 상
점덜 좍 있잖아요. 뭐 식당 그런 데 가서 구걸하면서 다니면 그 사
람덜이 가만있진 않을 거다 그거죠. 그래서 우리 옛날 풍습은 이것
이 진짜 우리의 그 어렸을 때 본 저기다 하면서 아마 추억의 생각두
할끼구.

각설이패가 피리 반주를 곁들여 〈각설이타령〉을 했던 광경을 회고
한 정영권의 기억은 지금까지 확인된 유일한 증언이며, 그는 오늘날 그
러한 전통음악을 재현하여 공연할 수 있는 희귀한 존재이다.

1966년 북한 평양에서 태어나 2001년에 탈북하여 현재 한국에서 살
고 있는 강예정은 어려서 부모가 함경도쪽으로 좌천이 되어 추방돼서
거기로 이주하여 살았고, 강예정이 어렸을 적엔 걸인이 없었는데 고난
의 행군 뒤 1990년대 초반이 되면서부터 꽃제비라는 거지떼가 생겼다
고 한다. 함경도에서 그 걸인들의 노래 장면을 처음 목격했고 함경도뿐
아니라 북한 전역에 그 꽃제비들이 다 있었다고 한다. 전에는 그냥 굶어
죽었는데 금지됐던 물물교환이 암암리에 형성이 되고 걸인이 노래를
부르며 구걸을 하니 구걸이 잘 되니까 애들이 노래를 부르며 구걸을 하
기 시작한 것이고 〈각설이타령〉은 아니었으며 그때 당시 북한에서 유
행하던 노래들이었다고 한다. 북한에서 고전민요를 다 없애진 않고 〈노
들강변〉, 〈양산도〉, 〈도라지〉, 〈아리랑〉 등 일부를 따로 전승하고 공연
에 꼭 넣긴 하는데 〈각설이타령〉 같은 걸 부르면 다 잡아가는 분위기였
고 지금도 그렇다고 한다. 북한에 있을 때는 〈각설이타령〉을 몰랐는데
탈북해서 2003~2004년 무렵 한국에서 공연을 봤는데 그때 탈북민들이

〈각설이타령〉을 부르는 걸 보았다고 한다.(2024년 2월 13일 강예정 증언, 노
재명 대담·녹음)[18]

　　이러한 증언으로 봐서 20세기 후반에 북한에서는 〈각설이타령〉이
거의 소멸된 것으로 판단된다. 하지만 북한 지역에도 예전에는 그 곳
고유의 〈각설이타령〉(장타령)이 전승되었는데, 대표적인 자료로 서도
소리 명창 한춘정이 1932년에 녹음한 다음과 같은 〈장타령〉 SP음반이
있다.

서도소리 명창 한춘정이 1932년에 녹음
한 〈장타령〉 SP음반.
Columbia 40396-B(21628) 漫曲 장타령
韓春汀.
국악음반박물관 소장 SP음반 관리번호
MISP-3706.

　　한춘정이 1932년에 녹음한 〈장타령〉 SP음반(Columbia 40396-B)을 광고
한『콜럼비아 매월 신보』(1933년 3월) 소책자에는 다음과 같은 해설 글이
실려있다.

18　강예정은 북한 지역의 사과와 배가 맛있다는 증언을 하였고, 김해송이 1938년
　　에 녹음한 대중가요 〈팔도 장타령〉 SP음반(Columbia 40852-A)의 가사지에
　　"황주봉산 능금배는 서울장꾼이 다먹고"라는 가사가 있어서 일맥상통하는 점
　　이 있다. "황주봉산 능금배는 서울장꾼이 다먹고" 가사는 이북의 사과와 배가
　　맛있어서 서울 장꾼이 가져다 팔기도 전에 다 먹어버렸다는 의미라 하겠다.

(四〇三九六番) 漫曲 장타령 一枚 B韓春汀

『場타령』－쏘한레코－드로서처음發表됩니다.　近日에는比較
的그數가줄어진듯합니다만은昔日에는場날(市日)이면　場바닥으
로이타령을하며求乞하는무리가만앗슴니다.　乞人의노래인만콤
讃美할수야업겟슴니다만은그부르는사람이賤할짜름이요 그曲까
지賤待할수까지는업슴니다.　한번드러웃으시되 레코－드인만큼
銅錢은던지지마십시오.

　이 녹음집이 지금까지 확인된 〈각설이타령〉 관련 음반들 가운데 첫
녹음이다. 일제 때 〈각설이타령〉 관련 방송 기록으로는 1933년 3월 6일
경성방송국(JODK)에 경서도민요 명창 신해중월이 출연하여 잡가 〈장타
령〉을 라디오 방송한 것이 유일하다. (1933년 3월 6일자 『매일신보』)

신해중월이 1934년에 녹음한 경기잡가
〈장타령〉(장고: 김계선) SP음반(Okeh
Record 1729). 이보형 수집반.

　〈각설이타령〉의 가사가 재미있고 곡조가 좋아서 전국적으로 남녀노
소 따라 부르는 것을 즐기면서도 걸인의 노래이기에 사회 전반적으로
무시하는 경향이 있었다. 그러나 각설이패의 음악들은 역사성, 예술성,
의미심장한 철학적 가사 등의 측면에서 한국의 무형유산으로 지정하여

잘 전승할 만한 가치가 있다. 2019년 12월 23일 무안승달문화예술회관에서 무안군 주최, 각설이품바보존회의 주관으로 '국가무형문화재 지정을 위한 각설이 연희놀이 학술세미나'가 열린 바 있고 2022년 10월 17일 무안군 일로읍 회산 백련지 내에 일로각설이품바전승관이 개관되었으나 지금까지 무형유산 지정을 위한 관계 당국의 구체적인 행정 절차 착수 없이 각설이패의 전통음악은 쇠락하였다.

오늘날 거리에서 각설이패가 〈각설이타령〉을 부르는 것은 목격되지 않고 일부 일반 노인들이 어려서 들은 각설이패의 〈각설이타령〉을 기억해서 부르는 경우가 있으며, 탈춤과 명창들의 민요 또는 흥보가에서 불리거나 연극인과 대중가수 등이 무대에서 〈각설이타령〉을 공연하는 것으로 명맥이 이어지고 있다.

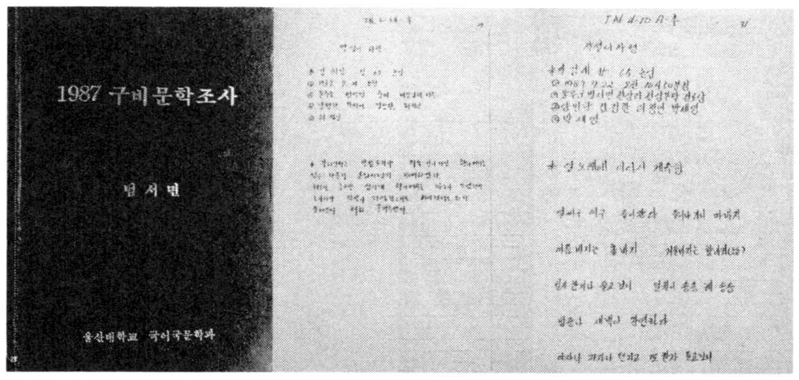

『구비문학 조사－범서면』, 울산대학교 국어국문학과, 1987. 국악음반박물관 소장 문헌자료.
1987년 7월 21일 울산광역시 울주군 범서면 중리 김차암 〈각설이타령〉, 1987년 7월 22일 울산광역시 울주군 범서면 천상리 박정태 〈각설이타령〉 녹음 기록 내용과 가사 등 수록.

제2장

한중 유민도(流民圖)의 음악 부분 고찰

음악을 곁들여 구걸한 대표적인 이들로 〈각설이타령〉 등을 한 각설이, 해금 연주 등을 한 풍각쟁이를 들 수 있다. 이들은 무작정 돈을 구걸하는 걸인과는 차별화 된 떠돌이 예능인의 성격도 지니고 있었다. 각설이패는 사당패, 남사당패 등 전문적인 유랑예인 집단과의 경계가 모호한 측면이 있었는데 기예가 전문 유랑패에 비해 화려하거나 고도화되지 못하고 소규모였기 때문이리라 생각된다. 풍각쟁이의 경우는 각설이패보다는 좀더 전문 유랑예인에 가까운 면모를 지녔었다고 할 수 있다.

여기에서는 한국과 중국 유민도(流民圖)의 음악 부분을 비교 고찰하여 상호 영향 관계를 규명하고, 그간 필자가 수집한 그림·녹음 등의 자료들을 조합하여 한국 풍각쟁이 음악을 복원 공연할 수 있는 방법을 제시해 본다.

한국과 중국의 유랑예인 관련 그림 중 구걸 음악에 해당되는 것을 연구 대상으로 하였는데, 그러한 회화는 극히 드물게 남아있다. 본고에서는 중국의 주신 그림 〈유민도〉와 한국의 신운계 그림 〈풍각쟁이도〉에 나타난 음악 연희 장면을 주요 연구 대상으로 하였다.

사회 전반적으로 생활이 어려운 시절 수많은 서민들에게 위안이 되고 오랜 기간 장수한 대중음악으로서 유랑 걸인의 음악은 사회적, 문화적으로 큰 영향을 주었고 음악성 자체로도 결코 손색이 없는 명곡이기에 심층적인 연구가 필요하고 오늘날에도 공연 무대에서 충분히 활용될 가치와 존재 의미가 있다고 판단된다.

1. 한중 유민도의 영향 관계

중국에서 유민(流民)이란 자연재해, 병화(兵禍), 경제적 변화 등 급작스럽고 중대한 문제 발생으로 기아(飢餓), 부세(賦稅) 또는 도적떼에 시달리

다, 생존을 위해 타지방으로 이동한 사람들을 의미한다.[19]

지금까지 학계에서 연구된 바로는 중국 문헌상 최초의 유민도는 송나라 신종 때의 문신 정협(鄭俠, 1041~?)이 그린 〈유민도〉(큰 가뭄이 들어 유민이 길을 메운 것을 보고 이를 그림으로 그려 신종에게 바침)이고, 이 작품은 이후 중국과 한국의 유민도에 영향을 준 것으로 여겨진다.

정협의 〈유민도〉 실물은 현재 전해지지 않는데, 그는 「논신법진유민도소」(論新法進流民圖疏)에서 "안상문(安上門)에서 매일 보는 바를 한 장의 그림으로 그렸다"고 했으며, 정협이 〈유민도〉를 상소하기 직전 직접 쓴 「유민」(流民)이라는 글에서 "희녕 6년(1073) 겨울부터 7년 봄~여름 사이 재해로 정처 없이 떠도는 자가 몇 천만인지 알 수 없다. 매서운 흙바람 맞으며 큰 것은 수레에 싣고, 작은 것은 등에 이고, 노인과 아이를 부축하니, 길이 혼잡하다. 몇 십명 혹은 몇 백명씩 무리를 지었으나 의복이 남루하고, 비록 수레에 물건을 실었으나, 솥, 터진 바구니, 깨진 도기 같은 것들일 뿐이다"라며 유민들의 피난 광경을 실감나게 묘사했다.[20]

재해가 끊이지 않았던 명대에도 왕에게 유민도를 올려 청원하는 도간(圖諫)의 전통은 요우(姚虞), 진기유(陳其猷), 양동명(楊東明) 같은 명대 관리들에 의해 계승되었다.[21]

유민도는 난민구제라는 뚜렷한 의도와 목적을 가진 것(정협 〈유민도〉), 그리고 풍속과 풍자를 다룬 것, 두 가지로 나누어 볼 수 있다. 명대에 왕에게 유민도를 올려 청원한 이들 중 양동명(楊東明, 1548~1624)의 『기민도설』(飢民圖說)이 가장 대표적인데, 정협의 〈유민도〉 정신과 형식을 계승한 것이라 할 수 있다. 청대에도 재난민을 구제하기 위한 목적으로 유민

---

19 王一村, 「明代"流民圖"考」, 『美術』 第1期, 2018, 113면.
20 張宜書·王中旭, 「鄭俠《流民圖》— 一幅"規諫"的圖畫」, 『美術研究』 第3期, 2004, 83면.
21 王一村, 「淸末民國"流民圖"的傳承、衍變與藝術成就」, 『中國美術研究』 第2期, 2018, 103면.

도가 그려졌다. 다만 황제에게 상소하거나 관료 또는 지도층에게 권계하던 이전 시대와는 달리, 민간 중심의 자선활동이 활발해진 사회적 배경에 따라 대중에게 모금과 선행을 권고하는 수단으로 사용되며 그 대상과 범위가 변모, 확장되었다. 정협의 〈유민도〉는 수권형식의 전통 서화였던 것으로 짐작되고, 송대~청대 대부분의 〈유민도〉들은 목판화 삽화로 만들어졌다. 정협의 〈유민도〉 외에 송대에는 걸인, 광대 등 하층민, 즉 확장된 의미의 유민들이 등장하는 전통 회화들도 있었는데 풍속화 성격이 강했다. 명대에는 오위(吳偉, 1459~1508), 주신(周臣), 석정(石崢) 같은 유명 서화가들에 의해 유민을 다룬 그림이 본격적으로 그려졌다. 이들 작품은 모두 횡으로 긴 수권형태로 구걸하는 거지, 악기를 연주하거나 뱀, 개, 원숭이를 데리고 기예를 부리는 사람, 맹인의 무리 등 당시 길거리 하층민의 다양한 모습을 담았는데, 대체로 미소를 띠거나 해학적인 분위기를 유지하고 있어 일종의 풍속화처럼 보인다. 오위와 석정은 유민도를 그릴 당시 황실과 밀접한 연관이 있었고, 황실의 태평성세 아래 넉넉하진 않아도 안분지족의 삶을 살아가는 하층민들의 다채로운 모습을 담아내고자 했으므로 황제의 노고를 칭송하고 정국 안정을 바라는 황실의 입장을 반영한 것으로 해석된다. 오위의 〈유민도〉는 악기를 든 맹인, 구걸하는 걸인, 원숭이나 개를 데리고 다니는 사람 등 이동하는 30명의 인물에 희극적 요소를 가미하며 각 무리별 다양한 모습을 담아냈다. 오위나 석정과는 달리, 주신의 작품은 송대 이숭의 〈춘사도〉처럼 유민에 대한 연민과 사회 풍자적 태도를 드러냈는데, 이는 유민도가 향후 사회 참여적 서화로 확장될 가능성을 보여주었다. 본래 중국 전통에서 유민도의 의미는 정협의 정신을 계승한 것이나, 구제받지 못한 난민들이 그 상태가 장기화되어 도시에서 구걸하거나 기예를 구사하는 광대로 변모되자, 그들의 모습을 담은 그림도 모두 유민도라 불려졌는데, 이는 대략 청말민초 정도의 일이다.[22]

　　조선의 경우 선조 9년(1576) 무렵 김성일이 '어미가 자식과 이별하다'라는 시에서 "그 누가 유민도를 다시 베껴서, 임금에게 바치어 촛불이 되게 하랴"고 노래한 바 있다. 1593년과 1594년 조선에서 백성들이 인육까지 먹는 극심한 기근이 있었고 이때 유민도가 올려진 바 있는데 어미가 죽었음에도 젖을 물고 있는 아이, 자식을 버려 나무뿌리에 묶어 둔 어미, 나뭇잎을 따서 배를 채우는 사람, 마른 해골을 씹는 사람 등의 모습이 그려져 있었다.[23]

　　조선 국왕과 관료들의 기록을 보면, 정협의 〈유민도〉 의미가 잘 알려져 있었고 '유민도'류의 그림이 왕실에 바쳐져 모종의 역할을 한 사례들을 확인할 수 있다. 조선의 문인들은 환난의 시절 백성들의 참담한 실상을 목격할 때마다 유민도의 필요성을 운운하며, 혹은 글을 써서 유민도 같은 효과를 유발시키려 했다. 조선시대 제작된 유민도의 사례를 찾아보면, 1502년(연산군 8년) 문인 이난손(李蘭孫)이 백성들의 춥고 배고파 원망하고 탄식하는 모습을 그려 왕실에 올린 〈안민도〉(安民圖)가 기록상 가장 이른 조선의 유민도이다. 유민도의 방식을 사용하되 본래의 목적에 빗겨 갔던 유사-유민도의 제작도 있었다. 1706년 강원도 감진어사 오명준(吳命峻, 18세기 초 활동)이 올린 〈진민도〉(賑民圖)가 그 예이다. 오명준은 〈진민도〉(혹은 〈기민도〉)를 그려 자신의 진휼업적 보고서로 활용하고 포상도 받고 승진도 되어 이를 못마땅하게 본 실록의 평가가 거듭 이루어졌지만, 한편 이 그림은 굶주린 백성의 고통을 왕실에 보고하는 유민도의 방식이었고, 숙종과 영조는 이를 진정한 유민도로 인식하여 백성의 고통을 함께 나누고자 하였으며, 영조는 이를 정책에 반영했다. 조선의 왕실회화에서 공공성의 가치관을 지닌 그림 문화 가운데 자연재

22　최원실, 「중국의 流民圖 전통과 近代期 王一亭(1867~1938)의 流民圖 연구」, 홍익대 석사학위 논문, 2019, 5~17면.
23　김문기, 「유민도(流民圖), 기근의 참상을 그리다」, 『국제신문』, 2011.10.19.

해 같은 비상시 민중의 참담한 고통을 보고하는 유민도의 범주에 드는
안민도(安民圖), 보민도(保民圖) 및 유사−유민도로 그려진 진민도(賑民圖)
와 기민도(飢民圖)가 있었다. 조선시대 국왕과 신료들은 백성의 어려움
을 그려 올리는 이런 그림의 중요성에 진심으로 동의하였고, 임금에게
슬픔을 일으켜 진휼의 정책을 펴도록 하는 구실을 하였다.[24]

조선 말기 이후 이러한 유민도는 중국의 경우처럼 당대의 다양한 떠
돌이 하층민의 삶을 담은 풍속화로 점차 변화된 것으로 보인다.

2. 주신 그림 〈유민도〉에 나타난 음악 연희

오늘날까지 전해지는 유민도 가운데 대표적인 작품으로 주신(周臣,
1460~1535)의 〈유민도〉(1516)를 들 수 있다. 희귀한 음악 연희 장면을 포
함해 총 24명의 인물들을 사실적으로 묘사했는데, 16세기 명대 오문(吳
門) 명사들인 황희수(黃姫水), 장봉익(張鳳翼), 문가(文嘉) 등이 제문을 남긴
것으로 봐서, 당시 소주(蘇州) 문인들 사이에서 이 작품이 전해졌다고 하
겠다.[25]

주신의 〈유민도〉에는 타악기를 연주하는 모습 1명이 담겨있고, 악
기는 연주하지 않지만 노래를 부르는 사람이었을 가능성이 있는 이들
의 모습도 들어있다. 타악기 연주자도 노래를 불렀을 수 있는데 구체적
인 음악 내용은 알 길이 없다. 이러한 전통음악은 1966~1976년 중국 문
화대혁명 이후 거의 소멸되어 오늘날에는 전승되지 않는 것으로 판단
된다.

---

24 고연희, 「조선 왕실 회화(繪畵)의 '공공성(公共性)'−민(民)을 그린 그림을 중
　　심으로−」, 『민족문화연구』 90, 고려대학교 민족문화연구원, 2021.2, 237~247면.
25 魏平遠, 「周臣《流民圖》發微」, 『藝術硏究』 第4期, 2015, 70면.

명(明) 주신(周臣, 1460~1535)의 1516년 그림 〈유민도〉(流民圖) 일부.
미국 클리블랜드예술박물관 소장.

중국과 한국의 〈유민도〉에 등장하는 음악 부분은 광범위한 구역의 실크로드 유랑음악문화와 관련이 있는 것으로 보이는데 타악기류, 해금류, 피리류 등의 악기가 지역별로 약간씩 다르게 만들어지고 변형 연주되어 매우 다양했다고 할 수 있다. 거의 공통적인 것은 유랑시 휴대가 용이한 악기로 야외 즉석에서 바로 연주가 가능하고 대중의 관심을 끌 수 있는 신기하고 재미난 호소력있는 연주 위주였다고 판단된다.

3. 신운계 그림 〈풍각쟁이도〉에 나타난 음악 연희

한국 유랑음악인의 모습이 담긴 유민도 계통의 그림으로 존재하는 것은 희귀한데, 다음과 같은 해금을 연주하는 풍각쟁이 연희 장면 회화를 여기 처음 소개한다.

한국 신운계의 1960년대 그림 〈풍각쟁이도〉.
2006년 8월 12일 서울시 종로구 경운동 골동품경매에서 필자 노재명 구입, 국악음반박물관 소장.

이 그림에 기록된 시의 전거가 되는 시는 당나라 시인 유장경(劉長卿)의 〈탄금〉(彈琴)으로 '당시삼백수'(唐詩三百首)에서 볼 수 있고, 운계(雲溪) 신거사(申居士)라는 인장으로 봐서 화가의 아호는 운계, 성은 신씨라고 하겠다.

冷泠二弦上
靜聽歲風寒
古調雖自愛
今人多不彈
냉랭한 두 줄 해금 위로
고요히 세한의 바람소리 들리네
옛 곡조는 내가 좋아하건만
지금 사람들은 즐겨 타지 않는다네.[26]

---

26 판독 고증 도움: 고연희, 김현진, 방재석, 손태도, 이시연, 이영호, 함영대 학자.

이 그림은 유민도가 변모되어 풍속화 경향으로 그려진 작품이라 판
단되며, 이 그림에 앞서 조선시대~구한말에도 이와 유사한 풍속화가 있
었을 것으로 보이며 이를 참고 모방한 유형의 회화라고 생각된다. 한국
풍각쟁이의 활동 면모를 실증적으로 알 수 있는 귀중한 자료이다.

풍각쟁이 모습을 담은 이 그림과 대조해 볼 수 있는 풍각쟁이 모습의
사진이 다음과 같이 존재한다.

1904년 한국 해금 악사(풍각쟁이) 사진
엽서.
미국 Cornell University Library 소장.

상기 풍각쟁이 그림보다 이 사진이 60여년 앞서 촬영 기록된 것인데
두 풍각쟁이의 모습이 거의 유사하면서도 사진 속의 인물이 좀 더 현대
적으로 보인다. 청주 갈대호드기와 갈대피리의 명인 정영권이 1950년
대 후반에 목격하고 필자에게 증언한 충청도의 풍각쟁이인 앵금쟁이의
모습은 상기 풍각쟁이 그림에 있는 연주자에 가깝다.

4. 한국의 풍각쟁이 음악

박영호 작시, 김송규 작편곡, 박향림 노래의 대중가요 〈오빠는 풍각쟁이〉 SP음반(1938년 발매 Columbia 40837-A), 박경리의 장편소설 〈토지〉(1994년 완간)에 풍각쟁이를 언급한 내용이 나온다. 그래서 오늘날 대중에겐 이러한 대중매체를 통한 풍각쟁이 개념이 널리 인식되어 있다.

과거에는 해금을 연주한 풍각쟁이를 '거지 깡깽이'라고 했던 것처럼 풍각쟁이는 떠돌이 연주자로 구걸을 하기도 했다. 해금은 풍각쟁이부터 궁중음악 악사들까지 연주한 악기로, 이처럼 극과 극 신분의 음악가들이 연주했다, 이 악기의 원류는 현 중국 대륙의 소수민족 해족이 연주한 악기로 중국 얼후, 몽골 마두금, 우즈베키스탄 기작 등 실크로드 전역에 무수히 많은 유사 악기들이 연주되고 있어서 실크로드의 대표적인 유랑 예인 악기류에 해당된다고 하겠다.

한국의 풍각쟁이에 대해서는 이보형이 선구적으로 연구하여 다음과 같은 글을 발표하였다.

> 옛날 큰 장마당을 돌며 소적행걸(蕭笛行乞)했다는 풍각쟁이들에 대하여 신재효 변강쇠가 및 흥보가와 같은 옛 문헌이나 풍각쟁이를 본 적이 있는 명인 명창들의 구술을 통하여 살펴보았다. 풍각쟁이의 악기가 크게는 통소 · 해금 · 가야금 · 북 · 가객 · 무동으로 편성이 되고 작게는 통소 · 해금 · 북, 또는 통소 · 해금, 또는 통소 · 꽹과리로 편성되며 극단적으로 통소 또는 해금쟁이 홀로 행걸하기도 한다.
>
> 풍각쟁이들이 연주하는 악곡에는 흔히 니나니가락(메나리가락), 시나위가락(심방곡), 봉장취와 같은 것이며 큰 편성의 풍각쟁이는 이밖에도 삼현도드리 비슷한 곡, 자진타령 비슷한 곡, 판소리, 단가, 병창, 검무와 같은 것을 연희하기도 했던 것 같다. 시나위,

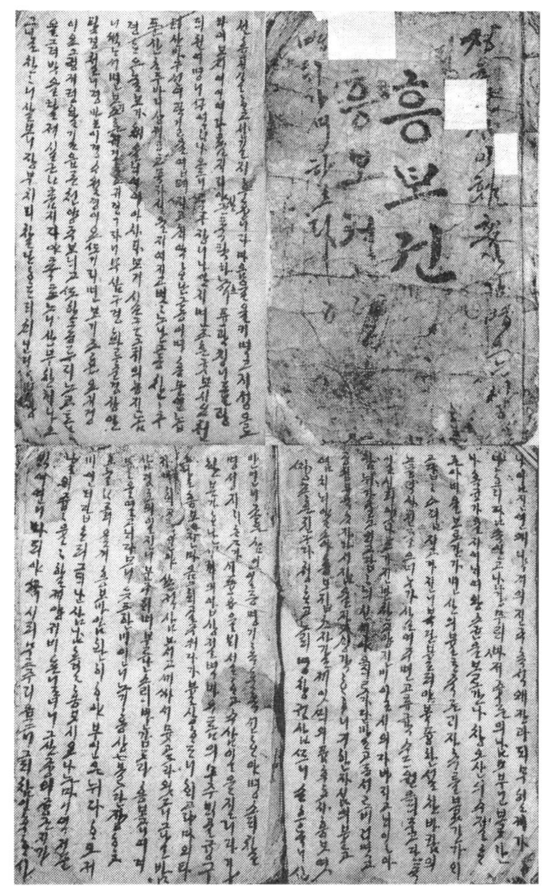

판소리 흥보가의 놀보가 타는 박에서 풍각쟁이가 등장한다. 이 흥보전 필사본에도 "실근 툭탁 타노흐니 풍곽징니들 광뒤 천여명니 쑤역ᐧᐧ 나오드니 쏙두장니 나안지며 '조흔 굿 보시요'"라고 하여 놀보 박속에서 풍각쟁이가 광대와 함께 나오는 것으로 되어 있다.

판소리 관계『흥보전』(총 40장) 필사본. 한지에 붓글씨 세필, 국한문 혼용, 1917년 기록본. 앞표지에 '병튀가 셔하로라', 맨끝 페이지에 '정사 정이월 초육닐 등서라'는 기록 있음. 가로 20cm, 세로 32cm. 맨앞 1장 낙장. 이 필사본은 특이하게 흥보가 부자 돼서 권삼득·송흥록·신만엽 명창의 판소리를 감상하는 내용이 포함되어 있는데 고형의 흥보가 사설에 가까운 것으로 판단됨. 권삼득·송흥록·신만엽 같은 일류 명창은 당대에 주로 상류 계층에서 접할 수 있었던 상황이 묘사된 기록이라고 생각됨. 이 필사본에는 판소리가 '노래'로, 판소리 잘하는 이는 '명창'으로 표현되어 있음. 국악음반박물관 소장.

봉장취, 판소리, 단가, 병창 따위는 본디 풍각쟁이의 기예가 아니고 시나위권의 재인 · 광대 · 악공의 기예이므로 이것들은 재인 · 광대 · 악공의 퇴물들이 풍각쟁이로 행걸하면서 끼어든 것이라고 볼 수 있다. 니나니가락은 메나리 · 어사용 · 산유화와 같은 가락을 기악화한 것으로 경상도 박수 퇴물들이 풍각쟁이 노릇하면서 풍각쟁이 놀음에 낀 것 같다.[27]

다음은 황재경이 1933년에 녹음한 만담 〈걸인과 부자〉 SP음반의 사설이 기록된 부록 인쇄물 내용이다. 각설이패와 더불어 퉁소, 해금, 피리, 대금 등의 풍각쟁이가 연주와 함께 구걸하는 장면이 묘사되어 있다.(밑줄 부분)

Columbia 40658-B 漫談 乞人과富者 黃材景作 黃材景 바이올린 伴奏

지중해地中海에 돌출突出한 장화반도이태리長靴半島伊太利는 걸인乞人업는나라로 세게제일世界第一이지만은 일본해日本海에 돌출突出한 조선반도삼천리朝鮮半島三千里는 걸인乞人이만키로 세계世界에 둘재가라면 서러할만하게되엿서요 그래서여간수단手段을부려서는 찬밥한덩이 동전한푼을 쉽살이엇기어려운형편이닛가 걸인乞人의지혜智慧가상당相當이느러가고 싸라서 그들에게 쌧기지안으려고 돈푼이나잇는사람의지혜智慧도 어지간이발달이되엿서요 녯적에는조선朝鮮도 인정人情의나라여서 인심人心이 순유順裕한지라 걸인乞人도그만치천진天眞하엿거니와 지금至今은 부자富者가 싹쟁이가됨을싸라 걸인乞人도괴상怪常하여지고 거짓말공부전문工夫專門이얘요 보통普通의례例를든다면 한손에미역을들고다니며 쌀이나 혹은며누리가해산을햇는데 미역한줄거리

---

27 이보형, 「풍각쟁이 음악고」, 『한국민속학』1, 1979, 65~84면.

는어덧스나 쌀이업스니한줌달내거나 정거장停車場에서 아무데까
지차표車票를살텐데 꼭십전十錢이부족不足이니 보태달내는둥 아
무집이나문패門牌나보고 리李가나김金가라하고썻스면 쑥드러가
서 자기自己도 리李가나김金가라고 통성명通姓名한뒤에 연방종씨
宗氏라고불너가며 동정同情을구求하기 자긔自己의아들이나딸을
진고개로내보내여 겨울찬바람눈보래치는데 쌀가벗겨놋코 엉々
울게해서 돈을벌기 길싸에서흙을작고집어먹어 배곱흔것을증명
證明하기 아해를둘식업고다니기 늙은부모父母를업고다니기 싹쟁
이는구렁이를들고단니며 위협威脅하여돈달내기 장타령 통소불
기 해금 피리 젓대를가지고다니기 수심가愁心歌 룩자백六字白이를
하며 돈을달내기 그래도안되면 일부러가짜소경도되고 밋치광이
도되고 절눔발이 안즌뱅이 벙어리 별々괴상怪常한병신病身의모
양貌樣을쑤며가지고 도라다니는것을생각生覺하면 희극喜劇이라
기는 넘우악착하고 비극悲劇이라면 인간人間들의눈물이업는것을
보면 이상사람이할수업서요 극장劇場에가도 비극悲劇할째웃기잘
하는사람들인지라 그러키도하려니와 고추장을넘우먹어서 자극
신경神經이아주둔해젓는가봐요 오늘날당해서 걸인乞人이애기가
낫스니말이지 부자富者이야기도한마듸안할수업습니다 옛적에엇
던부자富者가잇섯는데 한가지병은 코가커서 그것도코키리코처
럼 길게 입으로아래턱싸지 녹은엿갓치늘어저서 음식을먹을째면
한손으로그코를번적들고 한손으로숫가락질을하게되엿드랍니다
그리나 늘 그러노라니 귀찬키도하려니와 첫재로팔이압해서 견딜
수업드랍니다 그래서 하인을 한사람 고빙하게되엿는데 더러운손
으로 코를들고잇스라고할수가업서서 긴나무째기에 갈골이를해
가지고 그갈골이에 긴코를들고서서잇도록하고는 음식飮食을먹
엇드랍니다 그런데하로는 하인下人이병이나서 출근出勤을못하게
되닛가 할수업시 림시하인臨時下人을한사람고빙해놋코는 그날맛
츰쓰거운죽을먹는데 이하인下人이서서 긴나무대갈골이에 주인主

ㅅ코를들고섯다가「엣취」하고 잿채기를하는바람에 나무에언젓
든코가 쓰거운죽그릇에쑥써러지게되고보니 그곤냐쑤가된코는
엇던상태에이르럿슬넌지 여러분우슴상상想像에맷기고 오직결론
結論은이것이외다 남을부리는사람의말노末路는 쏙이런결과結果
가오는법法이진리眞理인것을 이한가지만보세요 솜과비단속에싸
서 길느는부자富者집애들하인下人이업고다니고 보모차保姆車에
싯고다니며 호강스럽게자란아이들이 튼々하고장수하는것을누
가보섯습닛가 업지요

‘한국민요대전 충청남도’ 음반(문화방송 기획 · 발행/지구레코드 제조 MBC
-01~12, 12CD, 1996년 제작) CD2의 19번 곡에 다음과 같이 풍각쟁이 음악 녹
음이 2분 8초 담겨있다.

박병기(1993년 6월 30일 충청남도 논산시 연산면 백석리 녹음, 1915년
공주시 탄천면 화정리 출생 남성, 아명: 귀덕. 24세에 백석리로 이사 거주.
해금 · 리코더 · 쌍피리 연주 능숙) 〈앵금이타령〉 가사:
“앵금아!” (해금 소리)
“너 귀신가나 한번 해라.
어른이 부르나 애가 부르나 대답은 예 하렸다.
앵금아!” (해금 소리)
“아이구 잘 한다.” (해금 소리)
“자 초성 좋게 한번 해라 이따 밥 주께.”
(해금 소리)
“이리저리 가는 속인은 니가 하직하는데
앵금아!” (해금 소리)
“아리랑 한번 하까?’
[해금병창] 아리랑 아리랑 아라리가 났네 이에
아리랑 고개 고개로 날만 냄계 주게

아리랑 아리랑 아라리요

아리라랑 고개 고개로 날만 냄계 주게

강안도라 금강산이 일만 이천 봉

팔만 구 암자 유점사 법당사 칠성단을 모아 놓고

팔자 없는 아들 딸을 낳 달라고

석달 열흘 백일 산길 불공을 말고

타관 객지 댕이시는 한산 친구들 괄세를 말어라

아리랑 아리라랑 아라리요

아리라랑 고개 고개로 날만 냄겨주.

이 녹음집의 해설서 123·126면에 이 곡 해설이 "해금을 간간이 켜면서 대화하듯 노래한다. 해금을 '앵금'이라고 하여 노래 제목이 '앵금이타령'이 되었다. 옛날에 해금을 들고 이런 노래나 재담을 하면서 일종의 거리공연을 하고 돌아다니는 '앵금쟁이'라는 이들이 있었다"고 기록되어 있다.

〈앵금이타령〉 녹음은 매우 희귀한데 박병기가 이 소리를 전통 방식으로 구사한 마지막 녹음자인 것으로 보인다. 박병기가 1993년 MBC '한국민요대전' 기록화 작업시 녹음한 곡은 〈앵금이타령〉, 〈엿장수타령〉, 〈각설이타령〉, 〈엮음아라리〉(코타령)인데 모두 유랑가들의 민요와 관계가 있다. 이런 점에서 박병기는 앵금쟁이, 각설이, 엿장수 같은 유랑가들과 관련이 있고 그 유랑가들에게 이러한 소리들을 직간접적으로 익힌 듯하다.

'한국민요대전 경상북도' 음반(문화방송 기획·발행/지구레코드 제조 MBCD-51~65, 15CD, 1995년 제작) CD4의 14번 곡에 황보우출(1913년 개머리 출생 남성, 20세에 고향을 떠나 대구·서울 등지에서 살다가 귀향)이 1994년 1월 27일 경상북도 군위군 고로면 장곡리 개머리에서 녹음한 〈어사용－봉덕이노래〉

〈어사령〉가 3분 55초 수록되어 있는데 이 곡도 풍각쟁이 계통의 음악이다.

이 〈어사령〉은 나무꾼 신세타령의 전형적 곡조이다. 사설은 '봉덕이 찾는' 유형인데, 이는 예전에 앵금쟁이들이 해금을 켜면서 부르던 노래가 어사용 곡조에 실려 불리게 되었다. 나이 많은 노인들에 의하면 앵금쟁이 노래는 중년에 생겨났다고 말한다. 후처로 시집 간 여인이 의붓딸을 잃고 찾아 나섰다는 이 노래 내용은 경상북도에 널리 퍼져 있는데, 함경도 지방에서는 '봉샘이'라는 이름으로 불린다. 가창자는 이 노래를 '어사령'이라고 했는데 어사용은 목소리를 길게 빼고 잘 넘겨야 좋은 소리라고 한다. 황보우출은 15세 무렵에 박영감(당시 50대, 취금도 잘 연주함)에게 이 노래를 듣고 배웠다.[28]

'한국민요대전　경상북도' 음반(문화방송　기획·발행/지구레코드　제조 MBCD-51~65, 15CD, 1995년 제작) CD5의 20번 곡에 김영환(1915년 연천1리 새터 출생 남성)이 1993년 10월 14일 경상북도 문경군 농암면 연천1리 새터에서 녹음한 〈어사용－봉덕이노래〉가 33초 수록되어 있는데, 이는 나무꾼 신세타령으로 경상도 지역에 고루 퍼져 있는 어사용 종류다. 이 봉덕이를 찾는 노래는 흔히 '앵금쟁이소리'라 하여 앵금(해금)을 켜면서 노래를 하고 다니던 사람들이 부르던 노래로 충청북도 지역에서도 발견되는 곡이다.[29]

---

[28] 김택규·이해식·김헌선·문희만·김승월이 집필한 '한국민요대전 경상북도' 음반(문화방송 기획·발행 MBCD-51~65, 15CD, 1995년 제작)의 해설서 222면.

[29] 김택규·이해식·김헌선·문희만·김승월이 집필한 '한국민요대전 경상북도' 음반(문화방송 기획·발행 MBCD-51~65, 15CD, 1995년 제작)의 해설서 277면.

2023년 6월 29일 세종시에서 정영권 명인의 증언 장면. 촬영: 노재명.

청주 갈대호드기와 갈대피리의 명인 정영권(鄭永權, 1953년 충청북도 청주시 까치내 작천, 상신동 42-1 출생)은 충청도의 풍각쟁이인 일명 '앵금쟁이'에 대해 다음과 같이 증언하였다.(2023년 6월 29일과 2024년 2월 27일 정영권 증언, 노재명 대담 · 녹음)

    깽깽이, 예. (각설이들이 그 해금은 안했죠) 그렇죠. 저희 동네 제가 인제 어렸을 때 앵금이라구 그랬어 앵금. 앵금인데 아 그렇게 와서 인제 앵금을 "앵금아!" 그라문 '애앵' 이러구 소리를 내는 거지. 해금 비슷한데 해금이라구 지금 해금은 크잖아요. 아주 쪼끄맣게 자기가 본인이 만들은 거야 그걸. 만들어서 '애앵' 소리두 지금은 뭐 키가 있어 소리를 맞추고 그라잖아요 뭐. 근데 맞출 필요두 없어, 자기가 혼자 노래를 하니까. 노래를 하문서 이렇게 하니까 "앵금아!" '애앵' "어디 갔다 왔니?" '애앵' "어? 대구? 어? 쪼끔만 기달려. 이 소리 한번 하자 우리. 그라문 밥두 주구 돈두 줄껴. 맛있는 거 사 먹자." 그라면서 '앵 애앵 애앵' 이렇게 합니다. 그라문 아주 그 소리가, 지금 소리는 그 소리에 대하문 이것은 차이가 엄청 나요. 이 소리는 기가 맥힌 소립니다.

    제가 그래서 중국에 인제 관광을 갔는데 중국에서 그거 비슷한 걸 하드라구요. (얼후라고 하죠 중국에서는) 예, 예, 그라는데 그것 또한. 이것은 본인이 만들은 거야 하여튼. 근데 쉬염이 이렇게 길었어 할아버지여. 이 쉬염두 길구 상투 틀구 이렇게 하구 다녀. 그라문서 애덜이 인제 우리 어렸을 때 뒤쫓아대니능겨 뒤. 가문 인제 어느 집에 가서 이렇게 하잔하요. 그라문 그거 보고 그라문 "이야 저런 것두 있구나." "앵금, 앵금쟁이 왔다" 그라문 애덜이 쭈욱 쫓아다녔어요. 그것두 (앞으로 행사에서 공연으로) 보여주면 어떻겠나. 앵금쟁이 그래서 좍, 그라문 내가 앵금을 만들어서 바가지루 만들어 가지구서 저기 하문 좋지 않을까. 근데 이거를, 이런 걸 가지구 다니문 저 관에서는 이게 무신 소리냐구 말이지 이렇게 하는 사람두 있을 거여 지금 사람덜은. 그러나 이것은 우리가 전통이구 이런 것은 지켜야 하지 않는가. 그때 어려웠을 적에 그때는 그것이 최고의 악기였다 나는 이렇게 하구. 그 으르신덜은 다 알어 앵금쟁이. 근동에서 다 알어 앵금쟁이 얘기허문. 그때 할아버지였으니까, 제가 인제 초등학교 들어가기 전에. (그 뒤로는 그 앵금쟁이를 못본 거죠) 그렇죠. 이제 산업단지가 돼서 못본 거죠 그 뒤루는. (앵금쟁이를 마지막 본 게 초등학생 전이죠) 그렇지 그렇죠.

그래서 인제 나와서 제가 꽃집을 하잖아요. 그 보험사가 보험쟁이가 여기 보국대 사는 사람이 있어요 할머닌데. 그 할머니가 그 앵금쟁이 얘기를 하는겨, 근데 우리 동네서두 살았댜. 거기서 살았능겨. 그라면서 근데 우리 동네두 와서 이렇게 했다구 그랬드니 응 그랬다는 거여. 그런데 그 사람이 그걸 다니면서 집두 없구 아마 저기서 해서 아마 고향두 어딘지두 몰르구 그냥 돌아대니면서 은어먹구 살은 거 같으요. (앵금쟁이가 연주를 하면 사람들이 밥도 주고 떡도 주고 음식을 주는 거죠) 그렇죠. 그라구 뒤에 그 저기 보따리 있죠, 저기 왜 중덜 미구 다니는 보따리 그늠 있잖아요. 거기다 이렇게 해서 받어 가지구 가구 하는데 참 그거 참 아주 거 그거 무슨 아주 도인 같어요 한 걸 보문. 옷두 인제 두루매기 비슷한 거, 그 인제 밑에 저기 행전 매서 이렇게 묶구서 다니는데 아주 최고의 우리 조선 사람이요 완전히 그게. 조선 사람들은 그렇게 하구 다녔어요 옛날에. (그때 앵금쟁이가 〈각설이타령〉 같은 노래는 안하고) 앵금만

했으니까. 혼자 다녔어. (피리나 다른 악기는 안가지고) 앵금만 가
지고 다녔어 하여튼간에. (풍각쟁이라고 안하고) 앵금쟁이라구 했
어요. 바가지에다가 나무를 이렇게 껐는데 해금마냥 그렇게 달았
는데 이 나무는 무슨 대추나무두 같구 낭구는 때가, 손때가 꼬질하
게 묻었는데 엄청 야무져, 야무져. 그래서 나무로 구멍을 뚫버서 거
기다 실을 이렇게 해서 껴서 이렇게 했는데 그것이 인제 말총이라
구 그라는데 내가 진짜 말총인지 아닌지는 몰르겠어.

그래서 인제 말총을, 그 우리 저 그 정원선 씨라구 돌아가셨어요.
그런데 앵금을 만들었었어요. 우리 오촌 아저씨가 만들었어. 그런
데 그 양반이 일찍 돌아가셨어. 그래서 참 안타까워요. 그 양반이
(돌아가신지가) 한 15년, 20년 가까이 되요. 지금 그 저 한백광업소
에 과장으로 있었어요 정원선. 그런데 인제 그 어려서 나두 거기서
인제 배웠죠 어려서. 그 사랑방에서 그걸 만드느라구 이렇게 만들
구 그라문 그런 걸 만들구 있다구 말이지 그 쿠사리두 많이 먹었어
요. (그 악기는 남아있는 게 없고) 그 동네가 다 없어지구 전부 다.
그 형제들이 남자 둘, 여자들 다섯이여. 다 돌아가시구 없어. (그 악
기도) 없어요. (그 후손들이) 하나두 어디서 사는지두 몰라유 지금
이요. (정원선 씨가) 지금 따지문 팔십 한 넷, 다섯 됐어요. 근데 암
으루 돌아가셨어요. 그 살아계셨으문 벌써 저도 문화재 됐어요. 동
네에서 누가 근동에서 알아주는 사람 있어? 그런 걸 보여줬어야지
뭐. 남은 게 있어야지 뭔가. 그래서 지금 내가 이렇게 하는데 인제
지금은 제가 자료를 뭐 이렇게 생각나는대루 만들어서 이렇게 해
놓구 있어 가지구서 누가 오드래두 사람길만 내놓구 전부 다 갈대
로 꽉 채워놨어요. 그래서 인제 그 전에는 자료가 없었지만은 지금
은 누가 오드래두 떳떳하게 내가 얘기할 수가 있구 설명두 할 수가
있구. 이렇게 해서 지금 우리 것을 알아줬으면 하는 생각이구. 우리
조선이 어떻게 망해 가지구서 말이지 그 일본한테 저기 해서 우리
조선.

이러한 구술을 한 정영권은 지금까지 확인된 바로는 앵금쟁이의 앵금 악기를 직접 만들 수 있고 그 음악 원형을 재현해서 구사할 수 있는 현존 유일한 사람인 것으로 판단된다. 그간 이 풍각쟁이 음악은 전승이 거의 끊어진 것으로 알려져 있었으나 기적적으로 이렇게 보유자가 아직 존재하고 있음이 본고를 통해 처음 학계에 보고되는 것이다. 정영권이 보유한 이러한 음악 예능은 역사성과 전통예술적 가치가 커서 더 늦기 전에 국가무형유산으로 지정하여 전승이 단절되지 않게 하여야 될 것으로 생각된다.

풍각쟁이는 유랑 예인이자 떠돌이 연주 구걸인, 그리고 수도자인 측면도 있었다고 생각된다. 앞서 살펴본 바와 같이 정영권이 목격한 풍각쟁이를 멋진 도인으로 회고한 점도 풍각쟁이의 비범한 면모를 나타내 주는 삽화이다. 각설이패는 구걸을 위해 방문한 집에서 〈장타령〉을 부르기에 앞서 "구름같은 댁에 신선같은 나그네 들어왔소"라며 스스로를 신선에 비유하기도 했다. 상기와 같은 정영권의 오촌 정원선과 박병기의 기록으로 봐서 일반인도 나름 좋아 보이는 면이 있고 흥미가 있어 풍각쟁이를 흉내낸 듯하다. 박병기의 앵금병창이 풍각쟁이 본연의 원형에 가까운 곡류로 짐작된다.

풍각쟁이들이 연주한 바 있는 다음과 같은 녹음들도 풍각쟁이 음악을 복원하는 데 있어서 귀중한 자료가 된다.

[봉장취]
1. 정해시(퉁소) 심상건(가야금) 김덕준(해금) 한성준(장고) 1935년 녹음 〈봉장취〉(봉황곡) 3분 8초
국악음반박물관 소장 SP음반 관리번호 MISP-1829
Victor Junior KJ-1043(1106) 合奏 鳳凰曲 洞簫鄭海時 · 伽倻琴沈相健 奚琴金德俊 · 杖鼓韓成俊

2. 강태홍(가야금) 박종기(대금) 최계란(장고) 1936년 녹음 〈봉장취〉(1) 3분 36초

국악음반박물관 소장 SP음반 관리번호 MISP-0514

Korai CM809-A 器樂 봉장취(上) 伽倻琴姜太弘 · 大琴朴鍾基 長鼓崔桂蘭

3. 강태홍(가야금) 박종기(대금) 최계란(장고) 1936년 녹음 〈봉장취〉(2) 3분 30초

국악음반박물관 소장 SP음반 관리번호 MISP-0514

Korai CM809-B 器樂 봉장취(下) 伽倻琴姜太弘 · 大琴朴鍾基 長鼓崔桂蘭

4. 유동초(퉁소) 한성준(장고) 1937년 녹음 〈봉장취〉(봉작취) 3분 11초

국악음반박물관 소장 SP음반 관리번호 MISP-1877

Victor Star KS-2007(KRE186) 洞簫獨奏 鳳雀吹 柳東初 鼓韓成俊

5. 지용구(해금) 박종기(대금) 정원섭(장고) 1937년 녹음 〈봉장취〉(봉구황) 3분

국악음반박물관 소장 SP음반 관리번호 MISP-2062

Okeh 12209(K755) 奚琴散調 鳳求凰 池龍九 鼓丁元燮 · 大笒朴鐘基

6. 정해시(대금) 김덕준(해금) 한성준(장고) 1940년 녹음 〈봉장취〉 3분

국악음반박물관 소장 SP음반 녹음 관리번호 MIDAT-0227

Columbia C2028(1 22866) 古樂 鳳長醉 콜럼비아古樂團(大琴鄭海時 奚琴金德鎭 長鼓韓成俊)

7. 정해시(대금) 김덕준(해금) 한성준(장고) 1940년 녹음 〈새타령〉 3분

국악음반박물관 소장 SP음반 녹음 관리번호 MIDAT-0227

Columbia C2028(2 22867) 古樂 새타령 콜럼비아古樂團(大琴鄭海

時 奚琴金德鎭 長鼓韓成俊)

8. 지영희(해금) 성금연(아쟁) 장고 반주자(성명 미상) 1960년경 녹음 〈봉장취〉 13분

국악음반박물관 소장 10인치 LP음반 관리번호 MI10LP-0143

牙箏·奚琴과 南道短歌(牙箏: 成錦鳶 奚琴: 池瑛熙 唱: 成又香·申惟京 伴奏: 킹스타－國樂團)

킹스타－KSM-1105(10인치 1LP), 1959~1960년 녹음 제작, 고수 성명 미상.

第一面) 牙箏과 奚琴의 봉장취 牙箏: 成錦鳶 奚琴: 池瑛熙

9. 해경악회(해금: 지영희, 대금: 김광식, 피리: 이충선, 가야금: 성금연, 장고: 지갑성) 1960년대 초반 녹음 〈봉장취 굿거리〉 3분

국악음반박물관 소장 12인치 LP음반 관리번호 MI12LP-0495

韓國古典舞踊曲集

新世紀레코오드株式會社 SLN-10635, 민1217(1LP), 1960년대 초반 녹음, 1960년대 후반 제작. 이는 1976년 3월 10일 제작된 '舞踊曲' 음반(힛트레코드사 HL-1257, 1240-28, 1LP, 演奏 海磬樂會)과 동일한 녹음.

SIDE 1) 6.봉장취 굿거리

10. 이성진(장고 장단 강의) 1985년 녹음 〈무속 굿거리(봉장취)〉 3분

국악음반박물관 소장 카세트테입(MC) 관리번호 MIMC-0551

초보자를 위한 이성진의 장고 교본 제1집

주식회사 대성음반 DAS-0279(1MC), 1985년 STEREO 녹음, 1985년 6월 10일/1992년 5월 20일 제작. 심의번호: 8504-S120. 악보 재중.

SIDE B(26: 29) 6.무속 굿거리(봉장취)

[피리 가락]

국악음반박물관 소장 SP음반 관리번호 MISP-1004

ROYAL RECORD NIPPONOPHONE 6004 KOREAN SONG 女兒 沈淸哭歌심청무는소리

* 유명갑 설명+피리 독주 〈심청이 우는 소리〉
NIPPONOPHONE (미발견 음반) KOREAN SONG 피리풍각징이
* 유명갑 피리 독주 추정

[퉁소·단소 가락]
국악음반박물관 소장 컴팩트디스크(CD) 관리번호 MICD-1784~
1787
한국고음반연구회 음향자료선집(6) 이보형 채록 한국의 퉁소
가락
한국고음반연구회 기획·발행, 지구레코드 제조 HKYCD-06
(1CD), 녹음시기 미상, 2000년 제작. 이는『한국음반학 제10호』(서울:
한국고음반연구회, 2000) 부록으로 제작된 학술용 비매품 한정판 음
반이다. 현장 취재 녹음·자료 제공: 이보형, 녹음·디자인: 한국
고음반연구회 여러 회원들, 제작비 지원: 한국음반협회, 총 수록시
간: 66분 27초. 해설서(총 12쪽) 내장.
　1. 퉁소 날라리(충북 보은 허식)(2: 24)
　2. 단소 날라리(충북 보은 허식)(1: 38)
　3. 단소 날라리(충남 청양 오종실)(1: 52)
　4. 퉁소 메나리(전남 강진 김갑동)(6: 47)
　5. 퉁소 시나위(1)(전남 강진 김갑동)(8: 52)
　6. 퉁소 시나위(2)(전남 강진 김갑동)(9: 04)

　상기 연주자들 가운데 유명갑의 경우 피리 연주 음반 취입시 같이 녹
음한 것으로 보이는 피리 연주곡 가운데 '피리 충청도 란々가' 음반
(NIPPONOPHONE, 피리로 연주한 충청도 아리랑)이 있는 것으로 봐서 충청도 풍
각쟁이와 관련 있는 음악가로 판단된다.
　전통사회에서 젊은 소리꾼들은 판소리 명창이 되기 위해 독공을 하
다가 중간에 하산하여 민가의 곡식을 얻어 먹기도 하였고, 득음을 못해

명창이 못된 또랑광대, 아니리광대는 장터 등 거리에서 공연을 하며 생계를 이어가기도 했다.

김창진 명창은 일제 때 아편에 중독되어 동가숙서가식(東家宿西家食)하며 비참하게 생활하였다고 하며[30], 가야금 명인 강태홍 등 수많은 국악인들이 6.25 한국 전쟁 당시 아사 등 상상을 초월하는 고초를 겪었다. 아쟁 명인 윤윤석은 6.25 한국 전쟁 피난시 생존을 위해 부산 거리에서 꼬마 창극단 활동을 하기도 했다.[31] 이같이 재난시 수많은 국악인들이 풍각쟁이와 다름 없는 생활을 하였다.

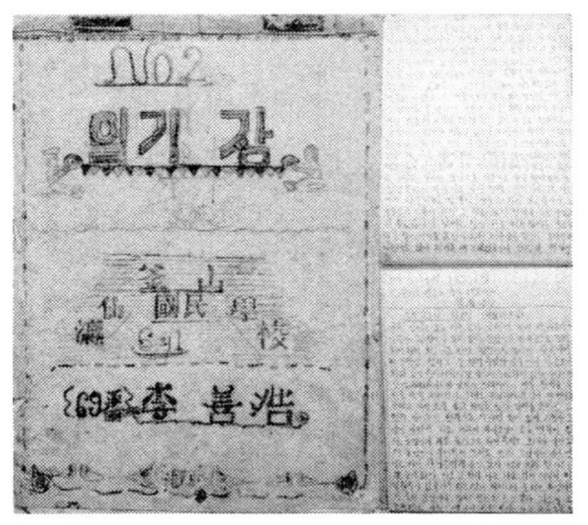

1951년 6.25 한국 전쟁 때 부산에 피난한 어린이 이선호의 일기장. "하늘에는 날마다 비행기가 떠돌고 있으며 바다에는 커다란 군함이 왔다 갔다 합니다"라는 기록이 있다. 국악음반박물관 소장자료.
아쟁 명인 윤윤석은 6.25 한국 전쟁시 부산에서 꼬마 창극단 활동을 했다.

떠돌이 연주 구걸인들 가운데 음악 자체만 보면 민요조 노래에 자신이 있는 이는 〈각설이타령〉을, 악기와 재담 소리에 재능이 있는 이는 풍각쟁이 음악을 했다고도 볼 수 있다. 걸인 민요 〈각설이타령〉, 판소리에 나오는 민중의 참상들 표현은 노래로서 민중의 비참한 실상을 널리 울려퍼지게 한 민속음악가들의 목청 유민도 구실을 했다고 판단된다.

---

30 이보형 조사·집필,『판소리 유파』, 문화재연구소, 1992, 108면 나성엽 증언 내용.
31 「新版 돈버리 出現 南道소리 少年을 미끼로」, 1952년 1월 10일자『경향신문』

서양화가겸 사진작가 박여일 1950년대 촬영 흑백사진 '부산서 점 치는 곳' 작품. 가로 24.5cm, 세로 30cm. 앞·뒤에 박여일 친필 사인 있음. 국악음반박물관 소장 자료.

　　앞서 한중 유민도의 음악 부분을 살펴본 결과, 중국 유민도가 한국 유민도에 영향을 주었고 한중 유민도 모두 점차 풍속화 경향으로 변화됐음을 알 수 있었다.

　　그리고 그림 외에도 사진, 음반, 증언 구술 등의 관련 자료도 참고하여 비교 검토하였고 이러한 연구 결과를 토대로 전승이 단절된 한국 풍각쟁이 음악을 복원 공연할 수 있는 가능성을 찾았다. 안타깝게도 풍각쟁이 음악 동영상이 아직 나오지 않은 상황이고 그림이나 사진의 정지 화면 상태로 볼 수 있고 해당 음악의 녹음을 통해 청각으로 들을 수 있고 풍각쟁이 음악 연희를 목격한 원로 예인의 회고담을 통해 연상을 할 수 있는데 이 관계 자료를 모두 발굴해서 본고에 소개하고 분석하여 옷차림 구비, 악기 제작, 곡 구성, 연희 방식을 총체적으로 동영상 또는 실제 공연물로 구현 가능하도록 하였다. 본고에 소개한 여러 입체적인 자료들을 조합하여 잊혀진 풍각쟁이의 음악 연희에 관한 퍼즐 맞추기가 가능해진 것이다.

풍각쟁이 음악인들과 야외에서 직간접적인 영향 관계가 있었던 것으로 보이는 거리
의 여러 직업인들 모습과 관련 자료들. 국악음반박물관 소장.

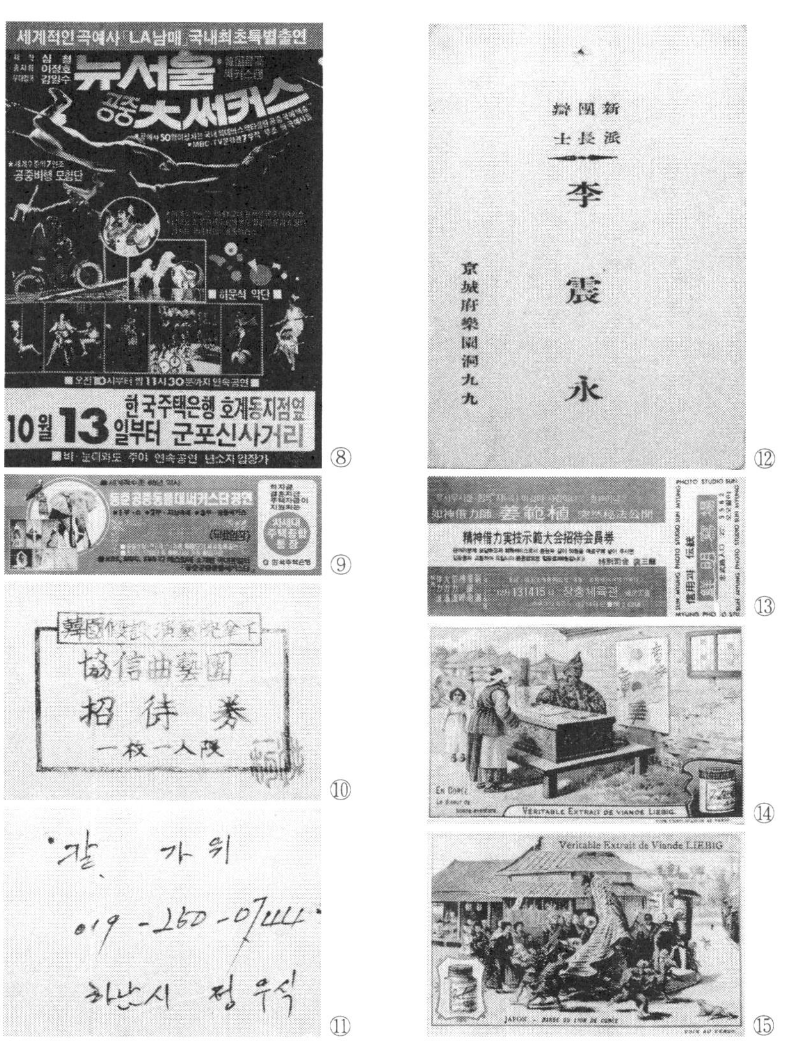

① ② ③ 일제 때 엿장수와 아이, 새장수, 엿장수 모습이 담긴 엽서들. ④ 1920년대 거리에서 점(占) 봐주는 노인 사진. ⑤ 1960년대 노점의 신발 수리공 사진. ⑥ 1976년 김영철 명인 줄타기 장면 사진. ⑦ 1970년대 문은숙 서커스 장면 사진. ⑧ 뉴서울 공중 대써커스 군포신사거리 공연 전단. ⑨ 동춘 공중동물 대써커스단 공연 초대장. ⑩ 1960년대 한국가설연예원 산하 협신곡예단 초대권. ⑪ 칼·가위 갈아주는 이의 명함. ⑫ 일제 때 신파단장 변사 이진영 명함. ⑬ 1970년대 장충체육관 차력사 강범식 정신차력 실기시범대회 초대회원권. 여신차력사의 구슬픈 통소 등 공연. ⑭ 일제 때 점 봐주는 한국인 장면이 담긴 프랑스 담배카드. ⑮ 일제 때 한국인들의 사자춤 연희 장면이 닫긴 프랑스 담배카드.

5. 한중 유랑 구걸 예인과 관련있는 인근 국가들의 음악

한중 유랑 구걸 예인과 관련이 있는 인근 국가로는 인도, 파키스탄, 싱가포르, 스리랑카 등을 꼽을 수 있고 다음과 같은 관계 자료들이 있다.

파키스탄 뱀 부리는 악사 전통음악 음반 (1974년)
국악음반박물관 소장 12인치 장시간음반(LP) 관리번호 MI12LP-2282
Authentic Music of The Snake Charmer (The Atlas Series)
Iqbal Jogi and Party
미국 뉴욕 Olympic Records 제작 OL-6101(1LP), 1974년 파키스탄 사막 현지 실황 녹음, 1974년 제작. 앞표지에 취입자들 연주 장면 칼라사진 수록. 뒷표지에 영문 해설 글 수록. 프로듀서: Uxi Mufti.

Side 1)
1. LORAU—A Folk Tune Popular in the Desert Regions(4: 13)
2. MONMIL RANO—A Folk Romance(5: 50)
3. KOHIARI—Sind Region of Pakistan(6: 40)
4. LAL MORI PAT—Folk Song(6: 42)
5. BHAIR VEEN—Rag of the Morning(5: 50)
Side 2)
1. SORATH—Folk Tune in Sindhi Ragni(10: 56)
2. PAHARI—Tune of Sindhi Folk Song and Dance(6: 18)
3. PAHARI—Folk Tune in Raga(4: 07)

인도의 집시 음악을 비롯해서 상기와 같은 파키스탄, 싱가포르의 뱀 쇼 음악들은 중국, 한국의 〈유민도〉에 묘사된 음악 등과 더불어 고대 실크로드 유랑음악과 관련이 있는 것으로 보인다. 사람과 비슷한 형상의 원숭이, 징그럽고 무서운 맹독류 뱀을 자유자재로 다루며 보여주는 묘기는 거리에서 이목을 끌기 좋고 신기함의 대상으로 적선을 유도하기에 충분했을 것이다. 뱀쇼의 경우 뱀의 독니를 미리 제거한 후 관악기 연주를 곁들여 거리 공연을 하기에 뱀독으로 인한 사고 염려 없이 안전하다.

싱가포르 뱀춤놀이 예인들 1970년대 한국 내한 공연 장면. 국악음반박물관 소장 사진자료.

구성진 풍류가 사라지고 구걸도 어느덧 산업화되어 폭력배나 불량배들이 장애인이나 나약한 아동들을 강제로 내세워 구걸을 조직적인 돈벌이 수단으로 악용하는 사례도 국내외 뉴스에서 종종 목격된다. 이처럼 세상이 점차 각박해지고 있는데 장차 한국과 중국, 인근 국가의 전통적인 유랑예인 음악들을 규합하여 비교 연구하고 상호 교류를 통해 옛지혜와 멋스러운 풍류 여유를 되찾고 서로 도우며 많은 이들의 삶이 보다 멋진 방향으로 향해 갈 수 있길 기원한다.

제3장

판소리 · 탈춤의 각설이타령과 기타 동냥 소리들

　　각설이패의 민요 〈각설이타령〉이 전국적으로 대중의 인기가 많아지
자 판소리, 탈춤 같은 다른 장르에도 삽입되어 널리 불렸다. 여기에서는
그러한 사례 등을 다루어 본다.

1. 판소리의 각설이타령

　　판소리 흥보가 가운데 놀보의 박을 타는 대목에 각설이들이 박속에
서 나와 〈각설이타령〉을 하는 부분이 있다. 이러한 주요 음반들을 비교
해 보면 다음과 같다.

주요 판소리 흥보가 음반의 〈각설이타령〉 비교

명창	녹음 시기	사설
김연수	1967년 녹음 동아일보 음원 제공, 신나라 제작NSC-186 (4CD) 2007년 제작	(아니리) 이웃집에 열렸던 박 한통이 몹시도 바빴던지 구시월 알밤 벌어지듯 저절로 딱 벌어지더니 각설이패, 풍각쟁이, 초라니패가 또 나오는디 허리춤 훨씬 내려 쪽박 엎어놓은 듯한 배퉁이를 내어 놓고, 개미상투 멋이 있게 이마에 딱 붙이고 장타령을 허며 나오든 것이었다. 　(창조 도섭) "뚜루루루루루루루루 들어왔소. 구름같은 댁에 신선같은 나그네 들어왔소. 　(동살풀이) 각설이라. 먹설이라. 동서리를 짊어지고 죽지도 않고 또 찾어왔소. 뚜루루루루루루 뚜루루루루 몰아 장태령, 흰 오얏꽃 옥과장, 누른 버들의 김제장, 부창부수 화순장에 시화연풍의 낙안장, 쑥 솟았다 고산장, 철철 흘러 장수장, 삼도도회 금산장에 일색 춘향의 남원장, 십리 오리에 장성장, 애고대고 곡성장, 오늘 가도 진안장이요, 코 풀었다 흥덕장, 주인은 있어도 무주장, 술은 싱거도 전주장, 물을 탔어도 원주장, 탁주를 먹어도 청주장, 돈을 내도 공주장, 맨술을 먹어도 안주장, 이장 저장을 다닐 적에 뉘릿뉘릿 황육전, 펄펄 뛰는 생선전, 울긋불긋 황아전에 파싹파싹 담배전, 얼걸덜걱 나막신전, 딸각딸각 옹기전, 호호 맵다 고초전, 어서 가자 어서 가. 오란 곳은 없어도, 우리 갈 길은 바쁘요. 놀보 샌님 수이 가게 헙쇼." 풍각쟁이는 옆에 섰다 두 다리를 빗디디고 살만 남은 헌 부채로 뒤꼭지를 탁탁 침서 곰배팔을 내젓으며 왼 몸짓 고개짓으로, "허 품바 허 품바 잘헌다 잘헌다 잘헌다. 품바 품바 잘헌다. 초당

		짓고 헌 공부냐? 실수 없이도 잘헌다. 동삼 먹고 배웠느냐? 진기 있게 잘헌다. 기름동이나 먹었느냐? 미끈미끈 잘헌다. 목구멍에다 불을 켰나? 훤허게도 잘헌다. 뱃가죽이 두꺼운가? 일망무제로 나온다. 네가 저리 잘할진대 네 선생은 오직허랴? 네 선생이 거 누구냐? 네 선생이 내로구나. 목은 조금 쉬었어도 아니리가 일수다. 주제꼴은 꼴불견이나 들을 맛은 다 들었다. 어 품바 잘헌다. 얼씨구나 잘헌다. 목 쉴라 목 쉴라. 대목장에 목 쉴라. 대목장에 목이 쉬면 열두 식구가 다 죽는다. 가만 가만히 섬겨라. 네 못허면 내가 허마. 어 품바 잘헌다. 품바 품바 잘한다."
박동진	1988년 녹음 SKC SKCD-K-0252 (5CD) 1989년 저작	(아니리) 박통 밖으로 노랑 잠방이 등거리 입은 늠이 톡 뻴거진단 말이여. 놀보가 무릎을 탁 침서, "그러문 그렇지 이제사 동자 나왔다 이?" 그 말이 지듯마듯 하야 덕거머리 총각늠이 딱 나온단 말이여. "옳지, 동자가 한쌍이재에?" (자진모리) 그 말이 지듯마듯 하야 사람들이 꾸역꾸역 꾸역꾸역 꾸역 꾸역꾸역 나오는디, 앞에 나온 두 아기는 검무쟁이 복색이라. 그저 방정맞은 요 초라니 요러한 동물들이 꾸역꾸역 나오더니 놀보집 앞뒤 마당을 장판으로 깔었던지 훨씬 널리 터를 잡고 각채비가 늘어서 장타령을 허는구나. 한편을 바라보니 해금소리는 이 갈리고 퉁소소리 귀 아퍼 못듣겠네. 뒤안으로 돌아가니 두늠이 돌아서서 장타령을 허는디, "헤에거리고 들어왔네. 누른 버들 김제장, 부창부수난 화순장, 시화연풍 낙안장, 쑥 솟았다 고산장, 철철이 흘러서 장수장, 일색춘향이 남원장, 애고나 지고나 곡성장, 울긋불긋 황의전, 팔팔 뛰는 생선전." 한놈은 허리 짚고 고개짓을, "잘한다 잘한다도 잘한다. 초당 짓고나 배웠는가 실수 없이도 잘도 한다. 기름동이 먹었는가 미끈미끈 미끈미끈 미끈미끈 미끈미끈 미끈미끈 잘한다. 어허 잘한다. 목구녁에 불켰는가 훤허게도 잘한다. 목 쉴라 목 쉴라. 대목장에 목 쉴라. 가만가만히 셈겨라. 네 선생이 누구냐. 네 선생이 나로구나. 날보다도나 잘한다. 품푸푸푸푸 품푸푸 품푸품푸푸." (아니리) 놀보가 기가 멕혀, "네 여봐라! 저것 뒀다 살림 파하겠다. 그 부동가리도 안남겄어. 그렇깨 내몰아라." 행하 주어 보낸 후에
박봉술	1981년경 녹음 발행처: 한국브리태니커회사, 음반 제조: 지구레코드공사 JLS-1201627(4LP) 발행: 1982년	(아니리) 인자 각설이패들이 썩 들어오더니마는 장타령을 허는디 전라도제로 하나가 메기는디, (동살풀이) "허절시구나 들어간다. 각설 춘추가 들어간다. 어따 요봐라 순덕아 이내 말을 들어봐라. 너그 부모가 너를 낳아, 우리 부모가 나를 낳아 고우기나 곱게 길러 삼간 초당에다 집을 짓고 독서당에다 앉혔소. 진주나 기생님이 왜장 청정 목을 안고 진주나 남강으 떨어져서 만세 유전에 빛냈네. 으픔으픔 잘헌다." (아니리) 이렇게 헌깨 또 한놈이 썩 나서더니마는 경상도제로 인자 또 하나 메기던가 보더라. (동살풀이) "허절시고나 들어간다. 얼씨고나 들어간다. 얼씨고

		나 들어간다. 절씨구나 나오신다. 왼갖 춘절이 들어간다. 오동 장롱, 깨끼 장롱 둘이나 볼라고 두었더니 혼자 보기가 웬일이냐. 으픔으픔 잘헌다."
박송희	2004년 녹음 한국문화진흥재단/ 국립극장 제작 KDCA-6856~ 858(3CD) 2004년 제작	(아니리) 각설이패가 썩 나오더니 장타령을 허는디 한놈이 전라도제로 장타령을 허던 것이었다. (동살풀이) "허절시구나 들어간다. 각설 춘추가 들어간다. 어따 여봐라 순덕아 이내 말을 들어봐라. 너그 부모가 너를 낳아, 우리 부모가 나를 낳아 고우기나 곱게 길러서 삼간 초당에다 집을 짓고 독서당에다 앉혔소. 진주나 기생 의암에 왜장 청정의 목을 안고 진주의 남강에 떨어져서 만세 유전에 빛났네. 어허 품바나 잘한다." (아니리) 참 놀보 박에서는 별개 다 나와요 잉? 이러고 나오니까 또 한놈이 딱 나서더니 경상도제로 장타령을 허던 것이었다. (동살풀이) "허절시구나 들어간다. 저얼씨구나 들어간다. 얼씨구나 들어간다. 절씨구나 나오신다. 왼갖 춘절이 들어간다. 오동 장롱, 깨끼 장롱 둘이나 볼라고 두었더니 혼자 보기가 웬일이냐. 품바 품바나 잘한다."

강도근, 박록주, 박초월, 성우향의 흥보가 음반에는 〈각설이타령〉이 없다. 그리고 1941년에 임방울 · 오수암 · 이화중선 · 김록주가 취입한 창극 '흥보전' 음반(Okeh 20087~20098, 12SP)에도 〈각설이타령〉 녹음이 없다.

김연수의 흥보가 〈각설이타령〉에 "구름같은 댁에 신선같은 나그네 들어왔소" 하는 아니리는 해학적이며 능청스러운데 비록 걸인의 신분일지라도 자신을 신선으로 표현하는 의연함과 재치가 담겨있고 시적(詩的)이며 도가(道家)의 신선 문화 영향도 있어 보인다. 김연수의 흥보가 〈각설이타령〉 창은 전라도 소리제로 판단된다.

박동진의 흥보가 〈각설이타령〉은 충청도 소리제 위주로 짜여진 것으로 생각되는데 이는 박동진이 어려서부터 접한 공주 등 충청도의 민요 〈각설이타령〉이 반영된 것으로 여겨진다.

상기 박봉술과 박송희의 흥보가 〈각설이타령〉은 호남제와 영남제로 구성되어 있다.

장애인 흉내를 내야 하는 사설 등으로 되어 있는 흥보가의 후반부인 놀보 박타령 대목은 여성 명창이 부르기가 난처하다고 해서 배우거나 부르는 일이 드물다. 여성 명창뿐 아니라 남성 명창 중에도 정응민 등 기품있는 판소리를 구사한 이들은 흥보가 자체를 재담소리라 하여 입에 담지 않았다.

박록주의 경우 흥보가 중 〈제비 후리러 나가는 데〉까지만 배우고 그 뒤는 안태운 것으로 알려져 있다. 특별하게 다음과 같은 음반에서는 박록주가 자신이 직접 짠 것으로 추정되는 놀보 박타령 대목을 녹음했는데, 매우 간략하게 짜여져 있어서 〈놀보 제비노정기〉와 〈각설이타령〉이 없고 〈놀보 박타령〉 창도 짧다.

○ 국악음반박물관 소장 12인치 장시간음반(LP) 관리번호 MI12LP-2646~2648

판소리 興夫傳 其一~三 唱: 朴綠珠 북: 鄭權鎭 (全篇三枚一組)

地球레코-드公社 LM-120180(3LP 박스물), 1967년 11월 25일 녹음, 1967년 제작.

○ 국악음반박물관 소장 컴팩트디스크(CD) 관리번호 MICD-0134~0135

판소리 명창 朴綠珠 흥보가(고수: 정권진)

지구레코드 JCDS-0435~0436(2CD), 1967년 11월 25일 녹음, 1994년 3월 제작. 총 40면짜리 해설서 내장(글: 노재명).

○ 국악음반박물관 소장 카세트테입(MC) 관리번호 MIMC-0596~0597

판소리 명창 박록주 흥보가(1~2) 고수: 정권진

지구레코드 JCS-2640~2641(2MC), 1967년 11월 25일 녹음, 1994년 8월 30일 제작. 음반 해설: 노재명.

박록주가 흥보가의 후반부인 놀보 박타령 대목을 제자들에게 가르치지 않아서 박송희의 경우는 다른 명창들의 놀보 박타령 대목을 참고해서 불렀다.

1991년에 제작된 박송희의 다음과 같은 음반 가사집에는 김연수의 흥보가 〈각설이타령〉과 유사하게 되어 있는데 이 음반에는 〈각설이타령〉 녹음이 실제로는 없다.

○ 국악음반박물관 소장 12인치 장시간음반(LP) 관리번호 MI12LP-1488~1490, MI12LP-2824~2829

重要無形文化財 第五號 판소리 興甫歌(唱: 朴松熙 鼓手: 金淸滿)

박송희 자비 제작 사가반(한정판), 지구레코드 제조, 음반번호 없음(3LP 박스물), 1991년 녹음 제작. 총 11쪽짜리 해설 · 가사지 내장(박송희의 약력과 흥보가 사설 수록).

○ 국악음반박물관 소장 컴팩트디스크(CD) 관리번호 MICD-1262~1264

박송희 판소리 흥보가(고수: 김청만)

지구레코드 JCDS-0674-1~3(3CD/재판), 1991년 지구스튜디오 녹음, 1998년 9월 30일 제작. 디지털 마스터링: 김도연, 도움: 노재명 · 이성희, 디자인: 박준영. 총 21쪽짜리 해설서 내장(사설 채록: 채수정, 박송희 약력 수록). 이 녹음집의 초판은 1991년 박송희가 자비 출반한 '重要無形文化財 第五號 판소리 興甫歌(唱: 朴松熙 鼓手: 金淸滿)' 음반(박송희 사가반 한정판, 지구레코드 제조, 음반번호 없음, 3LP 박스물)이다.

2004년에 제작된 박송희의 흥보가 음반(한국문화진흥재단/국립극장 제작 KDCA-6856~6858, 3CD)에는 〈각설이타령〉 녹음이 담겨있는데, 박봉술의 흥보가 〈각설이타령〉과 유사하게 되어 있다. 이는 박송희가 1981년경 녹음된 박봉술의 흥보가 〈각설이타령〉 음반(발행처: 한국브리태니커회사, 음반 제조 지구레코드공사 JLS-1201627, 4LP)을 참고하여 부른 것으로 판단된다.

1991년에 제작된 박송희의 흥보가 음반에 〈각설이타령〉 녹음이 제외된 것은 사회적으로 〈각설이타령〉을 좋지 않게 인식했기 때문인 것으로 보인다. 2004년에 제작된 박송희의 흥보가 음반에는 〈각설이타령〉 녹음이 담겨있는데 여기에선 아니리로 "참 놀보 박에서는 별개 다 나와요"라고 하며 〈각설이타령〉을 부르면서도 관객들이 혹여 이 곡을 부르는 것에 대해 안좋은 시선으로 바라보면 어쩌나 눈치를 보며 겸연쩍게 표현하는 것을 느낄 수 있다.

이와 같은 음반 기록물로 봐서 박송희는 1991년 무렵에는 김연수의 흥보가 〈각설이타령〉을 참고하였고, 이후 2004년경에는 박봉술의 흥보가 〈각설이타령〉을 참고하여 다소 변화된 양상이 있었음을 알 수 있다. 이러한 면모는 당시 최대한 스승에게 배운 그대로 해야만 정통성을 인정받는 분위기였던 국가무형유산 제도상 어긋나는 행동일 수 있었는데, 과감하게 스승의 소리에 다른 소리를 첨가해 넣은 용기에 해당된다고 하겠다. 본래 판소리는 스승과 똑같이 하면 복사판 '사진소리'라 하여 낮은 수준의 소리 취급을 받았고 스승에게 배운 소리에 자신의 개성을 가미하고 부를 때마다 참신한 즉흥성이 있어야 명창의 소리로 인정받을 수 있었다. 그런 점에서 박록주와 박송희가 스승의 소리에 다른 소리를 첨가해서 부른 점은 정통성의 역행이 아니라 판소리 본연의 모습에 맞는 노력이었다고 할 수 있다.

다음은 박동진이 1990년에 녹음한 판소리 변강쇠가 음반(기획 · 편집 · 제작: 신나라레코드, 제조: 성음 SEL-RO184, 3LP, 1991년 제작)의 〈각설이타령〉 사설이다.

(아니리) 그때 마참 경상도에 사는 각설이패 세놈이 들어오는디 각설이타령을 하던 것이었다.

(동살풀이) "헤에헤거리고 들어왔소. 에거리고 들어왔네. 각설이라 동설이 죽지도 않고 들어왔네. 경상도라 경주장, 최복 입은 상주장, 이 술을 잡수라 진주장, 관민분의 성주장, 채 쳐서 마산장, 철철이 흘러 노루골장, 펄펄 뛰는 노루골장, 명태 옆에는 대구장, 또 한놈은 옆에 서서 허리 짚고나 고개짓, 잘한다도 잘한다. 초당 짓고 배웠는가, 실수나 없이도 잘도 한다. 동삼 먹고 배웠는가, 뱃심 좋게 잘한다. 기름동이나 먹었는가, 미끈미끈 미끈미끈 미끈미끈 잘도 한다. 목구녁이 불 켰는가, 훤허게도 잘한다. 잘한다도 잘한다. 목 쉴라. 목 쉴라. 대목장에나 목 쉴라. 가만가만히 셈겨라. 아, 니 선생이 누구냐. 아, 니 선생이 나로구나. 니 선생이 나지만 날보다도나 더 잘한다. 가만가만히 셈겨라. 품푸푸푸푸 품푸푸품푸 품푸푸."

이는 전승이 끊어진 판소리 변강쇠타령을 박동진이 신재효가 정리한 변강쇠타령 사설을 참고하여 소리로 짜서 부른 것이다.

김연수와 박봉술 흥보가, 박동진 변강쇠가의 〈각설이타령〉 앞뒤에 이어져 나오는 대목은 각설이패, 풍각쟁이, 초라니패, 거사, 사당패, 남사당패가 한데 어울려 유랑 공연을 한 면모를 보여준다. 이는 판소리인들이 각설이, 풍각쟁이, 초라니, 거사, 사당, 남사당 등과 어울려 유랑했기에 그들의 삶을 생생하게 잘 알고 자연스럽게 그들의 면모를 판소리에 일부 반영한 결과로 볼 수 있다.

이처럼 판소리인들은 남의 얘기만 노래한 것이 아니라 자신들의 실제 생활상, 간접적인 관련 내용도 많이 표현하였다. 판소리인들에게는 삼백석에 몸이 팔려가는 심청이 다름 아닌 권번에 팔려간 세습 국악 가문의 딸들처럼 여겨졌을 것이다. 인간문화재 신영희(申英姬, 1942~) 명창은 젊어서 어려운 사람들이 비참하게 비빔밥 먹는 것을 목격하여 비빔밥을 안먹게 되었다고 했는데 이러한 점은 판소리인이 유랑하며 떠돌이 각설이패의 참상을 목도하면서 일어난 일이라 하겠다. 인간문화재 한승호(韓承鎬, 1924~2010) 명창은 경제적으로 어려운 시절 약장수가 전국을 다니며 야외에서 약을 팔 때 현장 홍보 공연의 출연자로 판소리를 하기도 했고, 인간문화재 송순섭(宋順燮, 1936~) 명창은 생계를 위해 아이스크림 노점상을 하며 틈틈이 판소리를 하기도 했다. 판소리인들은 이러한 거리 활동 등을 통해 각설이패를 목격하며 서로의 애환을 피부로 느끼고 공감하기도 했던 것이다.

판소리 명창 공옥진(孔玉振, 1931~2012)의 병신춤 또한 각설이패에 속해 있던 장애인들과의 교류 속에서 자연스레 이루어진 예술이었다. 공옥진은 8세 때 판소리 명창인 부친 공대일(孔大一, 1911~1990)이 징용에 끌려가는 것을 막기 위해 무용가 최승희(崔承喜, 1911~1967)의 수양딸겸 심부름꾼으로 일본으로 건너갔다가 5년만에 태평양전쟁으로 일본이 대공습을 받아 고아 각설이처럼 된 이후 귀국하여 부친을 찾기까지 6년간 다리 밑의 각설이패 천막에서 살면서 각설이들의 예능을 습득할 수 있었다.[32]

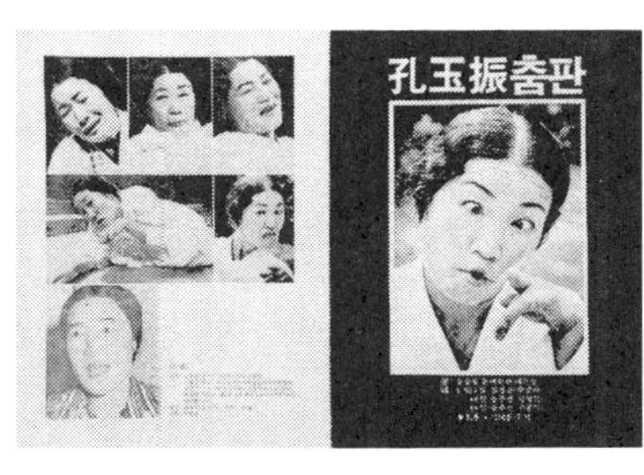

'공옥진 춤판' 공연 안내 인쇄물. 국악음반박물관 소장 자료.
1980년대 초반 서울 동숭동 문예회관 공연.

---

32 문순태 장편소설, 『병신춤을 춥시다－공옥진 인생유전』, 문학예술사, 1982.

문순태 장편소설, 『병신춤을 춥시다 - 공옥진
인생유전』, 문학예술사, 1982. 국악음반박물관
소장 문헌자료.

전통사회의 판소리인, 남사당패를 비롯한 국악인끼리 은밀하게 통
용된 은어와[33] 각설이패의 은어가[34] 대부분 다른데 닭/돼지의 경우 국악
인들은 춘이/냉가리, 각설이패는 충이/냉가리라 하여 서로 유사해서
이는 상호 교류한 흔적으로 보인다. 이러한 은어는 신분이 낮은 특수 집
단의 자체 결속, 직업 정체와 대화 정보 미노출 등의 목적으로 다른 계층
인들이 알 수 없게 사용되었다.

예전 각설이 가운데 지식인을 비롯해서 풍류를 아는 멋쟁이도 있어
서 국악인의 예술을 존중하며 도움을 주기도 하였다. 판소리 고법 인간
문화재 정철호(鄭哲鎬, 1927~2021)는 거지왕 김춘삼(金春三, 1923~2006)의 도
움으로 창극 '이차돈' 작곡을 완성하여 음반(대도레코오드사 STLK-7004, 2LP,
1971)으로 발표한 사연을 다음과 같이 회고한 바 있다. 다양한 각설이패

---

[33] 노재명, 「판소리계의 은어들」, 『명창의 증언과 자료를 통해본 판소리 참모습』,
나라음악큰잔치 추진위원회, 2006, 365~373면.
[34] 김시라, 「1950~1960년대 걸인들의 변(은어) - 1983.4.20 신정식 엮음 소록도
일기에서」, 『소설 품바시대(하)』, 영한문화사, 1987, 237~257면.

가 존재했음을 알 수 있고 거지왕을 중심으로 한 특이 조직의 면모도 살
펴볼 수 있다.

옛날에는 거지들두 인자 거시기 그 풍류를 알고 멋이 좀 있고 그
런 사람두 있잖애요. 하루는 지가 너무 어려워 가지구 자살할려다
가 다시 한번 살아보자 해서 청계천에 방을 하나 읃어 가지구 작곡
을 하고 있는디, 인자 '이차돈'(창극)을 작곡하고 있었어요.

근디 웬 거지떼들이 들어와 가지구 "당신 이거 뭐냐, 으 웬 소리
가 이렇게 낭자하냐." 인자 북통을 발로 걷어 차고 "우리 허락 없이
와서 여기 시끄럽게 그러느냐." 그니까 지가 "이런 거 하는 사람이
다. 지금 뭐 '이차돈' 이런 거를 작곡한다." 긍깨 "아 그래? 그거 다
할라문 얼마 드냐? 그러문은 나를 따라 와라."

그래서 인자 거지들 소굴로 들어가서 있는디 거그 왕초가 "야! 이
사람, 거그서 (돈) 가져 오니라!" 지금 돈으로 보면은 한 1억 정도 되
아요. "금고에서 꺼내 와!" 그래 가지구 "이 사람 줘." 그래 거지 왕초
가 거지 상석이 있어요. 거기 앉어 가지구 거지들은 일렬로 좍 옆에
앉었어요. 지는 죄인처럼 중앙에 딱 앉어있는디 그 인자 돈을 준 거
에요. 그래서 그거 받어서 '이차돈' 음반을 낸 겁니다. (1971년 제작)
그 때 그 거지왕이 누구냐문 김춘삼 씨에요. 저보덤 에, 네 살 많은
디 그 인연으루 형님, 동생 되았습니다.

(김춘삼 씨가) 원래 대전의 그 부자 아들이래요. 그란디 걸인이
그리 아주 부럽더랍니다. 그래 집 딱 놔두고 다리 밑에 가서 거지들
틈에 껴서 어울리는 거로 그 완전히 젖어 버렸어요. 근디 나만 도와
준 게 아니라 인자 불쌍한 사람들 합동혼인도 시켜 주고 그랬습니
다. (김춘삼 씨가) 한번은 한국은행 지점장이 됐다구 전화가 와요,
만나러 오라구. 워낙 신기하고 거 유명한 사램잉깨 인자 그 얼굴,
또 이름 보고 저금을 오는 사람들이 상당히 많은 거여요. 그렇게 그
형님이 신출귀몰이죠 아주. 하하하하하. 수염이 뭐 보통 긴 게 아니
고요 여그 배까지 이렇게 쭉 내려옵니다.

그 김춘삼 씨하고 김두한 씨하고 인자 대결을 한 적이 있어요. 기차 오는 그 철길에 누워 갖고 담력을 겨루기도 하구. 어떤 때는 으, 한강에서 붙었는디 어쩌냐먼은 인제 모래를 누가 많이 먹나 그거예요. 그래 모래를 씹어 먹는 시합을 했는디 김춘삼 씨가 더 먹어 갖고 김두한 씨가 형님이라 그랬습니다. 하하하하. 두 분 다 아조 특수하지요. 지 양어머니가 그 김두한 씨를 학교 관계로 아셨나 봐요. 그라고 김두한 씨 부인이 또 국악을 좀 해서 인자 양어머니하고 저하고 도와주고 그래서 인자 친분이 있었습니다.[35]

이처럼 옛 거지들 중에는 타인의 도움을 받기만 한 게 아니라 더 어려운 사람을 도와주기도 하였으며, 국악인의 예술을 특별히 여겨 돕기도 하였고 그러한 교류를 통해서 상호간에 〈각설이타령〉을 한층 발전시킬 수 있었다고 하겠다.

영화 '거지왕 김춘삼' 비디오테입(1VHS). 1975년 개봉작, 1994년 비디오테입 제작. 영화 제작: 연방영화㈜, 비디오테입 제작: CM문화영상. 출연: 이대근 · 문오장 · 최소희 · 안진수 · 이강조 등, 감독: 이혁수, 각본: 이종호, 촬영: 김영대, 음악: 정민섭. 국악음반박물관 소장 자료.
이 비디오테입 앞표지의 "서점가에 돌풍을 일으킨 베스트셀러 완전 영화화"라는 선전 문구는 1991년 출판된 김춘삼 저서 『거지왕 김춘삼』(열림원)이 많이 팔려서 1975년에 제작된 영화 '거지왕 김춘삼'(극장 개봉시 15526명 관람)을 1994년 비디오테입으로 발매하며 광고한 것.

---

[35] 노재명 대담 · 채록, 「제1장 정철호 명인 회고담」, 『국가무형문화재 청강 정철호 국악세계(2) 정철호 신작판소리 · 창극 작곡집』, 채륜, 2018, 77~78면.

2. 탈춤의 각설이타령

전래의 탈춤에서 〈각설이타령〉이 나오는 경우는 가산 오광대, 강령 탈춤을 들 수 있다.

다음은 경상남도 사천시 축동면 가산리에서 전승되는 탈춤 · 탈놀이 · 가면극 '가산 오광대' 음반(국립문화재연구소 MP5-0401-043, 1DVD, 2003년 제작) 문둥이과장 방학래 · 최귀남 · 최철호 일행(오문둥이)의 〈장타령〉 가사이다.

> (말) 야이 문딩이 자슥들아! 우리 저 재 넘어 잔치집에 가서 떡
> 과 술을 많이 얻어 먹고 나왔으니 우리 장타령이나 한번 하고 놀아
> 보세.
> (동살풀이) 에헤 얼씨구씨구 들어간다. 절씨구씨구 들어간다.
> 작년에 왔던 각설이가 죽지도 않고 또 왔네. 품바 품바 잘헌다.
> 에헤 일자나 한자나 들고나 보니 일일송송 화송송 밤중 샛별이
> 완연하다. 품바 품바 잘헌다.
> 에헤 이자나 한자나 들고나 보니 이등저등 북을 치고 행노기생
> 이 춤을 춘다. 품바 품바 잘헌다.
> (말) 우리 그만 놀고 우리 노름이나 한번 해보자.

구걸을 해서 생긴 돈으로 노름판을 벌이는 문둥이들의 무절제한 생활상을 그리는 동시에, 하루살이처럼 노름에 빠져 지낼 수밖에 없었던 비관적인 그들의 삶을 안타깝게 그려낸 것이다. 각설이패가 〈장타령〉과 더불어 〈화투 뒤풀이〉, 〈투전 뒤풀이〉를 한 것은 바로 이러한 영향을 받았기 때문, 혹은 같은 맥락에서 각설이패도 구걸로 얻은 돈을 노름으로 탕진하는 일이 있어 부르게 된 것으로 보인다.

다음은 황해도 강령에서 전승된 탈춤 · 탈놀이 · 가면극으로 김실자

(장고) · 김정순(미얄할미) · 이정석(미얄영감) · 송용태(팔목중 · 취발이 · 꽹과리) 일행의 '강령 탈춤' 음반(국립문화재연구소 SRVD-5846, 1DVD, 2002년 제작) 제5과장 양반춤 대목의 이춘(재물대감)이 부른 〈각설이타령〉 가사이다. 이 대목에서 재물대감은 각설이타령과 무당 굿으로 양반의 권위를 비하시킨다.

> (말) 양반의 근본을 들어봐라.
> (동살풀이) 어얼씨구나 들어가요. 저절씨구나 들어가요.
> 일자 한 장을 들고 보소. 이팔청춘 소년들아 백발 보고서 웃지 말게.[36]
> 이자 한 장을 들고 보소. 이팔청춘 소년들아 백발 보고서 웃지 말게.
> 석 삼자를 들고 보소. 삼만관속 늘어서서 권마성으로 세월이라.
> (이하 본 녹음에서 생략:
> 장수 한자나 들고 보소. 이장 저장 다 버리고 강령장이 좋다기로
> 불원천리허고 왔더니 동정하는 이가 전혀 없구나. 얼씨구나 들어간다.)[37]

3. 기타 동냥 소리들

흥보가와 변강쇠타령의 〈각설이타령〉 외에도 판소리에는 걸인, 동냥 내용이 다수 나온다. 춘향가에 어사가 걸인으로 변장을 하고 춘향모에게 나타나는 대목이 있으며 심청가에는 심봉사가 딸에게 먹일 젖을

---

36 여기에는 본래 "일월성성 야성성 밤중 샛별이 완연하구나" 가사가 불리는데 "이팔청춘 소년들아 백발 보고서 웃지 말게"라고 실수로 잘못 부른 것임.
37 김호석, 『탈춤 음악본 총서(2) 강령 탈춤 음악본』, 민속원, 2007, 91~92면.

빌러 다니는 대목, 심청이가 동냥을 하여 부친을 봉양하는 대목, 심봉사가 의복을 도난당하고 구해 달라며 호소하는 대목이 있고 심청가와 흥보가의 〈중타령〉에 시주 동냥 장면이 있다.

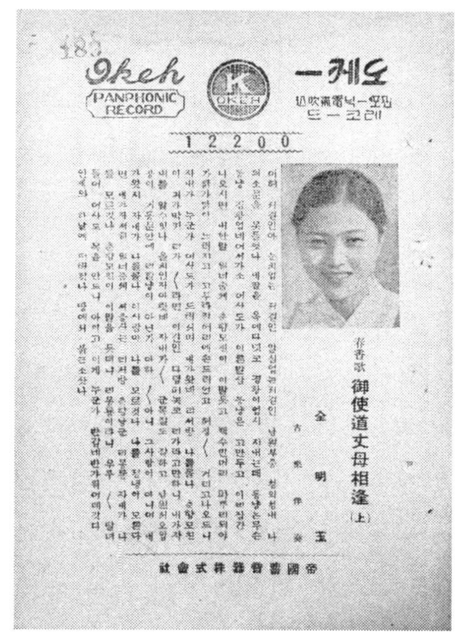

전명옥이 1938년경에 녹음한 춘향가 중 〈어사와 장모〉 SP음반(Okeh 12200) 가사지. 어사가 걸인으로 변장을 하고 춘향모에게 나타나는 대목이 담겨있다. 국악음반박물관 소장.

　　이러한 동냥, 흥보의 매품팔이 경쟁, 수궁가의 장기 탈취 시도, 변강쇠타령의 장승 땔감 사용 등의 내용은 조선시대 대기근으로 고통받은 민중들의 참혹한 생활상을 묘사한 것이라 할 수 있다.
　　박춘재는 1911년에 다음과 같이 〈걸승 덕담가〉(문전 승 염불) 음반을 취입한 바 있다.

국악음반박물관 소장 SP음반 관리번호
MISP-0002
ROYAL RECORD NIPPONOPHONE 6099
KOREAN SONG 門前僧念佛 걸승덕덕
담가

　박춘재가 경서도민요 명창이었으므로 이는 해당 지역의 탁발승 염불
소리라고 할 수 있다.
　'영남 구전민요' 음반(신나라 NSC-149, 5CD, 2005년 제작, 조사: 국민대학교 국
어국문학과 현지답사팀)에 〈중 동냥 노래〉(2000년 4월 10일 경상남도 의령군 화정
면 상일리 당시 70세 여성 정명한) 녹음이 수록되어 있는데 이는 걸승 염불소
리가 아니라 일반인의 민요로서 "동냥 왔소 동냥 왔소 산골 중이 동냥
왔소. 동냥은 있건마는 줄 이 없어서 몬주겠소. 마당 안에 들은 중이 마
당 가운데 들어서서 동냥 왔소 동냥 왔소 산골 중이 동냥 왔소~" 하는 소
리이다.
　거사(居士)는 출가하지 않고 법명을 가진 남자로 승복을 입고 집집마
다 다니며 목탁을 두드리고 경문을 외면서 축원 덕담을 하거나 부적을
써주기도 하고 시주 동냥을 했다. 필자의 외고조부가 조선시대 홍패(紅
牌)·교지(敎旨)를 받아 벼슬을 했는데 청빈하여 그 아들이 무척 가난해
서 한때 거사였던 적이 있다. 각설이패의 〈각설이타령〉에서 "정승 판서
자제로, 팔도감사 마다고 돈 한푼에 팔려서 각설이로만 나섰네" 하는 가
사가 허무맹랑한 이야기가 아니라 실제 존재했던 사례로 생각된다.

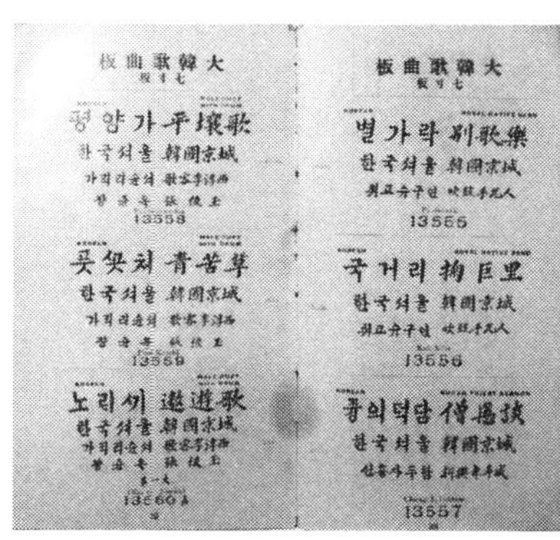

1906년 한국에서 미국 빅타음반회사에 의해 녹음된 한국 SP음반 목록집에 수록되어 있는 신흥사 두함 스님 〈중의 덕담〉 10인치 SP음반 쪽판(Victor Record 13557) 등의 기록. 본 서적 지면을 통해 학계에 처음 보고하는 희귀 자료.
『Victor KOREAN RECORDS 빅도－대한가곡판 목록』 책자, 미국 빅타음반회사, 1909년 12월 22일 인쇄 발행. 국악음반박물관 소장 문헌자료.

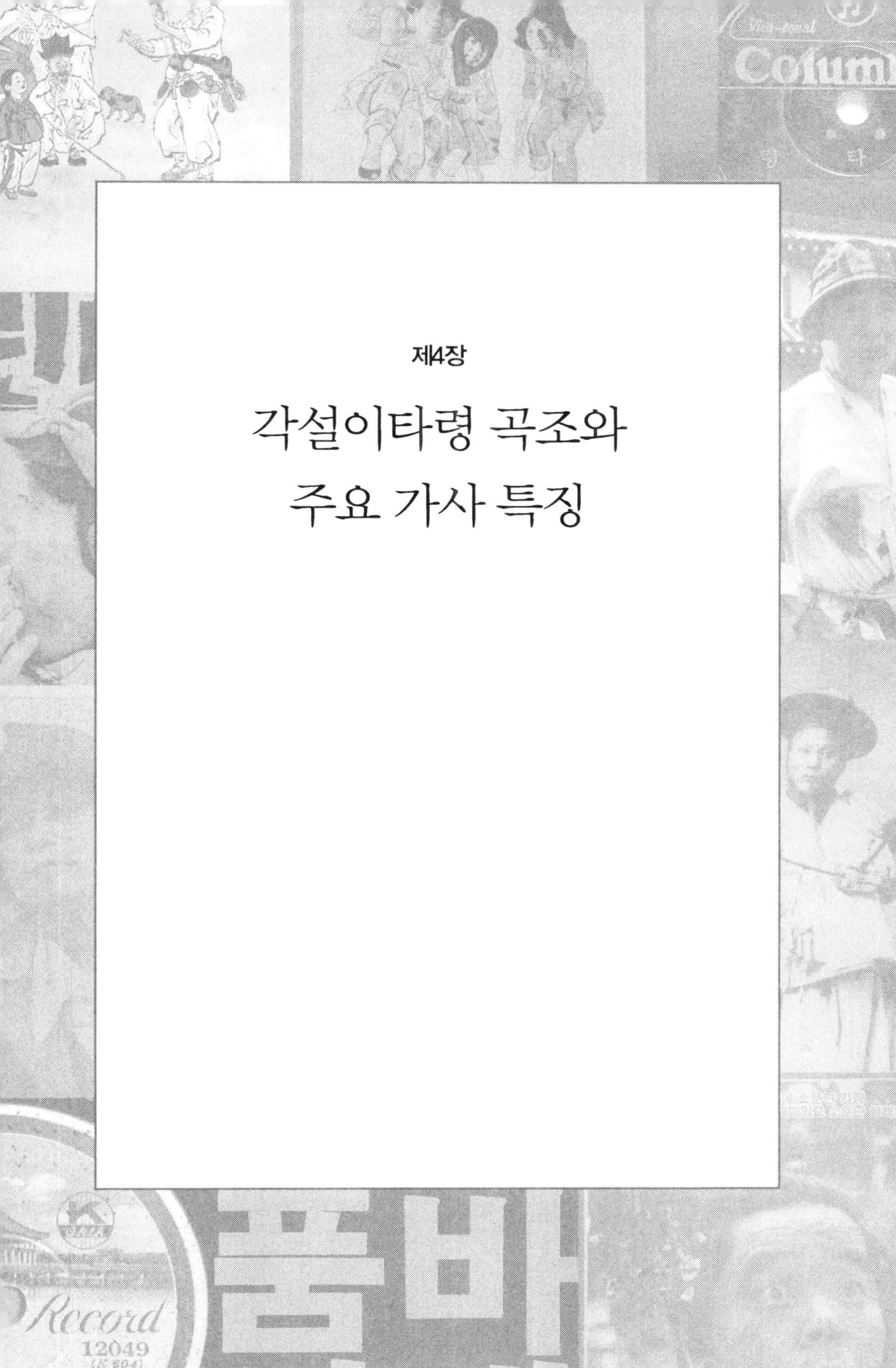

제4장

각설이타령 곡조와
주요 가사 특징

1. 각설이타령의 곡조

흔히 알려진 〈각설이타령〉의 장단은 2분박(二分拍)의 보통 빠르기 4박자로 동살풀이 장단에 맞는데 일부 사람에 따라 자진모리, 휘모리, 엇모리, 또는 말로만 하는 경우도 있다. 그리고 그 노래에 맞춰 깡통, 바가지, 양푼 등을 두드리며 어깨춤, 께끼춤, 거드름춤, 곱사춤, 보릿대춤, 병신춤 등 율동을 대개 곁들인다.[38] 창자에 따라 즉흥적으로 다양한 엇붙임을 구사하여 부른다.

〈각설이타령〉의 선율 구성음은 '미·솔·라·도·레'로 되어 있고, '미'나 '라'로 마치며 '미·라·도'가 주요 음이다. 선법은 '미'음을 떨고 '레'에서 '도'로 흘러내리는 목을 쓰는 메나리조로 되어 있다.[39]

이로 봐서 이 곡은 메나리조 민요 전승지인 강원도, 경상도, 충청도 등의 산간지역이나 인접한 곳에서 발생하여 퍼져나갔을 가능성이 있다. 특히 태백, 영월 등 강원도 〈각설이타령〉이 진한 메나리토리로 불린다. 〈각설이타령〉은 각 지역별로 특유의 사투리 어감이 일부 반영되어 있다. 서울·경기권에선 경기민요, 충청도에선 경기민요와 메나리, 강원도와 경상도에선 메나리, 전라도에선 판소리와 육자배기토리, 제주도에선 제주민요, 함경도에선 함경도민요, 관서(關西)지역인 평안도·황해도에선 서도소리 성음을 가미해서 부른다.

『제주의 소리』(2013.7.17.09:00 입력)에 실린 김정숙의 「제주에는 왜 각설이 타령이 없을까」 기사에는 "척박한 땅에서 남의 신세를 지는 것은 있을 수 없었다. 그들의 존재 자체에 타격을 주는 일이기 때문이었다. 그래서 그 흔한 각설이도, 각설이타령도 제주에는 없다"라는 글이 있다.

---

[38] 김시라, 「품바타령, 즉 각설이타령과 기타」, 『소설 품바시대(상)』, 영한문화사, 1987, 25면.

[39] 강은해, 「각설이타령 원형과 장타령에 대한 추론」, 『국어국문학』 85, 국어국문학회, 1981.

하지만 ‘임석재 채록 한국구연민요’ 음반(서울음반 SRCD-1227~1231, 5CD, 1995년 제작)에 〈장타령〉(1967년 10월 3일 제주시 건입동 65세 여자 김복순 녹음)이 있다. 임동권 편저 『한국민요집(1)』(집문당, 1974년 재판) 227면과 231면에는 임동권이 채집한 제주도 〈장타령〉, 〈각설이타령〉 가사가 실려있다. 그리고 제주도 〈토속가〉에[40] “얻어 먹젠 어련빗 가난 빌어 먹젠 비매니 가난 돌아 사난 도노미러라”라는 가사가 있으니 제주도에도 오래전부터 걸인이 상당수 존재했음을 알 수 있다. 오늘날에는 제주도 품바 40여 년 경력의 신연수 품바 가수 등이 〈각설이타령〉 공연 활동을 하고 있다.

〈각설이타령〉의 초입 내두름은 마치 판소리의 덜렁제, 호걸제처럼 장쾌하게 외치는 소리로 되어 있다. 판소리로 보면 고형의 창법이라 할 수 있다. 이 노래의 초두 구성이 그리 된 까닭은 마음 먹고 공연을 보러 온 사람들을 대상으로 하는 소리가 아니라 일상 생활 속의 감상 준비가 안된 불특정 다수를 대상으로 부르는 곡이기에 무심히 흩어져 있는 사람들의 청각을 초두부터 동네가 떠들썩하게 자극해야 하기 때문이라 볼 수 있다.

이처럼 저돌적으로 우렁차게 소리를 들고 나가는 창법은 호걸제 판소리의 발원지이자 인심이 좋아 〈각설이타령〉이 오래도록 성행한 충청도와 관련이 있지 않을까 짐작해 본다.

〈각설이타령〉은 판소리처럼 귀명창 대상이 아닌 주로 일반 대중 상대라서 복잡한 고도의 음악 기법보다는 듣기 좋은 가락을 반복하고 재미난 가사의 나열식이 주를 이룬다.

전통사회에서 각설이가 많았고 곡조와 가사가 비교적 쉽고 재미가 있었기에 일반 대중이 〈각설이타령〉을 따로 익히지 않아도 친숙하게 많이 들어 외워져 따라 부르게 되었고 대중음악처럼 되었다. 옛 노래임

---

[40] 진성기, 『제주도 민요집 ─ 오돌또기』, 우생출판사, 1958, 232면.

에도 곡이 워낙 좋아 시대를 초월해 현대사회의 음반, 공연, 방송으로도 인기가 많았다. 엇박이 가미되어 지루하지 않으며 청량한 신선감이 있는데, 떠돌이 예인 가운데 음악성이 뛰어난 이의 작곡이 뼈대가 된 것으로 보인다.

1942년 빅터가극단 가수 모집에 선발되어 연예계에 입문한 희극인 양석천(梁錫天, 1921~1990)이 1942년에 노래한 〈장타령〉의 악보. 국악음반박물관 소장.

2. 각설이타령의 가사 특징

구전되어 오던 〈각설이타령〉류가 문자로 정착한 것은 조선시대에 이르러서이다. 조선시대 과거에 낙방한 선비들이 낙향하면서 걸인 행각 중 불렀다는 작자 미상의 〈천자 풀이〉 등이 전한다.[41]

---

[41] 김시라, 「품바타령, 즉 각설이타령과 기타」, 『소설 품바시대(상)』, 영한문화사, 1987, 26면.

〈각설이타령〉의 사설은 장풀이·숫자풀이·국문뒤풀이·투전풀이·화투뒤풀이 등이 있는데, 대부분 말풀이로 서정적인 내용이나 서사적인 내용은 드물다. 대개 4·4조로 되어 있으며 앞에 4자, 뒤에 3자로 된 것이 많다. 기본 구조는 숫자 뒤풀이의 형태이며 뒤풀이는 본(本)풀이에 대한 대응이며 아(雅)에 대한 속(俗), 정(正)에 대한 반(反)을 의미한다. 이런 뒤풀이의 속성은 〈각설이타령〉이 단순한 구걸 노래가 아님을 나타내는 것이고, 각설이패가 구걸만을 위한 집단이 아니었음을 보여준다. 〈각설이타령〉의 의식적 구성과 함축적 은유는 듣는 이에게 영합하려는 구걸 이전에 듣는 이를 포섭하고 변모시키려는 의도를 대거 지니고 있다.[42]

예로부터 한반도에서는 민요 〈언문 뒤풀이〉, 황해도 주대소리 〈알타령〉, 판소리 춘향가 〈천자 뒤풀이〉, 〈'정'자 노래〉, 〈'궁'자 노래〉, 심청가 〈곽씨 부인 품팔이〉, 적벽가 〈싸움타령〉, 수궁가 〈약성가〉, 흥보가 〈비단타령〉 등 단어 나열식 노래가 인기를 끌었고 〈각설이타령〉도 그러한 맥락에서 대중적인 흥미를 불러일으킨 측면 또한 있었다고 하겠다.

〈각설이타령〉에서 "어허 이놈이 이래도 정승 판서 자제로, 팔도감사마다고 돈 한푼에 팔려서 각설이로만 나섰네", "시전 서전을 읽었는지 유식하게도 잘한다, 논어 맹자를 읽었는지 대문대문 잘한다" 하는 부분은 고발·풍자적 은유의 표현과 더불어 단순한 희극적 소재의 차용으로만 돌릴 수 없는 문제점을 안고 있다. 각설이패는 소외자들의 집단이고 방랑자들인데 단순한 걸인 세력의 규합을 넘어서, 신분 제도가 붕괴되는 과정에서 하향한 사람들, 사회적으로 버림받은 자들의 저항적 집단일 수 있다. 자기 묘사부는 그러한 성격의 노출일 수 있다. 허나 〈각설

---

[42] 강은해, 「각설이타령 원형과 장타령에 대한 추론」, 『국어국문학』 85, 국어국문학회, 1981.

이타령〉은 주도적 각설이패의 쇠퇴와 더불어 구걸 직업요로의 전환, 진정한 〈각설이타령〉 의식은 멀어져 가고 시대상 변화에 따라 시사성을 담은 즉흥적 사설로 변모한다.[43]

국악음반박물관 소장 문헌자료 관리번호 MIBOOK-0035 〈각설이타령〉 필사본 등으로 봐서 각설이패가 부르는 소리를 일반 대중이 듣고만 익힌 것이 아니라 들은 가사를 기억해 종이에 적기도 하고 각설이패에게 특별히 대접하고 가사를 천천히 받아 적기도 하는 등의 노력을 하고 이 기록본이 널리 필사되기도 하여 대중적인 노래로 확산된 것으로 여겨진다.

각종 판소리, 민요, 정가 등의 가사를 기록해 놓은 필사본『한국 가요』(1950년대~1960년대 기록본, 국악음반박물관 소장 문헌자료 관리번호 MIBOOK-0035) 178면의 '각셜이 푸념'이라는 기록으로 봐서 〈각설이타령〉 곡명을 그렇게 푸념 개념으로도 칭했다는 것을 알 수 있다.

'각셜이 푸념'이라는 제목의 〈각설이타령〉 가사가 적혀있는『한국 가요』
각종 판소리, 민요, 정가 등의 가사를 기록해 놓은 필사본.
붓글씨 · 만년필 · 사인펜 기록, 국한문 혼용, 1950년대~1960년대 기록본.
국악음반박물관 소장 문헌자료 관리번호 MIBOOK-0035.

---

43 강은해, 「각설이타령 원형과 장타령에 대한 추론」,『국어국문학』 85, 국어국문학회, 1981.

동양철학이 담긴 〈각설이타령〉, 숫자풀이에 천주교 교리를 담은 〈각설이타령〉도 전해지는데 이는 종교계에서 걸인에게 생계 도움을 준 영향으로 생긴 가사일 가능성이 있다.

〈각설이타령〉의 숫자풀이 가사는 차례로 진행되는 숫자 내용의 궁금증을 유발하여 쫓겨나지 않고 호기심을 지속적으로 자극하여 길게 듣도록 해서 그냥 보내긴 미안하게 하여 동냥을 유도하는 측면도 있어 보인다.

3. 각설이타령의 주요 가사

〈각설이타령〉은 부르는 사람에 따라, 지역에 따라 가사가 다양하다. 〈각설이타령〉의 대표적인 가사로 다음과 같은 문헌과 음반의 기록들이 있다.

○『조선 잡가집』, 신구서림, 1918, 79면. 국악음반박물관 소장.

    노랫말 – 장타령
    왓소설이가 설이가 각설이 어더먹는각설이 어젯쟝에 올나다 볼일이잇셔 못오고 오날쟝에왓소 텡이々々좃타 오라는덴 업서도 갈곳은만소 흔푼주 –
    一ㅈ한장들고보니 일월一月이라일일一日날은 일년즁뎨일一年中第一이요 남녀로소男女老少오락가락 신년례新年禮가쟝관壯觀이오
    二ㅈ한장들고보니 이二월이라한식寒食날은 ㄱ자추의녁시왓나 찬밥에게워도살고

三즈한장들고보니 삼월三月이라삼三질날 연즈燕子식기날으들
어넷집을다시찻고

四즈한장들고보니 수월四月이라 쵸팔일初八日날이집져집등불
일세 낫보다도밝구나

五즈한쟝들고보니 오월五月이라단오端午날은 텬즁지가졀이라
록의홍상綠衣紅裳으희들은 오락가락노닐면서 츄쳔쟝을보는구나

六즈한장들고보니 륙월六月이라유듯날 홍노즁에덥고덥다 할
일은별노업고 밀졈병이나ᄒ여라

七즈한장들고보니 칠월七月이라칠셕七夕날은 견우직녀牽牛織
女가그리워살다 일년일츠를상봉ᄒ야 만단셜화다ᄒ구나

八즈한장들고보니 팔월八月이라츄셕秋夕날은 빅곡百穀이식로
나고 셰월이풍등豐登ᄒ니 우리갓흔각셜이 ᄆᆞᆷ듸로놀으보셰

九즈한장들고보니 구월九月이라구일九日날은 쳔리타향고킥千
里他鄕孤客들은 집싱각이간졀ᄒ고

장수흔장들고보니 십월十月이라십오일十五日에이산져산바라
보니 등산登山ᄒ든날이로다 흔푼주-

투젼풀이를다ᄒ고나니 빅가곱하못살겟소 우리갓흔각셜이돈
을만이주어야 자손은망ᄒ고 부뷔는공방ᄒ리라

○『딕증보 무쌍류힝 신구잡가 부가곡션(大增補 無雙流行 新舊雜歌 附歌
曲選)』, 영창서관, 1925(초판), 1928(재판), 78면. 국악음반박물관 소장.

노랫말▲장타령

왓소셜이가 셜이가 각셜이 어더먹는각셜이 어제장에올나다 볼
일이잇서 못오고오날장에왓소 텡이々々々졋타 오라는덴 업서도 갈
곳은만소 한푼주- 자한창들고보니 일월이라일일날은 일년즁데
일이요 남녀로소오락가락신년례가장관이오 자한장들고보니 이
월이라 한식날은 개자추의녁시왓나 찬밥에게워못살고 자한장들

고보니 삼월이라삼질날 연자색기날아들어 넷집을다시찾고 자한
장들고보니 사월이라 쵸팔일날이집져집등불일세 낫보다도밝구
나 자한장들고보니 오월이라 단오날은 텬즁지가졀이라 록의홍상
아해들은 으락가락노닐면서 츄쳔장을보는구나 자한장들고보니
륙월이라유두날 홍노즁에덥고덥다 할일은별노업고 밀졈병이나
하여라 자한장들고보니 칠월이라칠셕날은 견우직녀가그리워살
다 일년일차를상봉하야 만단셜화다하구나자한장들고보니 팔월
이라츄셕날은 백곡이새로나고 셰월이풍등하니 우리갓흔각셜이
마음대로놀아보세 자한장들고보니구월이라 구일날은 쳔리타향
고객들은 집생각이간졀하고 장수흔장들고보니 십월이라십오일
에 이산져산바라보니 등산하든날이로다 한푼주―

○『대증보 무쌍유행 신구잡가 부가곡선』, 영화출판사, 1958, 78~79면.
『한국 고전민요 대전집』, 영화출판사, 1958, 78~79면. 국악음반박물
관 소장.

　△장타령
　왔소설이가 설이가 각설이 어더먹는각설이 어제장에올나다 볼
일이있어 못오고오늘장에왔소 텡이텡이좋다 오라는덴 없어도 갈
곳은많소 한푼주― 자한장들고보니 일월이라일일날은 일년중제
일이요 남녀로소오락가락 신년례가장관이오 자한장들고보니 이
월이라한식날은 개자추의넋이왔나 찬밥에게워못살고 자한장들
고보니 삼월이라삼질날 연자색기날아들어 옛집을다시찾고 자한
장들고보니 사월이라 초팔일날이집저집등불일세 낮보다도밝구
나 자한장들고보니 오월이라 단오날은 천중지가절이라 록의홍상
아이들은 오락가락놀이면서 추천장을보는구나 자한장들고보니
륙월이라류두날 홍노중에덥고덥다 할일은별노없고 밀졈병이나
하여라 자한장들고보니 칠월이라칠석날은 견우직녀가그리워살

다 일년일차를상봉하여 만단설화다하구나자한장들고보니 팔월
이라추석날은 백곡이새로나고 세월이풍등하니 우리같은각설이
마음대로놀아보세 자한장들고보니구월이라 구일날은 천리타향
고객들은 집생각이간절하고 장수한장들고보니 십월이라십오일
에 이산저산바라보니 등산하든날이로다 함푼주 ㅡ

○ 김주호 · 최명선 민요 〈강원도 장타령〉 1937년 녹음 SP음반 가사지

　　얼시고두루고 절시고두른다 무슨타령섬겨볼가 장타령으로드
러간다
　　춘천이라 샘발장 신발이저저 못보고
　　홍천이라 구만리장 길이머러 못보앗네
　　이귀저귀 양귀장 나귀만아 못보고
　　한자두자 삼척장 재일내긔 못보앗네
　　횡설숭설 횡성장 말성만아 못보고

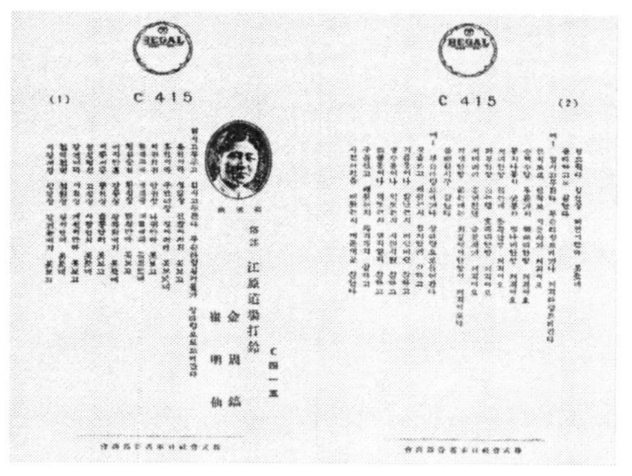

Regal C415-A 俗謠 江原道場打鈴 金周鎬 崔明仙. 국악음반박물관 소장.

여자만흔 강릉장 강짜할내기 못봣네
이통저통 통천장 발통압허 못보고
엉성덩성 고성장 사람업서 못봣네
강건너라 이천장 개천이만아 못보고
철덕철덕 철원장 길이멀어 못봣네
이강저강 평강장 강건늘내기 못보고
정드럿다 정선장 미인이만아 못봣네
품바하고도 잘한다
에— 얼시고두른다 무슨타령드러가나 제격타령드러간다
신식도로 신작로 자동차가 제격이오
송백수양 푸른가지 쬐쇠리한쌍 제격이오
봉지나봉지 꼿봉지 범나비한쌍 제격이오
처녀한쌍 늙는데 총각한쌍 제격이오
과부한쌍 늙는덴 호래비한쌍 제격이오
처녀머리 흥커진덴 금봉채가 제격이오
기생한쌍 늙는데는 외입쟁이한쌍이 제격이로다
품배절시구 잘한다
에— 무슨타령드러가나 장타령으로들어간다
갓을쓰고 배왓는지 점지안케 잘하고

기름동이나 발난는지 미슨미슨 잘하고
냉수동이나 먹엇는지 시원시원 잘하고
쓰물동이나 먹엇는지 썰직썰직 잘하고
구둘신고 배왓는지 쑤걱쑤걱 잘하고
시젼서젼을 배왓는지 대문대문 잘한다

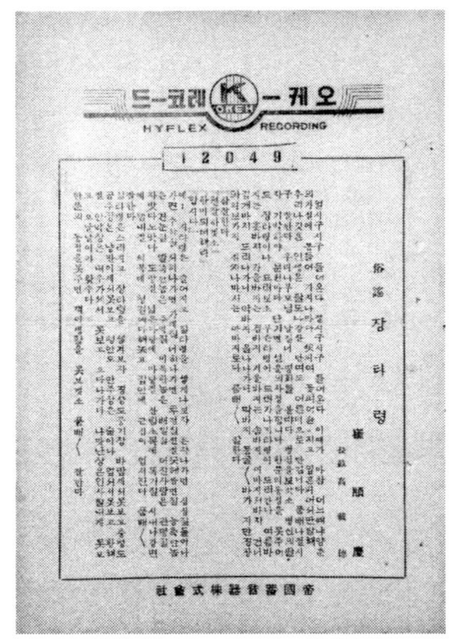

최순경이 1937년에 녹음한 서도소리 〈장타령〉(장고: 고재덕) SP음반(Okeh 12049) 가사지. 국악음반박물관 소장.

○ 김해송 대중가요 〈팔도 장타령〉 1938년 녹음 SP음반 가사지

해주나감사 삼년에 해가나서 못하고
연안백천 인절미는 송도장꾼이 다먹고
황주봉산 능금배는 서울장꾼이 다먹고
신계곡산 멀우다레는 처녀총각이 다먹네
얼시구두 잘한다 절시구도 잘한다

Columbia 40852-A 流行歌 八道장타령
金茶人作詩 金松奎作曲 金海松 伴奏콜
럼비아管絃樂團. 국악음반박물관 소장.

응········ 품바품바 잘한다
평양감사나 삼년에 기생등쌀에 못하고
구름떳다 운산장은 날이구저서 못보고
개천만타 박천장은 물이만어서 못보고
이변저변 영변장은 별리가만어서 못보네
얼시구두 잘한다 절시구두 잘한다
응········ 품바품바 잘한다
함경감사나 삼년에 고향생각에 못하고
길주나명천 북포장은 상주무서워 못보고
덕원원산 명태장은 눈이무서워 못보고
일흠조흔 이천장은 이가업서서 못보네
얼시구두 잘한다 절시구두 잘한다
응········ 품바품바 잘한다

○ 국악음반박물관 소장 문헌자료 관리번호 MIBOOK-0035

「각셜이」 푸념
얼시구나 잘한다 품바ㅎ고 잘흔다
작년에 왔든 각셜 죽지 안코 쏘 왓네
오호 이놈이 이리도 정숭 판서 자졔로

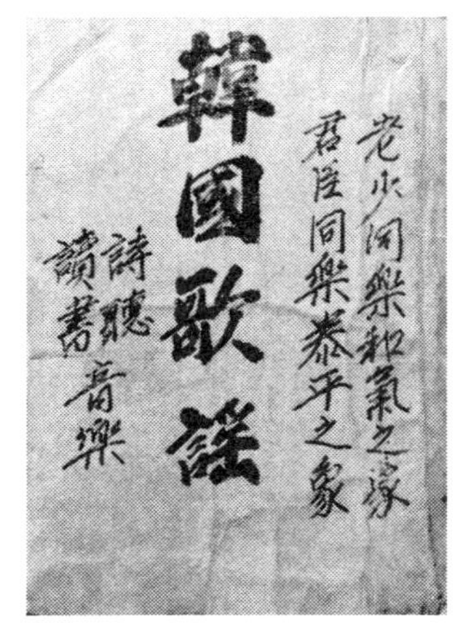

각종 판소리, 민요, 정가 등의 가사를 기록해 놓은 필사본『한국 가요』
붓글씨 · 만년필 · 사인펜 기록, 국한문 혼용, 1950년대~1960년대 기록본.
가로 12.5cm, 세로 17.5cm. 178~180면.

팔도 감사 마다고 돈 한푼에 팔녀셔 각설이로만 나셧네

지리구 ∧ 잘한다 품바 ∧ 잘한다

네 선싱이 누구신지 날보다도 잘한다

시젼 셔젼을 읽엇는지 유식ᄒ게도 잘혼다

론어 밍자 읽엇는지 듸문 ∧ 잘혼다

닝수통이나 먹엇는지 시연시연이 잘혼다

쓰물통이나 먹엇는지 걸직∧ 잘혼다

기름통이나 먹엇는지 밋근∧ 잘한다

듸목장을 못보면 겨울사리을 벗는다

지리구 ∧ 잘한다

안진 고리는 동고리 선고리는 문고리

쉬는 고리는 기고리 나는 고리는 쇠소리 입는 고리 져고리라

지리구 ∧ 잘한다 품바 ∧ 잘한다

한발 가진 쌱∧귀 두발 가진 가마귀 셰발 가진 통노귀

네발 가진 당나귀 먹은 귀는 아귀로다

지리구 ∧ 잘한다 품바 ∧ 잘한다

일자 한자 들고 보니 일편단심 먹은 맘음

죽으면 죽엇지 못잇겟네

이자 한자 들고 보니 이수중분 빅로쥬에 빅구 펼ㅅ 나라든다
삼자 한자 들고 보니 삼월이라 숨질날에 제비 한쌍이 나라든다
사자 한자 들고 보니 사월이라 초팔일에 관등노리가 조흘시고
오자 한자 들고 보니 오월이라 단오일에 쳐녀 총각이 한테 모여
추쳔노리가 조흘시구
육자 한자 들고 보니 류월이라 유두날에 탁족노리가 조흘시구
칠자 한자 들고 보니 칠월 칠셕날에 견우 직녀가 죠흘시고
팔자 한자 들고 보니 팔월이라 한가위에 오레 송편이 조흘시고
구자 한자 들고 보니 구월이라 구일날에 국화쥬가 죠흘시고
십자 한자 들고 보니 시월이라 무오일에 고사 사당이 죠흘시고
빅자 한자 들고 보니 빅만장안 억만가에 틱평가 죠흘시고
만자 한자 들고 보니 만셰ㅅ 우리나라 국틱민안이 죠흘시고
억자 한자 들고 보니 억죠창싱 만민들이 함포고복 죠흘시고
지리구ㅅ 잘흔다 품바ㅅ 잘한다.

○ 정인영(1952년 7월 충청남도 공주시 신풍면) 〈각설이타령〉[44]

얼씨구나 잘한다. 품파하고 잘한다.
작년에 왔던 각설이 죽지도 않고 또 왔네.
어화 이놈이 이래도 정승 판서 자제로
팔도 감사 마다고 돈 한푼에 팔려서
지리구 지리구 잘한다. 품파품파 잘한다.
네 선생이 누구신지 날보다도 잘한다.
시전 서전을 읽었는지 유식하게도 잘한다.
논어 맹자를 읽었는지 대문대문 잘한다.
뜨물동이나 먹었는지 실적실적 잘한다.

---

44 임동권,『한국민요집(7)』, 집문당, 1992, 77~78면;『한국민속종합조사보고서
충청남도편』, 문화공보부 문화재관리국, 1975, 715면.

기름동이나 먹었는지 미끈미끈 잘한다.
대목장을 못보면 겨울살이를 벗는다.
지리구 지리구 잘한다. 품파품파 잘한다.
앉은 고리 동고리 선고리 문고리
뛰는 고리는 개고리 나는 고리는 꾀고리
한발 가진 깍귀 두발 가진 까마귀
세발 가진 통노귀 네발 가진 당나귀
먹는 귀는 아귀마라.
지리구 지리구 잘한다. 품파품파 잘한다.

○ 유왕열(1952년 12월 충청남도 청양군 대치면) 〈각설이타령〉[45]

얼씨구나 잘한다. 품파하고 임한다.
작년에 왔던 각설이 죽지도 않고 또 왔네.
으흐 이놈이 이래도 정승 판사 자제요
팔도 감사 마다고 돈 한푼에 팔려서 각설이로만 나섰네.
지리구 지리구 잘한다. 품파하고 잘한다.
네 선생이 누군지 나보다도 잘한다.
시경 서경을 읽었는지 대문대문 잘한다.
냉수동이나 먹었는지 시연시연 잘한다.
뜨물동이나 먹었는지 걸직걸직 잘한다.
기름동이나 먹었는지 미끈미끈 잘한다.
대목장을 못보면 겨우살이 벗느냐.
지리구 지리구 잘한다. 품파하고 잘한다.
앉은 고리 동고리, 슨고리는 문고리, 뛰는 고리는 개고리,

45 임동권, 『한국민요집(7)』, 집문당, 1992, 79~80면; 이창배, 『한국 가창 대계』, 홍인문화사, 1976, 911~912면; 임동권·정형호·임장혁, 『청양의 민요』, 청양문화원, 2004, 164~166면; 이성희, 『경서도창 가사집』, 경기소리휘몰이잡가보존회, 2005, 473~474면.

나는 고리는 꾀고리, 입는 고리는 저고리,

지리고 지리고 잘한다, 품파품파 잘한다.

한발 가진 깍귀, 두발 가진 까마귀, 세발 가진 통노귀,

네발 가진 당나귀, 먹는 귀는 아귀라.

지리구 지리구 잘한다, 품파품파 잘한다.

일자 한자나 들고 보니 일편단심 먹은 마음 죽으면 죽었지 못잊겠네.

이자나 한자 들고 보니 이수중분백로주어 백구 날아든다.

삼자 한자 들고 보니 삼월이라 삼짇날에 제비나 한쌍이 날아든다.

사자 한자 들고 보니 사월이라 초파일 등불도 밝고나.

오자 한자나 들고 보니 오월이라 단오날에 계집아이 한데 뭉쳐
추천놀이가 좋을씨고.

육자나 한자 들고 보니 유월이라 유두날에 탁주놀이가 좋을씨고.

칠자 한자 들고 보니 칠월이라 칠석날에 견우직녀가 좋을씨고.

팔자 한자나 들고 보니 팔월이라 가배날에 올해 송편이 좋을씨고.

구자 한자나 들고 보니 구월이라 구일날에 국화주가 좋을씨고.

십자 한자나 들고 보니 시월이라 무오날에 고사 사당이 좋을씨고.

백자 한자 들고 보니 백방장안 경방가에 태평가 좋을씨고.

지리구 지리구 잘한다,

○ 경기도 이천시 〈장타령〉[46]

춘천이라 샘밭장 신발이 젖어 못보고
홍천이라 구만리장 길이 멀어 못보고
이귀 저귀 양귀장 당귀 많아 못보고
한자 두자 삼척장 베가 많아 못보고
명주 바꿔 원주장 값이 비싸 못보고

---

46 임동권, 『한국민요집(1)』, 집문당, 1974(재판), 225면; 이창배, 『한국 가창 대계』,
913면; 이성희, 『경서도창 가사집』, 475면.

횡설횡설 횡성장 에누리 많어 못보고

값 많은 강릉장 값이 싸서 못보고

이통 저통 통천장 알 것 많어 못보고

엉성드뭇 고성장 심심해서 못보고

이천 저천 이천장 개천 많어 못보고

철턱철턱 철원장 길이 질어 못보고

영 넘어라 영월장 담배 많어 못보고

어화 저화 김화장 놀기 좋아 못보고

회회충충 회양장 길이 험해 못보고

이강 저강 평강장 강물 없어 못보고

정들었다 정선장 갈보 많어 못보고

화목 많은 화천장 길이 막혀 못보고

양식 팔어라 양양장 쌀이 많어 못보고

지금 왔다 인제장 일 바빠서 못보고

울퉁불퉁 울진장 울화 나서 못보고

안창곱창 평창장 술국 좋아 못보고.

○ 경상남도 부산광역시 〈각설이타령〉[47]

일자나 한 장 들고 봐, 일이나 송송 야송송 밤중 샛별이 완연하다.

이자나 한 장 들고 봐, 진주 기생 의암이 왜장청정 목을 안고 진주 남강 떨어졌다.

삼자 한 장 들고 봐, 삼월이라 삼진날 제비 쌍쌍 날아들고.

사자 한 장 들고 봐, 사신행차 바쁜 길 점심참에 중애로다.

오자 한 장 들고 봐, 오관참장 관운장 적토마를 비껴 타고 화용도로 달려 달어.

---

47 임동권, 『한국민요집(1)』, 227~228면; 이창배, 『한국 가창 대계』, 912~913면; 이성희, 『경서도창 가사집』, 474면.

육자 한 장 들고 봐, 육관대사 성진이 팔신선 덱고 희롱한다.

칠자 한 장 들고 봐, 칠월칠석 견우직녀 오작교로 만난다.

팔자 한 장 들고 봐, 팔월이라 추석날 울긋불긋 좋을씨고.

구자 한 장 들고 봐, 구월이라 국화꽃 화중군자 일러있고.

십자 한 장 들고 봐, 시끄럽다 각설아 한푼 받고 물러가거라.

○ 제주도 〈각설이타령〉[48]

품바하고 잘른다 이리귀 저리귀 잘른다

정지문을 열고 보니 소뚜껑 이녀석이 장단을 치고

중 이녀석이 딴스를 친다

품바하고 잘른다 이리귀 저리귀 잘른다

갯가장녀석이 장단을 치고 사발녀석이 장구를 친다

품바하고 잘른다 이리귀 저리귀 잘른다

구들문을 열고 보니 니 녀석이 장단을 치고

베룩녀석이 딴스를 친다

품바하고 잘른다 이리귀 저리귀 잘른다

도통간엔 가보니 도들판녀석이 딴스를 치고

도새기녀석이 팡관을 쓴다 이리귀 저리귀 잘른다

오양간에 가보니 장기녀석이 장단을 치고

송애기녀석이 지랄을 하네.

○ 윤치성(1952년 11월 충청남도 예산군) 〈장타령〉[49]

껑충 뛰었다 제천장 신발이 없어 못보고

---

[48] 임동권, 『한국민요집(1)』, 231면.
[49] 임동권, 『한국민요집(7)』, 76면; 이창배, 『한국 가창 대계』, 913~914면; 이성희, 『경서도창 가사집』, 475~476면.

바람 불었다 청풍장 선선해서 못보고
청주장을 보잤드니 술이 취해서 못보고
황가장을 보잤더니 영감이 많아서 못보고
예산장을 보잤더니 예산이 틀려서 못보고
온양장을 보잤더니 신발이 많아서 못보고
아산에도 둔포장은 큰애기 술장사 제일이라
보은 청산 대추장은 처녀 광우리 제일이요
엄벙중천에 충주장은 황색연초 제일이요
천안 삼거리 옛 장터는 능수버들 척 늘어졌다
지리구 지리구 잘한다 품파하고도 잘한다.

○ 서울특별시 〈각설이타령〉[50]

이댁에 동냥 얻자 닿나이다
사부댁을 바라보니 칠보안산에 오복이 가득하고요
일월이 명랑하고요 온달같은 서방님댁
반달같은 아드님을 나시면
험난한 시절에도 해달같이 기드시겠구요
잡귀 잡신은 헌누더기와 같이 몰아다
의주 압록강에 세몰하고요
날이면 날마다 달이면 달마다
달라는 인간이 아니겠구요
와달라는 인간이 아니올시다
검먹하늘에 흰백로같이 지나다가
사부님댁 바라보고 들어왔나이다
이댁에서 쉬주시는 게 여러 댁에서 주는 일과 같소이다
아 만수무강하소서.

---

50 임동권, 『한국민요집(4)』, 집문당, 1979, 443면.

○ 최소심(1979년 7월 31일 지춘상 현장녹음기록 작업) 〈장타령〉[51]

에 작년에 왔던 걸뱅이 아니나 죽고 또 왔습니다
에 품바네 정 좋아 에 품바네 정 좋아
니가 잘하면 내 아들 내가 못하면 니 애비
헌 두덕지 속에서 가랑이는 쾅쾅 좆만에 땡땡 꼴린다
에 품바네 정 좋아 에 품바네 정 좋아
정 좋아 정 좋아 이내 나는 정 좋아
니가 장타랑 잘하면 니가 장터를 들어고
니가 잘하면 내가 남고 내가 못하면 니가 간다
에 품바네 잘한다
천시는 장할일 만대는 무삼아
호호탕탕 하날 천 축시는 생겼네
만문에 청산에 따 지 춘풍사절에 호시절
에 품바네 잘한다
작년에 왔던 걸뱅이 아니나 죽고 또 왔소
에 품바네 잘한다
부모 덕분에 잘나서 돈냥깨나 만나서
이라고 저라고 댕겨도 천자깨나 배워서
부모 덕분에 갈쳐서 먹통깨나 들었네
에 품바네 잘한다 에 품바네 잘한다
잘한다 잘한다 에 품바네 잘한다
지작자작에 잘한다.

---

[51] 허옥인, 『진도 속요와 보존』, 진도민요보존회, 1986, 306면; '진도의 향토민요
(2) 일노래와 놀이노래' 음반(국립남도국악원 기획 제작 YH-240105-04~05,
2CD/1USB, 2023년 제작)의 해설서 82~83면.

○ 〈각설이 푸념〉[52]

　　　　얼씨구나 잘한다 품바하고도 잘한다
　　　　작년에 왔던 각설이 죽지도 않고 또 왔네
　　　　오 이놈이 이래도 정승 판서 자제로
　　　　팔도 감사 마다하고 돈 한푼에 팔려서 각설이로 팔렸네
　　　　지리구 지리구 잘한다 품바 품바 잘한다
　　　　네 선생이 누구신지 너보다도 잘한다
　　　　시전 서전을 읽었는지 유식하게도 잘한다
　　　　논어 맹자나 읽었는지 대문대문 잘한다
　　　　냉수동이나 먹었는지 시원시원히 잘한다
　　　　뜸물이나 먹었는지 걸직걸직 잘한다
　　　　기름동이나 먹었는지 미끈미끈 잘한다
　　　　품바 품바 잘한다
　　　　대목장을 못보면 겨울살이를 벗는다
　　　　앉은 고리는 동고리 달린 고리는 문고리
　　　　뛰는 고리는 개고리 나는 고리는 꾀꼬리 입는 고리 저고리
　　　　지리구 지리구 잘한다 품바 품바 잘한다.

○ 김순아지(1982년 충청북도 청주시 복대동, 당시 80세 여성) 〈각설이타령〉[53]

　　　　얼씨구씨구 돌아왔네
　　　　작년에 왔든 각설이 죽지도 않구 또 왔네
　　　　오호 요놈이 요래도 정승 판서의 자제로
　　　　팔도 감사를 마다고 각설이로만 나섰네 품베나 절시구 잘한다
　　　　한발 가진 까귀 두발 가진 까마귀

---

52 『우리 민요집』, 후반기출판사, 1983, 172면.
53 『민담 민요지』, 충청북도, 1983, 610~612면.

세발 가진 통노귀 네발 가진 당나귀

먹는 귀는 아귀로구나 품베나 절시구 잘한다

기름동이나 먹었느냐 뜨물동이나 먹었느냐 걸직걸직도 잘한다

냉수동이나 먹었느냐 시원시원이도 잘한다

미역단이나 먹었느냐 넌출지게도 잘한다

논어 맹자를 읽었느냐 유식하게도 잘한다

시전 서전을 읽었느냐 대문대문도 잘한다

느 선생이 누구길래 날보담도 잘하느냐 품베품베 잘한다

일자나 한자를 들고 봐라 일월이 성성 해성성 밤중 새별이 완연
하다

두 이자 들고 봐라 진주 기생 이논개는 한나라를 섬기려고

외장청장에 목을 안고 진주 남강에 떨어졌네

석 삼자 들고 봐라 삼월이라 삼진날 연자색기가 날아든다

넉 사자 들고 봐라 사신 행차 바쁜 몸이 중하참이나 늦어간다

다섯 오자 들고 봐라 오관장군은

관운장 적토마를 비껴 타고 제갈에 공명을 찾아간다

여섯 육자를 들고 봐라 육국을 달래던 소진이는

육국에 제왕을 달랬건만 염라대왕은 못달랬네

일곱 칠자를 들고 봐라 칠년 대한 가물음에

비 한방울이 뚝 떨어져 만백성이 춤을 춘다

여덟 팔자를 들고 봐라 아들 형제 팔형제

팔도 감사를 시키고 나니 집안에 영화가 두드러졌네

아홉 구자를 들고 봐라 구중궁궐 우리 황제

삼천리 강토를 빼앗기고 구주나 공산 달 밝은데 피눈물을 흘렸
구나

열 십자를 들고 봐라 십오야 밝은 달은 구름 속에 묻혔구나

때는 마침 어느 때냐 춘삼월이라 호시절

꽃은 피어서 시들어져 잎은 피어서 만발해

우리같은 인생은 팔도강산 다니며

여름세계로만 댕깁니다 품베나 절시구 잘한다

여름바지는 홑바지 가을바지는 겹바지

겨울바지는 솜바지 이바지 저바지

만경창파에 보가지 건너집에는 개바지

진짜바지는 우리 아버지로구나 품베나 절시구 잘한다

돌아간장에 올라다 비가 와서 못오고

넘어다 봤다 보은장 고개가 짤루워 못보고

코 풀었다 읍내장 미끄러워서 못오고

충청도라 공주장 양반이 시어서 못오고

황해도라 익산장 내우가 시어서 못오고

올라가며 나려가는 행인 인사하느라 못보고

오늘 장에나 왔으니 모개돈으로 내시요

한푼에 동냥을 안주면 계집 자식을 굶기겠소 품베나 절시구 잘
한다

들어가는 바가지는 복바가지요

나오는 바가지는 동냥바가집니다.

○ 최선수(1986년 1월 7일 경상남도 양산시 하북면 답곡리 성천, 1922년 신의주 출
생 여성, 만주에서 혼인하고 양산 신평으로 이주했다가 답곡리 성천으로 이사 거주. 이
곡은 신의주 친정 동네에서 다른 이들의 노래를 듣고 자연스럽게 배운 것. 각설이의 숫
자풀이에 천주교 교리를 담은 곡) 〈각설이타령〉[54]

일자 한자를 들구 보니 일구야 월심 원한 마음

천당 진복이 제일이고 품바품바 들어간다

---

[54] '한국민요대전 경상남도' 음반(문화방송 기획 · 발행/지구레코드 제조 MBCD-
043~050, 8CD, 1994년 제작)의 해설서(현지답사 · 녹음진행: 전정효 · 박우성 ·
엄경흠 · 오세길 등) 239~240면. 마산MBC 전정효PD 녹음자료.

이자라 한자를 들고 보니 이천년 전 예수님이
만민의 영혼을 구하셨네 품바품바 들어간다
삼자 한자를 들고 보니 삼위일체 도리를 배워
삼구진장(삼구전쟁)에 나가 보세 품바품바 들어간다
사자 한자를 들고 보니 사사생경(사도신경)을 잘 외어서
성교사구(성교사규)을 묵상하고 품바품바 들어간다
오자 한자를 들고보니 오 주 예수 못박히고
칙게 선전을 들어 간다 품바품바 들어간다
육자 한자를 들고 보니 육푼(육품) 천신이 마귀가 되어
극락길을 방해하네 품바품바 들어간다
칠자 한자를 들고 보니 칠십에 난 구노인이
조망신공(조만신공)을 잘 외워서 센교칠구를 구하셨네
품바품바 들어간다
팔자 한자를 들고 보니 팔십에 난 구노인이
극락길을 찾어간다 품바품바 들어간다
구자 한자를 들고 보니 구푼(구품) 천신이 마귀가 되어
극락길을 방해하네 품바품바 들어간다
십자 한자를 들고 보니 십자가에 못박히신
오 주 예수를 생각하야 천주 십계를 묵상하고
품바품바 들어간다
신덕으로 배를 모어 애덕으로 돛을 달아
망덕으로 노를 저어 호수 천신 운전하야
극락길을 들어간다 품바 품바 들어간다.

○ 윤하중(1987년 4월 1일 충청남도 논산시 은진면 녹음, 1936년 논산시 노성면 노
티리 출생 남성, 1983년경 은진면 이주) 〈각설이〉[55]

---

55 이소라,『논산의 민요』, 논산문화원, 2016, 209~210면.

말: "아녁을 들여다 보니 오복이 가득하고 일월이 명랑하야 안 인
　　심이 좋아야 배깥 출입이 넓다 하더니 한술 보태 주시오."
창: 질로에 질로에 가다가 도절 한목을 줏었는데
장자 구자 다 버리고서 일자부텀 생겼네
한 일자를 들고 봐 일월이 송송 해송송 밤중 새별 완연하다
두 이자나 들구나 봐 이씨 중에 백구나 훨훨 날아든다
섭의 삼자나 들구나 봐 삼십에 먹은 노총각이
장가 갈 데는 심 안쓰고 공부할 때 심을 쓴다
넙외 사자나 들구나 봐 사시 사철 바쁜 몸이
외나무 다리를 건너서 임 만나기가 늦어간다
다섯 오자나 들구나 봐 오관의 선장(오관참장) 관운장이
육국 말을 비껴 타고 제갈 선생을 찾아간다
여섯 육자 들구나 봐 여섯 육자 들구 보니
육이오 사변에 남편 죽고 과부 생활로 들어간다
일곱의 칠자 들고 봐 칠십 먹은 노노가
일곱 방자를 거느리고서 마실 동냥을 나가신다.
말: "에 옥둥같은 애기, 부둥같은 애기, 수명장수허구 안녕히 계
　　시구에"

○ 김행님(1990년 1월 19일 전라남도 해남군 산이면 금호도, 1926년생 여성) 〈장
타령〉[56]

에 시구 시구 시구 시구 들어간다 얼 시구 시구 들어간다
이때 맞춰 어느 때냐 강창시절이 봄이 되와
잎은 피어서 꽃이 되고 잎은 피어서 청산이고

---

[56] '한국민요대전 전라남도' 음반(문화방송 기획 · 발행 MBCD-011~030, 20CD,
1993년 제작)의 해설서(해설 · 채보 · 사설 정리: 조경만 · 최상일 · 고혜경 ·
이정란) 682~683면.

헤 품바라 장타랑 헤 품바라 장타랑

질로 질로 가다가 샛질로 가다가

돈 한닢을 줏었네 한푼 줏으면 밑가요

두푼 줏으면 허용자[57] 허용자가 남드냐

달레라 달레라 점방으로 달레라

떡을 하나 사가지고 묵고 낭깨 요구되요

뒷돌라보니 친구요 친구나 대적(대접)을 못하면

손구락 발구락 잘라서 친구나 대적을 하고요

에 시구 시구 잘한다 얼 시구 시구 잘한다

시용장은 개샅장[58] 개통 따밀래라[59] 못보고

남리장은 에편네장 불사시러도 못보고

해남장은 사람장이다 발 걸레서 못보고

이장 저장 곡사장 제미 붙고 곡사장

에 시구 시구 들어간다

코 풀었다 흔덕장 드러워서 못보고

헤 품바라 장타랑 헤 품바라 장타랑

우리가 이라고 댕게도 대문아 집서 나오고

우리가 이라고 댕게도 양반의 집서 나왔소

헤 품바가 장타랑 헤 품바라 장타랑

푸 푸 푸 푸푸푸

우리가 이라고 댕게도 대문아 집서 나왔소

우리가 이라고 댕게도 동냥 한줌을 주시오

"한트로 받습니다. 동냥 한줌 주시오."

에 품바라 장타랑 에 품바라 장타랑

여름 바지는 홑바지 시안[60] 바지는 핫바지

---

57 횡재.

58 (우)수영장은 골목장: 우수영의 장은 갈가에서 보는 장.

59 때문에.

60 세(歲)안: 새해가 되기 전, 해가 바뀌기 전의 겨울 동안.

봄바지는 접바지로다 에 품바라 장타랑

우리가 이리고 댕게도

논두렁 밑에서 죽으면 논 임재도 내 아들

밭어덩(밭두렁) 밑에 죽으면 밭 임재가 내 아들

에 품바라 장타랑 에 품바라 장타랑 에 품바라 장타랑

"동냥 한줌 주시오. 한트로 받습니다. 동냥 한줌 주시오."

○ 김판술(1991년 3월 12일 전라북도 부안군 부안읍 옹중리 중리, 당시 83세 남성)

〈각설이타령〉[61]

'품바타령'(숫자풀이)

얼시구 시구 들어간다 아 어얼시구 시구 들어간다

일자 한장 들고 봐 일월이 쌍쌍 해쌍쌍

밤중 새별이 완연허네 어허 품바 잘헌다

품 품바나 잘헌다

두 이자 들고 봐라 진주 기생 이애미(의암이)

한 나라를 셈기자고 왜장 청장으 목을 안고

진주 남강으 뚝 떨어졌네 허 허이구나 좀 좋냐

어허 품바 잘헌다

석 삼자 들고 봐라 삼삼양지 잔풀 속으

무거리(묵은) 쟁기(장끼)가 날아든다 허 허이구나 좀 좋냐

어허 품바 잘헌다

넉 사자 들고 봐라 사시 서시 바쁜 질

중한 참이 늦어간다 어허 품바나 잘헌다

품 품바나 잘헌다

다섯 오자 들고 봐라 오관천장(오관참장) 관운장 관운장

---

[61] '한국민요대전 전라북도' 음반(문화방송 기획 · 발행 MBCD-031~042, 12CD, 1995년 제작)의 해설서(현지답사 · 녹음진행: 최상일 · 김동효) 492~497면.

적토마를 비껴 타고 제갈이(제갈량) 선생을 찾어간다

허 허이구나 좀 좋냐 어허 품바나 잘헌다

여설 육자 들고 봐 육관대사 싱잔(성진)님

팔선이 데리고 희롱허고 일곱 칠자 들고 봐

칠년 대한 봄 가뭄 가뭄 중으는 어른일래

어허 품바 잘허냐 품 품바나 잘헌다

야닯 팔자 들고 봐 팔년 풍진에 초패왕

장수 중으는 어른일래 허 허이구나 좀 좋냐

어허 품바나 잘헌다

아홉 귀자 들고 봐 귀업산중 늙은 중

바릿대 장삼을 떨 떨 거리보리 동냥을 나간다

장자가 남었네 장자가 남었네

이 장 치고 저 장 쳐도 어떤 니(뉘) 아들네미

돈 한잎을 안주어 질로 질로 가다가

돈 한푼을 줏었네 무신 돈을 줏었냐

노랑 돈 한닢을 줏었네 떡전에 가 떡을 사

들고 보니 둥글떡 엎쳐 보니 쇵편이라

걱고 보니 요구(요기)요 돌아다나 보니 친구라

친구 대접을 못히었네 돌아오는 장에나 또 보세

친구 대접을 못힜다고 형용률로 잽혀서

엎어놓고 곤장질 되집아 놓고 형장질

징역 삼년을 다 살고 집이라고 돌아오니

가련코 가련타 이팔 청춘이 가련타

연자 끝은 나발 불고 꺼적문은 춤을 추고

문풍지는 피리를 불고 함박 쪽백이 장단을 친다

허허 품바 잘헌다 품 품바나 잘헌다

솥뚜껑을 열고 보니 삼년 묵은 녹이 쪘네

어허 품바나 잘헌다

니가 잘허면 내 아들 내가 잘허면 니 애비
어허 품바나 잘헌다
그래 뵈도 이 뮘이 정승 판서으 자제로
팔도 감사를 마다하고 오장차를 짊어지고
이 집 저 집을 다니며 맥반 청탁으 되 된장도
괴리고나 괴랴도[62] 좀 좋다 어허 품바 잘헌다
네 선생이 누구냐 공자 맹자를 읽었느냐
유식허게 잘허고 시전 서전을 읽었느냐
대목 대뮑이 잘헌다 어허 품바 잘헌다
'고리타령'
품바타령은 넘어가고 고리타령이 나온다
앉인 고리는 동고리 슨 고리는 문고리
뛰는 고리는 깨고리 나는 고리는 꾀꼬리
녹수청산 그늘 속으 편편금으로나 날어든다
어허 품바나 잘헌다 품 품바나 잘헌다
'딸타령'
담배장사 딸이냐 어석버석 나오고
옹구(옹기)장사 딸이냐 월그러그 덜그러그 나오고
비단장사 딸이냐 울긋불긋 나온다
어허 품바 잘헌다 품 품바나 잘헌다
'장타령'
첨첨지 불똥개 활딱활딱 벳겨서
모래밭이다 널었다가 소구(소고) 장구 매어 갖고
웃녘 가서 또두랑 아랫녘 가 또두랑
어떤 니 아들네미 돈 한푼을 안주어
전주장으를 갈래야 술 취히여서 못보고
오리락 내리락 내리기장은 아리 아퍼 못보고

아이고 데고 곡성장 서러워서 못보고
코풀었네 흥덕장 더러워서 못보고
제미붙고 대명장 상놈으 쟁이라 못보고
(그것 말고도 말짱 있는데, 안나와, 다 잊어버렸어!)

○ 조희룡(1991년 6월 27일 전라남도 완도군 금일읍 동백리 평일도, 당시 70세 남성)
〈장타령〉[63]

전기를 붓고 대명장 전기를 붓고 대명장 산너머 장이라 장못봐
얼그틀 덜그덕 그럭장(그릇장) 얼그덕 덜그덕 그럭장은 시끄러서 장못봐
코 풀었다 흥래장 미끄러져서 장못봐
와삭바삭 던배장 부서거져서 장못봐
넘어나 본다 보성장 보던장도 못보겠네
어히어.

○ 정무영(1992년 10월 31일 경상북도 포항시 남구 대송면, 당시 62세) 일행 3명
〈장타령〉[64]

얼시구시구 들어간다 절시구시구 들어간다
이사람 이래도 경성(정승) 파사(판서)의 자젠데
달 뜨는 강산을 마다코 돈 한판에 팔려서
요놈에 짓을 하고 있네
작년에 왔던 각설이 죽지도 않고 돌아왔네
한푼에 동냥을 못조도 장타령이나 들어보소

---

[63] 허경회·나승만,『완도지역의 설화와 민요』, 목포대학교 도서문화연구소,
1992, 377면.
[64] 박창원,『포항 지역 구전민요』, 포항문화원, 1999, 214면.

에에 들어간다 들어간다 화토 디푸리(뒤풀이) 들어간다

일자 한 장 들어보소 일야침침 야심밤에 밤중에 샛별이 완전하다

이자 한 장 들어보소 이형수 붓 가지고 오너라

장왕 치고 노름하자 이자 저자 낙자하고

삼자 한 장 들어보소 삼칭개밑에 노총각 장가 못가 수심대네

사자 한 장 들고 보니 사행차 가는 길에 점심참이 늦어오네

오자 한 장 들어보소 몽땅붓에 배 띠와 만비단 돛을 달고

육자 한 장 들어보소 공비 다선을 둘려 육십 나를 희롱한다.

○ 이긍원(1992년 12월 3일 충청남도 예산군 삽교읍 두리2리 녹음, 1930~1995년
남성. 어려서부터 장을 돌아다니며 장사를 함. 〈약장수타령〉, 〈엿장수타령〉, 〈양잿물
장수타령〉 등 여러 가지 장수들의 노래를 알고 있었음) 〈각설이타령〉[65]

어리 허얼씨구씨구 들어간다

저헐씨구씨구 나오신다

천지에 장마나 허지

만물이 청산에 들오신다

품바나 하고도나 잘이헌다

찌리고 찌리고 잘이 헌다

작년에 왔던 각설이

죽지도 않고 또 왔네

품바나 하고도나 잘이헌다

앉은 고리는 통고리고

뛰는 고리는 개고리로다

달린 고리는 문고리고

---

[65] '한국민요대전 충청남도' 음반(문화방송 기획 · 발행/지구레코드 제조 MBC-
01~12, 12CD, 1996년 제작)의 해설서(현지답사 · 녹음진행: 최도영 · 이운하 ·
하주성 · 최상일 · 변영호) 397~398면.

날으는 고리는 꾀꼬리다
입는 고리는 저고릴세
품바나 하고도나 잘이헌다
냉수동이나 먹었는디
시원하게도 넘어가고
나물동이나 먹었는디
걸찍 걸찍 걸찍 걸찍 넘어간다
지름동이나 먹었는디
미낀 미낀히 넘어간다
여름바지는 홑바지
겨울바지는 합바지고
가을바지는 겹바지
시아버지 바지는 당고바지고
시어머니 바지는 몸뻬바지
시동생 바지는 통바지고
시누이 바지는 나팔바지
우리 아기 바지는 촛대바지고
우리 남편 바지는 일자바질세
품바나 하고도나 잘이헌다
…
일자 한자나 들고보니
일선에 가신 우리 낭군
언제 오실려나 기다리네
두 이자 들고 봐
일월이 송송이 해송송
슥 삼자나 들고 보니
삼삼하게도 논다요
사자나 들고 보니

사주팔자가 기박해서
다섯 오자나 들고 보니
오륜삼강을 찾으시네
여섯 육자를 들고 보니
육간 대청에 무릎 꿇고
일곱 칠자나 들고 보니
칠성단에 절하네
팔자나 들고 보니
사주 팔자가 기박해서
아홉 구자나 들고 보니
국화꽃이 만발한데
장자 한자나 들고 보니
이 장 저 장에 댕겨볼까
어리어리 씨구씨구 잘이헌다
품바나 하고도나 잘이헌다
일일 장은 홍등장이고
이일 장은 삽교장이고
삼일 장은 대천장이고
사일 장은 광천장일세
오일 장은 예산장이고
육일 장은 합덕장일세
칠일 장은 서산장이고
팔일 장은 천안장일세
구일 장은 온양장이고
십일 장은 당진장일세
품바나 하고도나 잘이헌다.

○ 강청룡(1993년 1월 26일 충청북도 청원군 문의면 도원1리 도황골, 1919년생 여성) 〈각설이타령〉[66]

얼씨구씨구 씨구씨구 들어왔네

이 문전에 들어올 때 누구나 바래고 들어왔나

아주머니 바래고 들어왔네

씨구씨구씨구씨구 들어왔네 품바나 하고도 들어왔네

많이나 줘야지 떡 한쪽 작게나 주면 술 한잔

씨구씨구씨구씨구 들어간다

얼씨구 절씨구 잘하네 품바나 하고도 잘한다

우리 어머니 우리 아버지 날 나서루 길를 적에

무슨 직업을 못갈켜서 장타령을 갈키셨나

씨구씨구씨구씨구 들어왔네

품바하구두 들어왔네 거들거리구두 들어왔네

선 고리는 문고리 앉은 고리는 개고리

이 고리 저 고리 문고리 입은 고리는 저고리

씨구씨구씨구씨구 들어왔네

얼씨구 절씨구 잘하네 품바나 하고도 들어왔네

올려다 보니 소라반자 내려다 보니 각각장판

씨구씨구씨구씨구 들어왔네

얼씨구 절씨구 잘한다 품바나 하고도 잘한다

가을 바지는 접바지 겨울 바지는 솜바지

씨구씨구씨구씨구 들어왔네 품바나 하고도 들어왔네

한 대문만 비었으면 지집 자식을 다 굶긴다

얼씨구 절씨구 잘하네 품바나 하고도 잘하네

---

[66] '한국민요대전 충청북도' 음반(문화방송 기획 · 발행 MBCD-013~018, 6CD, 1995년 제작)의 해설서(현지답사 · 녹음진행: 오용록 · 김동효 · 최상일 · 김진순) 269면.

많이 벌어야 돈 삼십원 적게나 벌면 일원이고
이걸 가지고 먹고 사나
얼씨구 절씨구 잘하네 품바나 하고도 잘한다
한 대문만 비었으면 지집 자식을 다 굶기고
많이 돌아야 열 집일세
품바나 하고도 들어왔네 거들거리고도 들어왔네.

○ 이근춘(1993년 6월 22일 경기도 파주시 파평면 두포리) 〈각설이〉[67]

에 씨고씨고 허 들어간다
얼씨고나 들어간다
일자나 한자 들고 보니 일월이 성성 내성성
밤중에 샛별이 뚜렷허더라
이자 한자 들구 보니 이웃집 처녀 피리소리에
이웃집 총각이 놀아난다
삼자 한자 들구 보니 삼십 먹은 노총각이
장개철이나 늦어간다
사자 한자나 들고 보니 사시사철 바쁜 길에
외나무 다리를 만나서 점심철(참)이나 늦어간다
오자나 한자 들고 보니 오 리 밖에 계신 임
만나보기가 어렵구나
육자나 한자 들고 보니 육이오 사변에 남편 잃고
양갈보 생활이 웬말이냐
칠자나 한자 들고 보니 칠보단장을 허구서
누구를 만나려고 길을 나가나
팔자나 한자 들고 보니 이내 팔자 기박하여

장돌뱅이가 웬말이냐

구자나 한자 들고 보니 구박받던 우리 마누라

사랑과 행복이 가득하네

장자나 한자나 들고 보니 십년만에 고향 찾니

고향 산천도 변했구나 얼씨구 잘헌다

뜨물동이나 먹었는지 걸찍걸찍 잘이헌다

기름동이나 퍼먹었는지 미낀미낀 잘이헌다.

○ 윤영기(1993년 7월 22일 경상북도 구미시 선산읍 오미기, 1940년 선산읍 오목리 출생 남성, 17세 무렵 마을에 찾아온 각설이에게 쌀 한되 퍼주고 배운 소리) 〈장타령〉[68]

얼씨구 씨구 씨구 들어간다

일자나 한자나 들고나 보니야

일월에 송송 야 송송 밤중에 새별이 들어간다

이리 치고 저리 치고 잘한다

그 잘난 거게 두고

두자나 한자나 들고나 보니야

진주야 기생 이해비(의암이) 왜정아 전쟁에 목을 안고

진주 남강에 뚝 떨어졌다

이리 치고 저리 치고 잘한다

그 잘난 거게 두고

삼자나 한자나 들고나 보니야

삼촛대 놋촉대 기생 방에다가 불써 놓고

아들 놓기만 고다린다

이리 치고 저리 치고 잘한다

그 잘난 거게 두고

---

[68] '한국민요대전 경상북도' 음반(문화방송 기획 · 발행 MBCD-51~65, 15CD, 1995년 제작)의 해설서 197~198면.

사자나 한자 들고나 보니야
사신에 행차 바쁜 길에 외나무 다리를 만나서
점심참이 늦어간다
이리 치구 저리 치구 잘하고
그 잘난 거게 두고
오자 한자 들고나 보니야
오만장에 가는 길에 적토야 말을 집어 타니
춘양이 바람에 뚝 떨어졌네
이리 치구 저리 치구 잘한다
그야 잘난 거게 두고
육자 한자 들고나 보니야
육십이 나는 노인이 육나라 밑에 볼 받아 신고
어거새야 저거새야 걸어간다
이리 치구 저리 치구 잘한다
거게야 잘난 거게 두고
칠자 한자 들고나 보니야
칠년 가뭄 봄 가뭄 앞뒤 청산에 묻은 구름
만인에 인간에 춤을 춘다
이리 치구 저리 치구 잘한다
거게야 잘난 거게 두고
팔자 한자 들고나 보니야
너의 형제 팔형제 나의 형제 대형제
한 서당에다 글을 갈치여
멀리나 서울 첫 서울 과거시험 보기만 고대하네
이리 치구 저리 치구 잘한다
거게야 잘난 거게 두고
구자 한자 들고나 보니
구십이 나는 노인이 목화야 동냥이 웬말인고

이리 치구 저리 치구 잘한다

그야 잘난 거게 두고

장자 한자 들고 보니

장안에 범이요

일대에 포수가 모여도 그 범을 못잡고

단너머로 떨어뜨렸네

이리 치구 저리 치구 잘한다

지나가는 거라지(거지)

동냥 한전만 보태주소.

○ 이부길(1994년 12월 18일 강원도 양구군 방산면 금악리 간평, 1928년생 남성)

〈각설이타령〉[69]

얼씨구씨구 들어헌다

이때는 마츰 어느 때냐 양춘가절 봄 들어

가지 가지나 꽃빛이요 우리나 부모가 날 날제

자식의 영환을 볼라다 병신의 자손을 나 가주

병신의 몸이 기박하여 남의나 문전을 지킵니다

한푼의 동냥을 못줘두 장타령이나 들어보소

혼자나 가면 심심질 둘이나 가면 수작질

서이 가면 가래질 너이 가면 튀전질

튀전 끝에는 쌈질 얼뜬 놈은 관상질

발칙한 놈은 주먹질 들었다 났다 도망질

심산초목에 도깨질 초한승전에 팔매질

경상도 풍기장은 바람이 세서 못보고

아랫웃장 원산장 오로나리다 못보고

---

[69] '한국민요대전 전라북도' 음반(문화방송 기획 · 발행 MBCD-031~042, 12CD, 1995년 제작)의 해설서(현지답사 · 녹음진행: 최상일 · 김동효) 492~497면.

꾹 찔렀다 피난장 끔찍해서나 못보고
아삭바삭 담배장은 바서나져서 못보고
뿌레기 없는 감나무 감이나 함빡 열린 거
내려가서 흔들어 올라가서 줏어 담아
인간 없는 고데(곳에) 가 돈벼락이나 맞었소.

○ 탁숙녀(1995년 2월 8일 강원도 양양군 서면 오색리 가라피, 1921년생 여성) 〈각
설이타령〉[70]

'숫자풀이'
일자나 한 장을 들구 보니
일일이 송송 야송송
밤중에 샛빌이 뚜렷하네
이자나 한 장 들구 보니
이승만이가 대통령
함태연이가 부대통령
삼자나 한 장 들구 보니
삼천만두 우리 동포
통일이 될 때만 고대한다
사자나 한 장 들구 보니
사지장창 가는 길이
간 데나 마둥에 바쁘네
오자나 한 장 들구 보니
중공군에는 오랑캔데
남한에 일대를 침략한다

<段>

[70] '한국민요대전 강원도' 음반(문화방송 기획 · 발행/지구레코드 제조 MBCK-
01~12, 12CD, 1996년 제작)의 해설서(현지답사 · 녹음진행: 최상일 · 김진순)
244~246면.

육자나 한 장 들구 보니
육칸마룽 다듬이소래에
팔도에 기생이 춤을 춘다
칠자나 한 장 들구 보니
칠년 대한 가문 날에
비 한 방굴이 떨어지니
만인간이나 춤을 춘다
팔자나 한 장 들구 보니
아들형제 팔형제
한 서당에다 글 갈쳐
정문(정승)의 판사루 들어간다
정문의 판사는 못되나마
팔도의 거지가 되였네
구자나 한 장 들구 보니
굳은 땅에 물이 괴구
공든탑이나 무너질까
심근에 낭그가 꺾어지노
장자나 한 장을 들구 보니
작년에 왔던 각설이는
죽지두 잖구 또 왔네
개울 개울엔 빨래질
서울에 각신 노리개질
대명천진에 밝은 날
붓대나 들구나
글씨두 글씨두 못씨는 잔
호반에 홀짝에 노리개다
'영감 · 총각타령'
영감에 잡놈 바지는
품고쟁이 바지루 말르고

총각아저씨 바지는

풍채나 바지루 말러라

영감의 잡놈 밥은

촛대밥으루 담구야

총각아저씨 밥은

넉가래밥으루 담어라

영감의 잡놈 짠지는

숭덩에 숭덩에 썰구요

총각아저씨 짠지는

송당 송당 썰어서

망(맷돌)에다 박박 갈어서

시모세(가는 체)다 톡 쳐서

지름에 장에 볶어놔도

재채기 하까봐 근심일세

영갬이 잡놈 죽거등

돌밭에다 끌어 묻구

총각아저씨 죽거등

앞집에 가 앞서방

뒷집에 가 뒷서방

개미 지비 놀던 방 하룻밤 재워

요채조채(상여)나 미다가

영지짝에 파묻어두

영우(여우)가 파까봐 근심이세

'신세·장·자화자찬·어른·바지타령'

요놈의 신센 기박해서

대가리는 뚝 짤러

행금(해금)통으루 팔어도

다믄 닷돈 못받고

손구락은 똑 짤러

산가지루 팔어도

다믄 닷돈 못받고

몸때기는 뚝 짤러

절구통으루 팔어도

다믄 닷돈 못받고

다리강쟁이 똑 짤러

질메가지(길맛가지)루 나가도

다믄 닷돈 못받고

비쩍에 말른 강릉장

강이나 말러 못보고

양양읍장 볼라니

약이 읎어 못보고

물치장을 볼라니

물이나 멕해 못보고

대포장을 볼라니

대포 터져 못보고

속초장을 볼라니

속상해서 못보고

천진장을 볼라니

천원도 읎어 못보고

문암장을 볼라니

문이 대깨 못보고

간성장을 보라니

간도 말러 못보고

아래웃장 원산장

신발 쳐져서 못보고

아 났다 퍼대기장

으른 났다 상투장

우리나 어머니가 나 기를제

지름동우나 잡쉈지

미끈미끈두 잘하네

뜬물동우나 잡쉈나

걸찍걸찍 잘하고

찬물동우나 잡쉈지

시원시원두 잘하고

도라지 나물을 잡쉈나

돌어가민두 잘하고

새끼쌀을 잡쉈지

질차게두나 잘하네

면에야 들어시믄

면장님이 으른이요

우리집에 들어시믄

울아버지가 으른이고

동네 안에 들어시믄

이장님이 으른인데

갈바지는 첩바지

여름바지는 홑바지

저울바지는 합바지

울아버지 바지는 진짜 바지요.

○ 이성순(1995년 8월 5일 경상남도 하동군 청암면 평촌, 당시 77세 여성)
〈장타령〉[71]

작년에 왔던 각설이가 죽지도 않고 또 왔소

---

[71] '지리산자락의 민요(2)' 음반(국립민속국악원 제작, 로엔엔터테인먼트 제조
L100003944, 1CD, 2009년 제작)의 해설서(김정희, 『지리산자락의 민요(2)』,
국립민속국악원, 2009) 84~85면.

어야 품바가 잘한다

내 몬(못)하면은 네 하고 네 몬하면은 내 하고

네 선상이 누구신지 날보담도 잘한다

얼씨구나 좋다 정말로나 좋네

논어 맹자를 띠었나 대문대문이 잘하고

네 선상이 누구신지 유식하게도 잘하네

기름 동우나 먹었는지 미끄럽게도 잘하고

가리(가루) 동우나 먹었는지 푹쿨(부풀리)기도 잘하고

냉수 동이나 먹었는가 시원하게도 잘한다

일자를 한 장 들고나 보니

일선에 계시는 우리 장병 통일되기만 기다린다

이자로 한 장 들고나 보니

이등 저등에 북 치고 피양(평양) 기생이 춤 잘 추네

삼자를 한 장 들고나 보니 삼혼에 신령 사신령

적두말(적토마)로 비껴 타고 제갈 선생을 찾아간다

오자로 한 장 들고나 보니

오감참장(오관참장) 관운장 육국 선생을 찾아가네

육자로 한 장 들고나 보니

육관대사 성진이 팔선녀 데리고 희롱한다

칠자로 한 장 들고나 보니

칠부(칠보) 단장에 녹의홍산(녹의홍상)에 장부 간장을 다 녹히네

팔자로 한 장을 들고나 보니

우리 형제가 팔형제 팔도감사 다 나갔네

구자로 한 장 들고나 보니

이팔청춘 소년과부 독술(독수)공방 빈반 안에 구곡간장 다 녹힌다

십자로 한 장 들고나 보니

십년만에 고향에 온깨 천리강산이 다 변했네

요 자석(자식)이 요래도 육판사의 자젠데 팔도감사자리 마다쿠고

술 한잔에 팔리서 각설이로 따라왔소
어이 품바가 잘한다.

○ 송영순(1998년 2월 4 · 8일 대전시 서구 도안동, 1933년 서구 도마동 출생 여성,
19세에 도안동으로 시집옴) 〈각설이〉[72]

어허씨구씨구씨구씨구 들어간다 절씨구씨구씨구 들어간다
작년에 왔던 각설이 죽지도 않구서 또 왔소
지난 장에 올라다 바빠서 못오고 이제 왔소
얼씨구 절씨구 잘한다
이목장이(에) 못하면 겨울살이는 다 벗는다
얼씨구 절씨구 자이리도 한다
네 선생이 누구더냐 나보다도 더 잘하랴
시전 시전을 읽었나 유식하게도 잘한다
노견 맹자를 읽었나 다몬 다몬이 잘한다
얼씨구 절씨구 자일한다 지리구 지리구 자일한다
뜨물 똥이나 마셨나 걸직이 걸직이 잘한다
냉수 똥이나 마셨나 시원 시원이 자일한다
얼씨구 절씨구 자이리도 한다
한발 가진 통녹이 짝꾸이 두발 가진 까마기
네발 가진 당나기
얼씨구 절씨구 자일한다 지리구 지리구 자일한다
앉인 고리는 동구리 섰는 고리는 문고리
입는 고리는 저고리 뛰는 고리는 개구리
날르는 고리는 꾀꼬리 먹는 고리는 나구리

---

[72] '대전 민요집' 카세트테입(대전 중구 문화원 기획 제작, 대도레코드사 제조,
199806, 1MC, 1998년 제작)의 해설서(이소라, 『대전 민요집』, 대전 중구 문화
원, 1998) 257~258면.

입는 고리는 저고리

얼씨구 절씨구 자일한다 지리구 지리구 자일한다

일자 한자를 들고나 보니

일편단심이 먹은 마음 죽으면 죽었지 못잊겠소

이자 한자를 들고나 보니

이월이라 한식날에는 객귀들이 내 집을 다시 찾고

삼자 한자를 들고나 보니

삼월이라 삼짇날에는 연자나 한쌍이 날아든다

사자 한자를 들고나 보니

사월이라 초파일에는 부처님의 탄생일이 분명하고

오자나 한자를 들구나 보니

오월이라 단오날에는 처녀 총각이 모여서

오락가락 그네 뛰며 추천장을 보는구나

육자 한자를 들고나 보니

유월이라 유두날에는 밀가루 배떡이 조흘씨고

칠자 한자를 들고나 보니

칠월이라 칠석날에는 견우나 직녀가 조흘씨고

팔자 한자를 들고나 보니

팔월이라 한가위날에 오리나 쇵편이 조흘씨고

구자 한자를 들구나 보니

구월이라 구일날에는 국화주가나 조흘씨고

십자 한자를 들고나 보니

시월이라 무연날에는 고사 시루가 좋을씨고

백자 한자를 들고나 보니

백만 장자가 태평가에 좋을씨고.

"더이상은 잊어 버렸다."

이놈이 이래 뵈도 정승 판사의 자제로

충청 감사도 마다고 한두푼이 팔려서 각설이로만 나섰소

고대나 광실 높은 집에 이렇게 벌어다 한때나 살아볼까.

○ 김재철(1998년 8월 19일 충청남도 당진시 대호지면 두산리 238) 〈장타령〉[73]

품파나 하고도나 잘이한다 드르륵 하고도나 잘이한다
일자나 한자나 들고 보오 일성에 가신 우리 낭군 돌아오기만 기다린다
두 이자나 들고 보오 이북 통일 언제 되면 부모 형제 만나볼까
품파나 하고도나 잘이한다 드르륵 하고도나 잘이한다
석 삼자나 들고 보오 삼천만 우리 동포 평화 오기만 기다린다
품파나 하고도나 잘이한다 드르륵 하고도나 잘이한다
넉 사자나 들고 보오 사생결단 맺여 놓고 육박전을 들어간다
품파나 하고도나 잘이한다 드르륵 하고도나 잘이한다
다섯 오자나 들고 보오 오천만 중공군이 남한의 일대를 침입한다
품파나 하고도나 잘이한다 드르륵 하고도나 잘이해요
여섯 육자나 들고 보오 육이오 사변에 남편 잃고 과부 생활이 웬말이냐
품파나 하고도나 잘이한다 드르륵 하고도나 잘이해요
일곱 칠자나 들고 보오 칠십미리 함포사격이 북한 일대가 무너진다
품파나 하고도나 잘이한다 드르륵 하고도나 잘이해요
여덟 팔자나 들고 보오 판문점 휴전회담에 아이젠 아워가 참석한다
품파나 하고도나 잘이한다 드르륵 하고도나 잘이해요
아홉 구자나 들고 보오 군대생활 삼년만에 팔다리 한짝이 병신이다
품파나 하고도나 잘이한다 드르륵 하고도나 잘이해요

---

73 이인화, 『당진 향토 전래민요』, 당진문화원, 1998, 168~169면.

장자 한자나 들고 보오 장가 가던 첫날밤에 소집일 영장을 받아 들고
급행열차를 집어 타고 논산역을 도착해요 품파품바나 잘이한다.

○ 김백옥(1998년 8월 23일 81세 강원도 삼척시 노곡면 상월산리, 13세 때 평창 출신인 할머니가 삼을 삼으며 불러주던 것을 듣고 익힘) 〈각설이타령〉[74]

품바품바 각설아 각설이 대문이 나온다
찬물동우나 먹었나 서근서근 서근서근 나간다
지름동우나 먹었나 미끌미끌 나간다
질루(길로) 질루 가다가 지집이 하나 생겼네
생겐 지집을 남 줄까 요리조리 하다가
삼년만에야 지내니 아들이 한 개 낳였네
낳은 자슥을 남 줄까 요리조리 하다가
납닥해여야 죽었네 죽은 자식을 남 줄까
손목으는 끊어서 따듬이 방맹이를 만들고
손으는야 끊어서 흐리야손(흙손)을 맨들고
골(머리)으는야 끊어서 행금통(해금통)으루 맨들고
귀는 야야야 끊어서 맨두국(만두국)으르 팔구요
눈알으는 빼어서 공구돌(공깃돌)루야 팔구요
돈 닷돈이나 벌구요
콧구녕으는 끊어서 굴구녕으루 팔아도
돈 닷돈으는 벌구요
모가지느는 끊어서 행금통으로 팔아도
돈 닷돈이나야 벌어요
몸땡이는야 끊어서 붓통으루야 팔아도
돈 닷돈으는 벌어요

---

[74] 김진순, 『삼척의 소리 기행』, 삼척시립박물관, 2000, 155~156면.

자지는야 끊어서 윤두잘기(인두자루)나 맨들어
돈 닷돈이나야 벌었고
불알으는 공구돌루야 팔아도
돈 닷돈이나야 벌어요
달구리(다리)느는 끊어서 날개틀(자리를 맬 때 사용하는 도구)이나
만들어
돈 닷돈이나야 벌어요.

○ 박기종 서도소리 〈장타령〉[75]

얼씨구나 들어간다 저얼씨구 들어간다. 우리나 부모 날 길러 물
려줄 것 없어서 장타령을 물렸소.
우리나 같은 인생은 어른의 공덕에 생겼소. 어제나 땅에 올래다
비가 와서 못왔소. 여기나 땅에 오다가 바늘 한쌈 주었소. 주은 바
늘 버릴까 낚시를 한나 휘었소. 휘인 낚시 버릴까.
만경창파 던졌더니 잉어나 한 마리 물었소. 잡은 잉어 버릴까.
비늘 치고 회 쳐놓고 한잔 먹고 노구라 졌소. 품바나 절시구 잘
한다.
오일장 타령으루 들어간다. 얼씨구 씨구 들어간다.
바다가 막혀서 해주장 술 먹었다구 취야장 울긋불긋 천단장 원
통절통 통산장 토탄연기에 연안장 끓는 물이 넘쳐서 백천장 안녕
치 못해서 강령장 높고 낮으니 평산장 쇳물이 바닥나 금천장 따 놓
은 당하에 서홍장 첩첩산중에 곡산장 샘물이 넘쳐서 신계장 봉채
가 많으니 봉산장 두아궁 마주앉어 제령장 육날 미투리 신천장 과
부가 모여서 안악장 금산포 도라지 언률장 남대천 물가에 장연장
옥빈 홍안에 송화장 얼씨구 씨구 잘두헌다.
사설: 참 절허는데 뭘 잘하갔소. 돈 번 예편네 창구녁 틀어막듯

75 박기종, 『서도소리 가사집(황해도 · 평안도)』, 서도소리연구회, 1999, 240~241면.

협니다.

　얼얼씨구나 들어간다. 저얼씨구나 들어간다.

　온갖 춘절 들어간다. 옥동도화 만사춘 가지 가지 꽃 피어 문전에 들인 버들가지 오류춘백 자랑허구 담안에 기화요초 난만하게도 붉었네.

　팔월부용에 군자란 만단춘수는 홍연화 암향부동에 월향혼에 소식 전턴 한매화 공자방손 벗님에 부귀할손 모란화 이화나 만지 불개문 당신 궁중에 배꽃 목동요지 앵화꽃 이좌중에 여러 부용 덕천 만세 무궁화로다.

　얼씨구 절씨구나 잘헌다. 품바 품바나 잘헌다.

　일자나 한자 들구봐 일알이 송송 해송송 방풍 새별이 완연해 새벽 종다리 우짖어 부모님 생각이 절로나 우리나 부모 계셨더라면 이 지경은 안될 걸 동풍이 불면 세컨으로 서풍이 불며는 동컨으로 인생 부득이 장춘절이요 시호 시호는 부재래허니 이내 신세도 딱하요.

○ 김태식(2000년 2월 23일 경상북도 의성군 안계면, 1932년생 남성) 〈장타령〉[76]

　어허 품마 들어간다
　작년에 왔던 각설이 죽지나 않고 또 왔네
　어하 품마 잘도 한다
　다인의 장을 볼라 하니 정시 정안에 못보고
　안계장을 볼라 하니 골목장이래 못보고
　흥해장을 볼라 하니 더러워서 못보고
　영천장을 볼라 하니 빈달 져서 못보고.

---

[76] '義城의 民謠' 음반(의성문화원 기획 제작, 대도레코드사 제조 DFCD-20001, 1CD, 2000년 제작)의 해설서(이소라, 『義城의 民謠』, 의성문화원, 2000) 480면.

○ 장인규(2000년 7월 10일 강원도 인제군 남면 어론리 노인정 녹음, 당시 70세 남성, 어론리 태생, 어론리 노인회장) 가창유희요 〈장타령〉[77]

　　일자나 한 장 들고나봐 일월이성성 나성성
　　이자나 한 장 들고나봐 이행끝에다 북을 달고 횡재나 뒷산에 춤
을 출 때 어떤 선상이 아니올까
　　삼자나 한 장 들고나봐 삼십 먹은 노총각 과거보기가 늦어가네
　　사자나 한 장 들고나봐 사시행상 바쁘실 때 중간자리나 늦어갔네
　　오자나 한 장 들고나봐 오관춘잔(오관참장)에 관음장 육두마를
비껴 타고 제갈에 선상을 찾아가네
　　육자나 한 장 들고나봐 육군대상에 형님이 제발 들고사 춤을 추네
　　칠자나 한 장 들고나봐 칠년 대한에 왕방울 왕빗방울이 떨어지
니 만인간이냐 춤을 추네
　　팔자나 한 장 들고나봐 아들의 형제 팔형제 과거보기가 힘겨가네
　　구자나 한 장 들고나봐 구전지수에 늙은 년 백해수를 끝내가네
　　장자나 한 장 들고나봐 장한수풀에 장비가 일등포수가 들어섰네.

○ 이순례(2000년 7월 3일 강원도 인제군 북면 한계2리 3반 한복순 자택 녹음, 당시 72세 여성, 경기도 여주 태생, 20세에 강원도 홍천으로 시집 가서 살았고 1970년경 한계리에 옮겨 와서 거주) 가창유희요 〈각설이타령〉[78]

　　에헤 이놈이 이레 보아도 정승 판서 자제로 팔도감사를 마다 하고
　　돈 한푼에 팔려서 각설이로만 나왔네
　　품바하고도 잘한다 얼씨구나 잘한다
　　너의 선생이 누구신지 날보담도 잘한다
　　지리구 지리구 잘한다

---

[77]　한림대학교 인문학연구소, 『강원의 민요(1)』, 강원도, 2001, 466・468면.
[78]　한림대학교 인문학연구소, 『강원의 민요(1)』, 485・488~489면.

논어 맹자를 읽었는지 대문대문 잘한다
시전 서전을 읽었는지 유식하게도 잘한다
똥물도나 먹었는지 걸직걸직 잘한다
지름똥을 먹었는지 미끈미끈 잘한다
냉수똥을 먹었는지 시원시원 잘한다
너의 선생이 누구인지 날보담도 잘한다.

○ 이순례(2000년 7월 3일 강원도 인제군 북면 한계2리 3반 한복순 자택 녹음) 구
문 맞춰 엮는 소리 〈장타령〉[79]

횡설수설의 횡성장 말썽 많아 못보고
오다가다 만냅장 인사하다가 못보고
에구데구나 원통장 통곡하다가 못보고
어제 와도 인제장 다리가 아파서 못보고

○ 심기봉(2000년 7월 5일 강원도 인제군 인제읍 원대리 심기봉 자택 녹음, 당시
85세 남성, 윗마을 바깥저울에서 살다가 1980년경 원대리로 옮겨 와서 거주, 평생 농사)
가창유희요 〈장타령〉[80]

에 이내 몸은 이레 봐도 정승 판서의 자제로서 동전에 한푼 팔렸네
이내 몸은 이레 봐도 고래등 같은 기와집을 다 팔아먹고 방칸점
이나 웬말인가
이내 몸은 이레 봐도 제일로 양복을 입던 몸이 새털바지가 웬말
이냐
이내 몸은 이레 봐도 ○○○ ○○○ 싫어 말았더니 시레기국도

---

79 한림대학교 인문학연구소, 『강원의 민요(1)』, 489면.
80 한림대학교 인문학연구소, 『강원의 민요(1)』, 526~530면.

못먹네

일자나 한 장 들고봐 일락서산에 해 떨어지고 월출동녘에 달이 솟네

이자나 한 장 들고봐 일월이송송 야송송 밤중샛별이 뚜렷하네

삼자나 한 장 들고봐 삼농거리는 눗촛대 기생방에나 불 켰네

사자나 한 장 들고봐 사시장창 바쁜 길 중간참이나 늦어가네

오자나 한 장 들고봐 오관천장(오관참장) 관음장 격투마를 비껴 타고 와룡선생을 찾아간다

육자나 한 장 들고봐 육관대사 성주님이 팔선녀를 희롱한다

칠자나 한 장 들고봐 치렁치렁 땋은 머리 연주곤지가 늦어간다

팔자나 한 장 들고봐 여덟의 형제 팔형제 서울읍내는 첫서울 과거보기가 늦어간다

구자나 한 장 들고봐 구엽산중 늙은 중 구렁굽실 염불한다

장자나 한 장 들고봐 장한수풀에 범들었네 일등포수야 불러와라

가갸 거겨하니 가이 없는 이내 몸이 거지 없이나 되었네

나냐 너녀하니 나귀 등을 손질하여 팔도나 강산을 찾아갈까

다댜 더녀하니 다북다북 들은 정이 한량 없이나 말아졌네

마먀 머며하니 맞아맞아 맞았더니 또 임 생각이 절로 나네

바뱌 버벼하니 밥을 먹다 또 임 생각 목이나 메어서 못먹겠네

사샤 서셔하니 사신행차 찬바람에 울고 가는 저 기러기 내 잡을여 내 아니라

아야 어여하니 아서라 하는 소리 인정 없이나 떨어졌네

자쟈 저져하니 자주 정녕 만나던 님이 어디 가고서 아이 오나

차챠 처쳐하니 찾아볼까 찾아볼까 팔도나 강산을 찾아갈까

카캬 커켜하니 가난비수 장두칼로 니정 내정을 싹 끊었나

파퍄 퍼펴하니 파릇파릇 가시던 님이 백설이 흩날려도 아니올까

타탸 터텨하니 타향살이 십년만에 고향 생각이 절로 나네

하햐 허혀하니 한심 짓고 눈물나니 요내나 간장이 다 끊는다.

○ 전라남도 무안군 〈품바타령〉[81]

얼씨구나 들어간다 절씨구나 들어온다
작년에 왔던 강남 제비 올 봄에도 또 왔소
허어 품바 들어간다
일자나 한 장 들고 보니 일락서산 해가 지니 엄마 찾은 송아지에
울음소리 애절쿠나
이자나 한 장 들고 보니 이슬 맞은 수선화야 네 모습이 청초롭다
삼자 한 장 들고 보니 삼월이라 봄이 드니 뒷동산에 진달래는 벌
나비 오기만 기다린다
사자 한 장 들고 보니 사랑하는 우리 님께 꽃소식을 전해줄까
오자 한 장 들고 보니 오월 하늘 청자빛 백학 한쌍이 춤을 춘다
육자 한 장 들고 보니 유월 목단 피었다고 창포물에 머리 감고 정
든 님 오기만 기다린다
칠자 한 장 들고 보니 칠성님전 소원 빌어 노처녀 신세나 면해 볼까
팔자 한 장 들고 보니 팔월 가베 달 밝은데 오매불망 부모형제 고
향 생각 절로 나네.

○ 전라남도 무안군 〈지축타령〉[82]

허어 품바가 잘도 헌다
허어 품바가 잘도 논다
천제 한님 신시 열고
이 나라를 세우실 적
배달이라 이름하여
홍익인간을 세우시니

---

81 서오근,『무안의 민속놀이 전래노래집』, 무안문화원, 2001, 200면.
82 서오근,『무안의 민속놀이 전래노래집』, 206면.

어헤라 품바 잘도 논다.

○ 박양옥(2001년 9월 3일 전라북도 남원시 산동면 부절리 601, 당시 60세 남성)
〈장타령〉[83]

어씨고씨고 들어간다 이패 마패 마라갱이 야 양천에 강산에 새
만들아
꽃은 피어 떨어지고 잎은 피어 만발하
얼씨고나 잘한다 품바가 품바가 잘한다
니가 잘하믄 내 아들 내가 잘하믄 늑 아버지다
일자나 한 장을 들고나 봉깨 일선에 계신 도련님 돌아오기만 기
다리요
둘자나 들고 본깨 이승만이는 대통령이라 김일성이는 사상자요
석 삼자를 들고나 보니 삼천만명 우리 동포 평화 오기만 기다리요
넉 사자를 들고나 본깨 사십 평생 중늙은이가 보급대가 웬말인가
오자나 한자나 들고나 본깨 오십만명 중공군이 압록강을 처들어오니
육자나 한자나 들고나 보니 육이오 사변에 불을 태워버리고 거
지생활이 웬말이냐
칠자나 한자나 들고나 보니 칠성님께 빌고나 빌어 배가 오기만
기다리요
팔자나 한자나 들고나 봉개 어떤 사람은 팔자가 좋아서 신랑 신
부 잠만 잔단다
구자나 한자나 들고나 보니 군인에 간지 삼년 생활에 하사새끼
가 웬말이요
장자나 한 장을 들고나 봉깨 일선에 계신 장군님 용감하게도 싸

---

83 '남원지역 사람들의 삶과 노래' 음반(국립민속국악원 기획 제작, 서울음반 제
  조 SBCD-4371, 3CD, 2001년 제작)의 해설서(『남원지역 사람들의 삶과 노래』,
  국립민속국악원, 2001) 114면.

우시네

얼씨구나 잘한다 품바가 품바가 잘한다

니가 잘하믄 내 아들 내가 잘하믄 늑 아버지다.

○ 김상기(경기도 고양군 벽제읍 지영리: 현재 고양시 일산동구 지영동) 〈각설이
타령〉[84]

일자 한자나 들고나봐

일월이 성성 야성성 밤중에 샛별이 뚜렷하다

두이자나 들고나봐

이 동학이가 북을 치고 건달과 기생이 춤춘다

석삼자나 들고나봐

삼십 먹은 노처녀가 어린 총각을 안고서 희롱질

넉사자나 들고나봐

사신이 행차 머나먼 길에 중간참이 늦어간다

다섯 오자나 들고나봐

오관천장(오관참장) 관운장이 적토마를 비껴 타고 와룡 선생 찾

아간다

여섯 육자나 들고나봐

육남 미투리 단발시에 날랜 장수는 조자룡

일곱 칠자나 들고나봐

칠칠이 검은 머리 반달 같은 굽은 빗으로 전반 같이나 엎어다오

여덟 팔자나 들고나봐

여덟이 형제 형제라 줄줄이 늘어서서 과거보기에 힘을 쓴다

아홉 구자나 들고나봐

구십 먹은 늙은이가 염주를 목에 걸고 어푸러지며 잡드러지며

염불하기에 힘쓴다

---

84 정동화,『경기도 민요 – 경기 · 인천 지역』, 집문당, 2002, 187~188면.

장자 한자나 들고나봐
장터거리 맞은거리 설렁탕 국물이 우러난다.

○ 나명님(2001년 12월 22일 전라남도 함평군 나산면 월봉리 녹음, 1923년 전라남
도 나주시 다시면 출생 여성, 19세에 함평군 나산면 월봉리로 시집옴) 〈각설이〉[85]

에헬씨구씨구 잘헌다
절씨구씨구 잘헌다
이러고 저러고 다녀도
각설이로 들어왔네
부모 유산을 못받아서
각설이로 들어왔네
에헐씨구씨구 잘헌다
영산홍로 봄바람
바람이 불어도 씰어지고
어헐씨구씨구 잘헌다
저헐씨구씨구 잘헌다
이러고 저러고 다녀도
대문안 집으로만 들어가고
어헐씨구씨구 잘헌다.

○ 유세열(2005년 2월 21일 충청남도 보령시 주교면 신대리 녹음, 1929년 보령시
주교면 신대리 출생 거주 남성) 〈품마타령〉[86]

어헐씨구씨구 들어간다 저헐씨구씨구 들어간다

---

85 이소라, 『함평의 민요』, 함평군, 2002, 318면.
86 이소라, 『보령의 민요』, 대천문화원, 2005, 202면.

작년에 왔던 각설이 죽지도 않고 또 왔네

어헐씨구씨구 들어간다

대천장이를 갔더니 돈이 없어서 못보고

광천장이를 갔더니 새우젓이 많애서 못보고

어헐씨구씨구 들어간다 저헐씨구씨구 들어간다

예산 장에를 갔더니 흐트러져서 못보고

온양장에를 갔더니 목욕이나 허구 보세

늘어졌네 늘어졌네 총각머리가 늘어졌네

총각머리 늘어진 데는 제직이타령이 제직이라

어허 품마 잘이헌다 품마 허고 잘이헌다

늘어졌네 늘어졌네 처녀 총각이 늘어졌네

처녀 총각 늘어진 디는 몽뎅이가 제직이라

어허 품마 잘이헌다 품마 허고 잘허네

늘어졌네 늘어졌네 신부 신랑이 늘어졌네

신부 신랑 늘어진 데는 장인 장모가 제격이라.

○ 이함덕 편 이함덕(녹음 시기·장소, 생몰연대 미상, 소비에트시대 고려인)
〈장타령〉[87]

뜨르르르 구부렁 장타령 얼네 그러면 정 좋지

이 대문을 버리고 다른 대문에 들어가

갈로 길로 가다가 바늘 하나 얻었네

얻은 바늘 어쨌나 낚시 하나 후렸지

후린 낚시 어쨌나 도동소에 던졌지

던진 낚시 어쨌나 고기 하나 물었지

물린 고기 어쨌나 회를 툭툭 치었지

---

87 국사편찬위원회·한양대한국학연구소, 『정추 채록 소비에트시대 고려인의
노래(1)』, 한양대학교출판부, 2005, 341~343면.

친 회를 어쨌나 앞구멍으로 들이쳤고 뒷구멍으로 내쳤지

뜨르르르 구부렁 장타령 얼네 그러면 정 좋지

이 대문을 버리고 떡대문으로 들어가

싹싹 비볐다 오구랑떡 꼭 줬다 쫴미떡

두귀 벌적 송기떡 네귀 벌적 퀄미떡

안팎 없는 조개떡 산골에 올라 감자떡

버덕에 내려 치니떡 문적 감자떡은 늙으니 청에 돌리고

찔깃 차미떡은 애기씨청에 돌려라

뜨르르르 구부렁 장타령 얼네 그러면 정 좋지

이 대문을 버리고 다른 대문에 들어가자

한푼 두푼 몰아서 돈수돈이 되었다

돈수돈을 몰아서 양돈이 되었네

양돈을 몰아서 관돈이 되었네

관돈을 몰아서 노름판에 들어가

도야지 추렴에 들어간다.

○ 성병모(2008년 1월 25일 충청북도 단양군 매포읍 상시리, 당시 73세 남성)

〈각설이타령〉[88]

어헐씨구 씨구 나오신다 어헐씨구 씨구 나오신다

품바 품바가 잘이헌다 어절시구 씨구 잘이한다

일자나 한자나 들고나 보니 일성성군에 해송송 밤중에 샛별이

완연하다

이자나 한자나 들고나 봐 이승만의 대통령이 우리나라의 제일

---

88 '아름다운 단양을 지켜온 사람들의 노래 ─ 단양의 민요' 음반(단양군/단양문
화원 기획 · 제작 · 발행, CDNARA 제조 CDNARA-20080725-1, YSRD-9803,
5CD, 2008년 제작)의 해설서(책임 조사 · 현장 녹음 · 채록 집필: 김형근 · 노
한나) 46면.

일세

삼자나 한자나 들고나 봐 삼천걸이야 놋촛대에 밤중에 샛별이 완연하다

사자 한자를 들고나 봐 사시 장천에 바쁜 길에 외나무다리를 만나서 점심시간이 늦어간다

오자 한자를 들구나 봐 오행근에 북소리 팔도에 기상이 모여든다

육자나 한자나 들구나 봐라 육이오 사변에 집 태우고 깡통에 생활이 제자리로다

칠자 한자나 들구나 봐 칠년 대한 왕가물에 빗방울이 떨어지니 만인간에도 웃음이라

팔자나 한자나 들구나 봐 아들 형제나 팔형제를 한 서당에다 글을 가르쳤는데

천자 한권을 못띠내고 과거보기만 힘을 쓴다

구자 한자를 들고나 봐 구구에 팔십에 늙은 중이 백팔염주를 목에 걸고 꾸벅꾸벅에 염불한다

장자 한자나 들고나 봐 장한 수풀에 범이 들어 일등 포수가 모여들어

그 범 한 마리 못잡고 총대만 들고서 희롱한다

정지 섣달 마양풍에 백설이 훨훨 휘날린다.

○ 김창문(경기도 시흥시 거모동 1494, 1928년생) 시흥 도일시장 〈장타령〉[89]

얼씨구씨구 잘한다 품바품바 잘한다

두발 달린 까마귀 네발 달린 이당나귀

지리구 지리구 잘한다

뿌리없는 남구에 동발없는 지게에다가

---

[89] 박일엽,『시흥 향토민요 가사집』, 시흥문화원, 2012, 138면.

이장 저장을 다 보다가 마지막장을 들어와서
일월이 선생 찾아간다 지리고 지리고 잘한다
절씨구씨구 잘한다
한발 달린 까뀌 세발 달린 통노귀
먹는 귀는 아귀 품바나 불고도 잘한다
꼭지나 없이 열려서 밑빠진 광우리를 따짊어지고
마지막장을 들어왔네 적토마를 집어 타고서
품바품바 잘한다 얼씨구 잘한다.

○ 김영일(2016년 1월 충청북도 음성군 음성읍 소여리, 1942년생으로 6.25전쟁 후 어린 거지가 마을을 다니며 부르는 소리를 듣고 익힘) 〈각설이타령〉[90]

얼씨구씨구 들어간다
품바나 품바나 잘이한다
작년에 왔던에 각설이
죽지도 않고나 또 왔구나
품바 품바가 잘이한다
느 어머니가 날 날 적에
뜸물동이나 먹었드냐
품바 품바도 잘이한다
우리 어머니가 나를 잠 들여 놓고
우리 어머니가 얼루 갔나
품바 품바 잘이한다
잘도 한다 품바
품바 품바 잘이한다
어 식냥 한되 주십쇼.

---

90 『음성의 소리 − 음성읍』, 음성군, 2016, 197~198면.

제5장

각설이타령 명창들, 새롭게 의미를 부여한 사람들

1. 각설이타령 명창들

공연, 방송, 음반 활동 등으로 저명한 〈각설이타령〉 명창들을 여기 소개한다.

(1) 박일심

박일심 명창 모습. 20세기 중후반 〈장타령〉을 장기로 삼아 많은 활동을 하였고 〈장타령〉의 대표적인 명창.

박일심(朴一心, 본명: 양영숙, 1923~2003)은 최정식(崔貞植) 등에게 경서도 소리를 사사했고 인천 걸인의 〈장타령〉을 듣고 익혔고 각설이의 오리 춤도 배웠다. 그는 명창에게서 〈장타령〉에 대해 다음과 같은 말을 들었다고 한다.[91]

> 장타령이란 장터를 무대로 활동한 소리꾼들이 시장을 흥청거리게 하고 물건을 팔기 위해 부르던 노래로, 품바타령이나 각설이타령과는 다르다.

이는 각설이패의 〈장타령〉이 명창들에 의해 전문음악화 된 이후 전

---

91 김영숙, 「인터뷰－무형문화재 이순희 한국국악협회 인천지회장」, 『오마이뉴스』, 2016.3.17.

승되면서 형성된 인식으로 여겨진다. 박일심의 〈장타령〉은 거리의 노래가 무대화 되며 예술성이 증폭된 경우로서 그 스스로 본인의 〈장타령〉에 대해 큰 자부심을 지녔었다. 박일심은 20세기 중후반 〈장타령〉을 장기로 삼아 많은 활동을 하였고 〈장타령〉의 대표적인 명창으로 꼽혔다. KBS 방송국 등에 그의 〈장타령〉 녹음과 〈장타령〉 공연 동영상이 남아있다.

인천광역시 무형유산 제21호 경기 12잡가 예능보유자 이순희가 모친인 박일심의 〈장타령〉 등을 복원하여 공연하는 노력을 하고 있다.[92]

(2) 윤충일

윤충일 명창의 옛 모습 사진과 최근 명함.
국악음반박물관 소장 자료.

윤충일(尹忠一, 아명: 윤만용)은 1934년 음력 6월 10일 충청남도 서천군 판교면에서 부친 윤치선(완주 사람)과 모친 이읍배(삼례 사람) 사이의 외아

---

92 김영준, 「이순희 국악협 인천지회장 경기 12잡가 예능보유자 선정 겹경사」, 『경인일보』, 2009.4.23.

들로 출생하여 전라북도 완주군 삼례읍 해전리 458번지에서 성장하였다.[93] 슬하에 1남 1녀를 두었는데 부모, 아들, 딸 모두 국악과 무관하다. 윤충일은 판소리, 창극, 〈각설이타령〉 등의 국악 활동을 하였다.

윤충일은 11세 때 삼례에서 목이 아주 좋은 또랑광대 황금봉(완주 사람, 임방울의 〈추억〉 SP음반 등을 참고하여 스승 없이 판소리 자득, 엇붙임 거의 없이 원박으로 소리함, 당시 36~37세)에게 3년간 단가 〈편시춘〉과 심청가·수궁가를 사사했다. 그리고 16세 때부터 1년 6개월간 전라북도 군산국악원에서 김준섭(오정숙과 살았던 당시, 아편 중독, 판소리 대가인데 1968년 제1회 세종문화상 판소리 부문 시상식에서 후배에게 밀려 수상하지 못한 충격 후유증으로 별세)에게 심청가를 배웠고 3개월간 군산국악원 창극 '흥보전'의 흥보 큰아들 역을 맡아 전국 순회 공연 활동을 하였다.

18세 때에는 전라북도 전주에서 홍정택(洪正澤, 1921~2012)에게 8개월간 춘향가를, 강도근(姜道根, 1918~1996)에게 1년간 흥보가를 사사했고 같은 시기 완주 위봉산성에서 판소리 백일공부를 하였다. 또 21세 때 전주에서 김동준(金東俊, 1925~1990)에게 8개월간 심청가와 적벽가, 판소리 고법을 배웠고 25세 때 전라북도 익산에서 진태식(당시 35세경, 김제 출신, 진태순·진봉규의 형, 이기권 판소리 사사, 아쟁 연주, 대한국극단 활동, 아편과 과음으로 45세경 작고)에게 1년간 〈호남가〉를 비롯한 단가와 춘향가 〈이별가〉 등 판소리 토막소리를 사사했다.(진태식 동생 진태순은 한승호처럼 아구성 목으로 판소리를 구사함)

윤충일은 군 복무 후 27세 때 제대하여 대전 김미성무용학원의 국악 사범으로 활동하였고 대전 도립병원 앞의 국악학원에서 임준옥(연기 잘하고 애주가)에게 6개월간 수궁가를 익혔다. 1967년경 상경하였고 35세경에 서울 김숙자무용학원에서 박봉술(朴奉述, 1922~1989)에게 1년간 송순섭과 함께 적벽가 〈삼고초려〉 등을 학습했다.

---

93 이보형 조사·집필,『판소리 유파』, 문화재관리국 문화재연구소, 1992, 68~69면.

1970년경에는 서울에서 정광수(丁珖秀, 1909~2003)에게 1년간 수궁가 초입~〈토끼라 하는 짐생은〉 대목을 배웠고 그 후 45세경에 정광수 명창을 모시고 수락산에서 수궁가 백일공부를 하는 등 정광수의 중요무형문화재 판소리 수궁가를 본격적으로 사사하여 전수생과 이수자가 되었으며 수궁가 완창 발표회를 2번 하였다.

1974년 제1회 민속백일장(사회: 송해)에서 1등 장원을 하였고 KBS 추천으로 1975년 국립창극단에 입단하여 창극 활동을 하다가 2013년 퇴직하였는데 노년에도 국립창극단 공연에 계속 출연을 하고 있다. 45세경에 오정숙(吳貞淑, 1935~2008)에게 흥보가를, 1985년경 성우향(成又香, 1933~2014)에게 춘향가와 심청가를 익혔으며 1995년 제3회 광주국악대제전 판소리명창대회에서 대통령상을 수상하였다. 2000년대 초반에는 강원드 원주시 지정면 간현리 배나무골에서 수궁가와 흥보가 백일공부 독공을 하였다. 2019년 제1회 국창 임방울상 수상, 2024년 세계판소리협회 주최 위대한 원로 명창 추대 및 공로패를 수상하였다.

윤충일은 20세기 후반~21세기 초반 판소리계의 대표적인 남성 〈각설이타령〉 명창으로 꼽힌다. 전국에서 판소리를 하면 좋아하는 곳도 있지만 강원도 등에서는 반응이 안좋을 때도 있어서 그러한 지역에서는 판소리 대신 〈각설이타령〉을 부르게 되었는데, 〈각설이타령〉은 전국 어디에서나 관객들이 환호했다고 한다. 윤충일은 11세 때 완주군 삼례읍 해전리 동네와 삼례시장에서 각설이패 3~4명의 〈각설이타령〉을 목격하였는데 기가 막히게 잘하여 따라나서 완주군 이서면 시골 폐가에서 이틀간 각설이패와 생활하며 50대 각설이 주씨(성명 미상)에게 쌀 두 되를 주고 〈각설이타령〉을 배웠다. 그 주씨가 윤충일을 무척 예뻐했고 관상을 보더니 앞으로 크게 되겠다며 칭찬했다고 한다. 모친이 각설이를 못따라다니게 하여 윤충일은 더 이상 각설이패를 만나지 못했고 국악을 하는 것도 모친의 반대가 심해 몰래 하였다. 전통적인 창과 춤, 해학적인 면에서 윤충일이 어려서 익힌 〈각설이타령〉처럼 하는 이가 현재 없을 정도로 독보적이다. 윤충일은 조상현(趙相賢, 1938~)의 판소리 공연시 찬조 출연하여 〈각설이타령〉을 한 바 있고 서울, 전라남도 광주, 미국, 프랑스 등 국내외에서 〈각설이타령〉 공연을 많이 하였다. 윤충일이 창극 공연에서 각설이 역을 할 때 각설이 처는 김경숙, 정순임, 신영희 등이 맡은 바 있다. 윤충일의 증언에 따르면 '장타령'은 격이 낮은 말, '각설이'는 격이 높은 고상한 말이라고 한다. 윤충일은 국악 외에도 30세경에 대전에서 박해미(배우)의 부친 박영규(탱고박)에게 탱고춤 등을 배워 젊어서 사교춤 활동도 많이 한 바 있다. 윤충일은 박해미와도 가깝게 지내며 같이 공연한 적도 있다.[94]

2017년 6월 10일 충청북도 진천군 평사마을 선촌서당에서 〈각설이타령〉에 대한 윤충일 명창과 필자 노재명의 대담 장면. 국악음반박물관 소장 사진자료.

---

[94] 2017년 6월 10일 충청북도 진천군 평사마을 선촌서당에서 노재명이 윤충일 명창을 인터뷰한 내용.

판소리 인간문화재 박송희 명창 1991년
모습. 국악음반박물관 소장 사진자료.

박송희(朴松熙: 세번째 예명, 본명: 貞子, 첫번째 예명: 弄珠, 두번째 예명: 松伊, 네
번째 예명: 智希) 명창은 1927년 음력 7월 28일 전라남도 화순군 화순면에
서 부친 박종환(광주 사람)과 모친 선광주(광주 사람) 사이의 9남매 중 일곱
번째로 태어났다.

성차옥, 박기홍, 정응민, 안기선, 김영준(예명: 김억순), 박동실, 조상선,
박록주, 김소희, 박봉술, 정권진 등에게 판소리를 사사하고 박영구에게
전통춤을 배웠다.[95]

---

[95] 노재명, 『'판소리 3명창(최승희 · 성우향 · 박송희) 특별공연 실황' 음반 해설
서』, 국악음반박물관/지구레코드 JCDS-0747, 1CD, 2001.

공연, 음반 취입, 방송 활동을 활발하게 하였고 2002년 2월 5일 국가 무형유산 판소리 흥보가 예능보유자로 인정받아 활약하다가 2017년 2월 19일 노환으로 별세하였다.

박송희는 20세기 후반 여성 판소리 명창 가운데 〈각설이타령〉을 가장 열심히 공들여 닦고 즐겨 부른 이로 꼽힌다. 2004년에 제작된 박송희의 흥보가 공연 실황 음반(한국문화진흥재단/국립극장 제작 KDCA-6856~6858, 3CD)에서 관객의 호응이 가장 좋고 박수를 가장 많이 받은 소리가 〈각설이타령〉이었다.

박송희는 젊어서 국극, 창극, 남도민요 활동을 많이 했고 판소리 인간문화재로 인정받은 후 민요 공연 요청시 판소리 인간문화재 격에 안맞는다며 거절하기도 했는데, 이례적으로 판소리 인간문화재 중에 드물게 TV에 출연하여 〈각설이타령〉을 방송한 바 있다.(2005년 광주 MBC-TV)

2. 각설이타령에 새롭게 의미를 부여한 사람들

(1) 신중현

신중현(申重鉉)은 1938년 서울시 중구 신당동에서 태어났다. 원적과 본적은 충청북도 진천이다. 기타리스트겸 대중음악 작곡가로 활동하였다.

1957년 미8군 쇼무대에서 공연 활동을 하기 시작했고 1959년 '히키신'이라는 이름으로 기타 연주 독집 데뷔 음반을 취입하였다. 그리고 그룹 '에드 훠'(1964년), '블루즈 테트'(1966년경), '액션스'(1960년대 후반), '덩키스'(1968년경), '제로 악단'(1970년), '퀘스천스'(1970년), '캄보 밴드'(1971년), '더 멘'(1971년), '엽전들'(1973년), '뮤직 파워'(1980년), '세 나그네'(1983년) 등을 결성하여 활동하였다.[96]

'각설이 차림으로 백주의 명동을 활보한 신중현' 기사 사진.
『주간 경향』 통권 제322호, 주식회사 경향 신문·문화방송, 1975년 2월 23일 발행, 79면. 국악음반박물관 소장 문헌자료. "각설이 신중현 이색 차림으로 명동에 — 며칠전 작곡가 신중현씨가 각설이 차림으로 백주의 명동가를 활보, 주위 사람들을 어리둥절케 했는데. 구멍난 벙거지에 누더기 블루진을 걸친 신씨는 이따금씩 팬들의 사인 공세에 걸음을 멈추기도 했다. 시위의 곡절인 즉 요즘 절정의 인기를 모으고 있는 자작곡 〈미인〉을 몸으로 PR하기 위해서였다는 것."

영화 '푸른 사과' 음악감독(1968년), '연인들' 음악감독(1975년), '미인' 주연(1975년)으로 활약하였고 '신중현 오케스트라' 지휘자(1970년), 용인 자연농원축제에서 '신중현 팝스오케스트라' 지휘자(1989년)로 활동하였다. 또 장미화(1964년), 박인수(1967년), 펄 시스터즈(1968년), 최영희(1968년), 이정화(1969년), 김상희(1969년), 김추자(1969년), 송만수(1970년), 임희숙(1970년), 임아영(1970년), 장현(1970년), 바니걸스(1971년), 김정미(1971년), 민아(1971년), 주현(1971년), 지연(1972년), 서유석(1972년), 양희은(1972년),

---

96 노재명, 「신중현 관련자료 발굴 시리즈① 신중현 관련 대담」, 『핫뮤직』 30, 마인기획, 1993.4.

차현아(1972년), 김명희(1974년), 이성애(1974년), 김완선(1987년) 등에게 곡을 지어주며 가수로 길러냈고 신중현의 곡만 받으면 인기 스타가 됐던 1968~1975년 사람들은 그를 '스타 제조기'라 했다. 가수를 키우는 일은 신중현에게 있어선 대중에게 자신과 작품을 효과적으로 알리는 한 방법이었고 그가 더 주력한 것은 작곡과 기타 연주, 록 그룹 활동이었다. 신중현은 가수들마다 가지고 있는 음악성, 음색, 외모 등을 고려해서 각각의 개성에 맞게 곡을 지었고 편곡을 달리했다. 그래서 그는 여러 후배 가수들을 스타로 만들어낼 수 있었다.[97]

작사·작편곡한 대표작으로 〈빗속의 여인〉(1964년), 〈커피 한 잔〉(1964년), 〈님아〉(1968년), 〈봄비〉(1969년), 〈월남에서 돌아온 김상사〉(1969년), 〈님은 먼 곳에〉(1970년), 〈거짓말이야〉(1971년), 〈마부타령〉(1971년), 〈아름다운 강산〉(1972년), 〈석양〉(1972년), 〈미련〉(1972년), 〈마른잎〉(1972년), 〈나는 너를〉(1973년), 〈봄〉(1973년), 〈바람〉(1973년), 〈선녀〉(1973년), 〈미인〉(1974년), 〈산아 강아〉(1974년), 〈어깨 나란히〉(1974년), 〈너만 보면〉(1980년), 〈그대는 떠나도〉(1980년), 〈내〉(1983년), 〈광복동 거리〉(1983년), 〈리듬 속의 그 춤을〉(1987년), 〈큰새〉(1988년), 〈잊지마〉(1988년), 〈너와 나의 노래〉(1992년), 〈전기기타산조〉(1994년), 〈봉우리〉(1997년), 〈가련기시〉(1997년), 〈훈장〉(1997년) 등이 있다.

1968년 신중현이 작사·작편곡, 기타를 연주하고 펄 시스터즈가 노래한 〈님아〉가 크게 힛트하였다. 한국적 정서가 녹아있는 이 서구식 가요는 한국 대중음악계가 일본식 트로트 위주였던 당시 신선한 충격을 주었다. 그 직전까지 국내 음악 활동시 많은 어려움을 겪던 신중현은 펄 시스터즈에게 〈님아〉 등 노래 몇 곡을 주고 외국으로 가서 음악 생활을 하려 했었다. 그런데 〈님아〉가 뜻밖에 대성공을 거두게 되면서 신중현

---

97 노재명, 「나의 레코드 컬렉션 - 신중현의 음악」, 『스테레오 음악』 22, 중앙일보사, 1993.11, 252~253면.

은 한국을 떠나지 않았다. 그리고 그 인기를 기반으로 신중현은 당시 한국의 여타 대중음악인들에 비해서 월등히 좋은 음악 환경을 확보하며 활동을 계속하게 된다.[98]

뛰어난 시인은 대부분 어려운 단어를 사용해서 독자를 감동시키지 않고 흔하고 쉬운 단어를 가지고 다른 사람이 생각하지 못한 표현을 하며 감동을 준다. 신중현도 마찬가지이다. 작곡가이지만 작사 부문의 능력 또한 문학가 이상이다. 봄, 해, 꽃, 비, 바람 등 쉬운 소재로 수월하게 작사를 하면서도 깊은 여운을 남기고 곡조와 기가 막히게 맞아 떨어지게 만들었다.

신중현은 여러 그룹 활동을 했지만 그 중에서도 그룹 '더 멘' 시절부터 완성도 높은 음악을 많이 발표하였고 '엽전들' 때 절정에 이르렀다. 군사 정부에 대한 반항적인 양복 차림과 표정, 혹은 양복을 다소 불량하면서도 매우 감각적으로 변조해 각설이처럼 입었던 신중현은 당시 음악적으로나 대외적인 언행 면에서 당당함과 자신감이 넘쳐 흘렀다. 우리 것을 우리 스스로 비하하던 시절의 속칭 '엽전'을 그룹명으로 한 것 역시 그러한 자부심과 사회에 대한 반항 심리에서 비롯되었다고 하겠다. 그러한 맥락에서 탄력이 붙어 절정에 이른 대표적인 실천의 표현으로 그룹 '엽전들' 시절 각설이 복장을 한 신중현의 대낮 명동거리 활보, 그룹 '뮤직 파워' 활동시 〈장타령〉을 사이키델릭 록 음악으로 편곡 공연한 것을 꼽을 수 있다.

신중현은 많은 사람들이 보잘 것 없게 생각했던 '엽전'이라는 말, 우리네 문화를 가지고 자신만만하게 대중 앞에 나섰던 것이다. 전국민의 우상이나 다름 없던 그의 그런 위풍당당한 행동은 식민사관에 물든 사람들의 그릇된 생각을 개선하는 데 크게 이바지하였다. 그리고 장타령조로 만든 〈미인〉(1974년)을 노래하고 각설이 복장을 하고(1975년) 전래의

---

98 노재명, 『신중현과 아름다운 강산』, 도서출판 새길, 1994.

〈장타령〉을 록으로 편곡 공연(1980년)한 파격적인 시도는 학계의 〈각설이타령〉 연구[99], 각종 〈각설이타령〉 공연, 〈각설이타령〉 관련 영화들의 제작, 무안 각설이품바페스티벌, 음성품바축제 등에 직간접적인 영향을 준 것으로 보인다.

신중현은 1975년 걸인 복장도 패션이 될 수 있다는 반전의 미학을 최초로 제시한 셈이다. 신중현은 당시 조잡한 공연 무대 디자인, 그리고 열악하게 만들어지는 한국 음반 제품 질이 상당히 불만스러웠다. 그래서 공연 무대 조명 등을 직접 만들어 장착하기도 했으며 녹음실 장비를 직접 조절하다가 녹음기사와 다투기도 했고 음악 성격에 맞게 직접 표지 사진을 촬영하고 디자인을 하기도 했으며 자신과 본인의 작품을 노래하는 가수 의상 디자인까지 관여하였다. 시대를 초월한 진보적인 록 음반인데 너무 평범한 가요처럼 표지가 인쇄되는 게 늘 불만이었던 신중현은 1960대 후반부터 때때로 음반 표지의 서체도 스스로 디자인하여 음반 제작사에 견본을 제시하기도 했다. 신중현 사단의 김상희 · 김정미 · 박광수 · 윤용균 · 차현아 · 박인수 음반, 그룹 '덩키스', '퀘스천스', '더 멘', '엽전들' 음반 일부가 바로 그러한 사례이다. 또 자신의 기타 표면에 사이키델릭 그림으로 장식하기도 했고 탈춤 등 음악 외적인 율동 부분도 스스로 창작하여 연출하기도 했다.

무대 제작자, 녹음 기술자, 음반 제조 전문가, 녹음집 표지 디자이너, 음악 패션 전문가 등이 드물었던 당시 앞서 가는 음악을 했던 신중현으로서는 그러한 부분까지 스스로 감당해 가며 작품을 만들어야 했다. 각

---

[99] 박전열, 「각설이타령 연구」, 중앙대학교 석사학위논문, 1976; 강은해, 「각설이타령 원형과 장타령에 대한 추론」, 『국어국문학』 85, 국어국문학회, 1981; 염기용, 「사랑을 파종한 유랑풍류 각설이놀이」, 『전통문화』, 월간전통문화사, 1986.5, 42~48면; 朴銓烈, 『日本民俗学研究叢書—門付けの構造: 韓日比較民俗学の視点から』, 弘文堂, 1989; 박전열, 「조선시대 유랑예인의 계통과 연희」, 『한국사 시민 강좌』 45, 2009, 151~170면.

설이 차림도 바로 그러한 흐름 속에서 자연스레 본인이 이색적으로 복장을 꾸며 활동한 것이다.

1973년에 신중현은 그룹 '엽전들'을 결성하여 직접 노래까지 담당하며 본격적인 밴드 활동에 주력한다. 그 동안은 신중현 자신이 더러 노래를 부르기도 하였지만 주로 가수를 발굴하고 노래를 지도하여 발표하였다. 그런데 재능있는 사람은 지도하는 대로 부르지 않고 스스로 멋을 내서 부르고 의도대로 작품이 되지 않고 가수 다루기도 어려움이 있기 때문에 '엽전들'에선 직접 노래까지 주력하게 된 것이다. 신중현이 직접 노래한 '엽전들'의 〈미인〉이 '삼천만의 주제가'라 했을 만큼 엄청난 성공을 거두면서 이후에는 신중현의 작품들을 거의 다 스스로 노래하기에 이른다.

1974~1975년 당시 제품으로 나온 '엽전들' 음반에는 사이키델릭이 다소 약한 음악들이 수록되었지만 1994년 지구레코드 창고에서 발견된 '엽전들' 비공개 릴테입을 들어보면 신중현이 1974~1975년에 '김정미 NOW'보다 더 강력하고 실험적인 사이키델릭 음악을 추구했음을 알 수 있다.(국악음반박물관 소장 신중현 사단 카세트테입 관리번호 MIMC-0344~0345, 1994년 지구레코드→노재명 기증 복사본)[100]

'엽전들'은 사이키델릭 음악을 했던 그룹이자 가장 한국적인 록을 추구했던 그룹이기도 하다. '김정미 NOW' 음반은 '신중현과 엽전들' 1집 초판 음반(지구레코드공사, 1LP, 1974년)과 함께 신중현 사단의 최고 걸작이라고 생각된다.[101]

'김정미 NOW' 음반은 최근 서구 관점에 의해 희귀한 한국 사이키델

---

[100] 노재명, 「사이키델릭 싱어 김정미」, '김정미 — 이건 너무하잖아요 / 갈대' 음반 (지구레코드, 1CD, 2000) 해설지.

[101] 노재명(해설 집필·사진 제공) 초고, 「국악이 가미된 사이키델릭 '김정미 NOW'」, '김정미 NOW / 신중현 작곡집' 음반(미국 Liom Productions/LLC 제작 LION-LP122, 1LP, 2011년 제작 발매. 1973년 11월 성음제작소에서 제작된 김정미 NOW 음반 SEL-100023, 1LP를 복각 재발매한 것) 해설서.

릭 음반 수집 대상으로 부각된 경향이 많다. 하지만 그룹 '더 멘'의 '김정미 NOW' 음반, 그리고 그 맥을 같이 하는 그룹 '엽전들' 음반 등은 사이키델릭 측면 못지 않게 한국적인 록, 국악이 가미된 음악이라는 부분 또한 매우 중요하다. 사이키델릭은 신중현이 지금까지 수 십년간 시도한 다양한 음악 영역 중 일부이고 가장 근간이 되고 중요하게 다룬 큰 물줄기는 바로 국악이 가미된 록 음악이라는 점이다.[102]

이는 1959년 신중현의 첫 녹음집 〈아리랑〉부터 1968년 〈님아〉, 1971년 〈마부타령〉, 1972년 〈아름다운 강산〉과 〈나도 몰래〉, 1973년 〈봄〉, 1974년 〈미인〉·〈나는 너를 사랑해〉·〈산아 강아〉, 1975년 〈너만 보면〉, 1980년 〈도라지타령〉, 1983년 〈광복동거리〉와 〈내〉, 1992년 〈너와 나의 노래〉, 1993년 〈전기기타산조〉, 1997년 〈봉우리〉 등에 이르기까지 신중현 음악 전반에 작용하는 가장 중요한 핵심이다.

세월(歲月)이라는 낱말을 제외하고는 순한글로 되어 있는 〈가나다라마바〉는 받침 없는 곡명의 멜로디 작곡을 한번 시도해 보자 하며 신중현이 특별히 만든 작품이고 최대한 우리말과 국악을 기반으로 한국적인 록을 추구한 대표작이다. 신중현 작 〈나도 몰래〉에서는 판소리에 쓰이는 추천목과 유사한 선율이 나타난다. 추천목은 그네가 올라가고 내려오는 형상을 음악으로 표현한 것으로서 경쾌하고 흥겨운 느낌을 주는데 춘향가 중 〈그른 내력〉, 수궁가 중 〈앞내 버들〉과 같은 대목에서 쓰인다. 신중현은 〈나도 몰래〉에서 마치 그네가 왔다 갔다 하는 듯한 선율을 사용해서 두근거리는 사랑의 감정을 표현했다. 사랑으로 인한 벅찬 기쁨을 경쾌한 추천목 형태의 선율로 잘 묘사했다. "어쩌다가 나는 이럴까" 이하 후렴에서는 잔잔하게 몰고 가다가 끝부분은 목을 꺾어서 살짝 치켜 올리는데 이것은 동편제 판소리에서 나타나는 음악 특징이다. "이

---

102 노재명, 「신중현의 삶과 예술」, '신중현 무위자연' 음반(노재명 기획/삼성나이세스 SCS-090PSR, 2CD, 1994) 해설서.

럴까”와 “않나봐”, “있나봐”에서의 꺾는목 또한 판소리 조다. 신중현 작
〈비가 오네〉도 곡조, 창법 면에서 국악 특성이 많이 나타난다.

사이키델릭 등 이렇게 다양한 음악과 광범위한 활동을 할 수 있었던
것, 특히 1970년대 당시로선 시도하기 어려웠던 국악을 기반으로 한 대
중음악은 어쩌면 신중현만이 가능했던 작업인지 모른다. 1970년대 그
는 가장 비싼 전속 몸값을 받는 작곡가였다. 요술 부리듯 신인을 일약
스타로 만들어내고 연이어 베스트셀러를 기록하는 그의 재주 앞에서
그 누구도 이렇다 저렇다 말할 수 없었다. 그는 더이상 누굴 눈치 볼 필
요없이 이런 음악, 저런 음악을 마음대로 할 수 있는 여건이 됐다. 그는
이런 분위기 속에서 당시로선 촌스럽게만 생각했던 한국적인 대중음악
을 성공적으로 완성할 수 있었다. 다음은 1970년대 전반기에 국악을 가
미하여 한국적인 록을 왕성하게 추구했던 신중현의 회고담이다.

> 내가 가장 의욕을 갖고 있었던 게 ‘록’이라는 세계 공통적인 음악
> 에다 우리나라만의 특성을 얹어서 전세계와 교류하는 것이었습니
> 다. 그래서 노래에 우리 선조들이 갖고 있던 음계를 사용했어요. 서
> 양음악은 화음 위주로, 멜로디를 쌓아서 펼쳐내는 평면적인 음악
> 입니다. 반면 우리 음악은 하나의 선율로 깊이를 만들어내는 입체
> 적인 음악이지요. 음의 깊이를 통해 우주를 넘나드는 공간까지 만
> 들어낼 수도 있는 겁니다. 그런 ‘정신’을 이어 가고 싶었습니다.

당시 신중현의 작품에 쓰인 장단을 보면 기존의 국악에 없는 것들도
스스로 창안하여 작곡했음을 알 수 있는데 그럼에도 불구하고 지극히
한국적인 가락을 만들어냈으며 드럼을 북처럼 연주하게끔 편곡하는 등
지금 생각해도 놀라운 시도들을 이미 그 시절에 해냈다. 그 후 신중현은
의상도 미국 기타리스트 지미 헨드릭스(Jimi Hendrix, 1942~1970) 스타일의

복장을 벗어 던지고 개량 한복 차림으로 무대에 나오기도 했고 손가락이 짧은 동양 사람의 체질에 맞게 3/3 기타 주법을 세계 최초로 개발했다. 그리고 기타 연주시 거문고나 가야금의 농현과 같은 효과음을 내기 위해 그 나름의 독특한 벤딩 주법을 구사했으며 그 농현 효과음을 극대화 하기 위해 나중엔 아예 전기기타의 지판 부분 나무를 깎아 가야금처럼 개조해서 연주하기도 했다. 신중현은 이 가운데 3/3 기타 주법에 대한 이론과 실제 연주 방법을 정리하여 1995년 단행본 저서로도 발표한 바 있다.

요즘 국내 음악계에서 국악과 양악의 접목이 많이 시도되고 있는데 국악의 현대화라고 하면서 국악기로 외국곡을 연주한다든지, 국악과 양악의 만남이라는 이름 아래 단지 양쪽 악기만 섞어서 연주하는 것이 일반적인 추세다. 이런 근래 분위기에 비한다면 신중현은 이미 수 십년 전부터 서양 악기만 가지고도 무리없이 한국적인 음악을 해냈다는 점은 보기 드문 독특한 표현 방법으로서 그의 탁월한 음악성을 단적으로 말해주고 있다. 더구나 예술성과 대중성을 동시에 성취했다는 점에서 그의 이러한 시도는 대단히 놀라운 일이라 하겠다.

그런데 그는 국악을 정식으로 공부한 적이 전혀 없다. 단적인 예로 1974년에 그가 발표한 〈산아 강아〉는 중모리 장단으로 되어 있는데 그는 이 장단의 이름 조차 모르고 있었다. 그렇다면 그는 어떻게 그렇게 국악 맛을 낼 수 있는 것인가. 결론부터 말하자면 그는 어려서 자연스럽게 국악을 체득했다. 지금은 국악이 특정한 사람만 할 수 있는 아주 특별하고 어려운 음악으로 인식되고 있지만 신중현이 어린 시절을 보낸 1940년대만 하더라도 이 땅의 사람이면 누구나 〈아리랑〉을 부를 수 있었고 지천에 널린 게 국악이었다. 논에 나가면 농부들이 부르는 농요와 풍물굿 소리를 어렵지 않게 들을 수 있었고 집앞 골목에서 뛰어놀 때면 동네 아이들과 함께 전래동요를 불렀다. 또한 온국민이 경제 사정이 좋

지 못한 시절이었기에 수많은 걸인들이 마을을 누비며 〈각설이타령〉
을 부르고 다녔다. 이런 환경에서 자란 신중현은 자신도 느끼지 못하는
사이에 우리의 음악 모국어를 습득할 수 있었던 것이다. 글은 마음먹고
배워야만 터득할 수 있는 것이지만 말은 특별하게 배우지 않아도 자연
히 알게 되는 것과 같이 음악언어 또한 그러하다.

음악은 말과 같아서 각 나라마다 고유의 언어와 사투리가 있듯이 저
마다 독특한 음악토리가 있게 마련이고 태어난 곳 나름의 언어와 음악
은 어릴 때부터 듣고 자라지 않으면 체득하기가 참으로 어렵다. 미국에
서 어릴 때부터 말을 익히지 않으면 그 본토 사람들처럼 영어를 제대로
구사하기 어려운 것처럼 우리나라 사람일지라도 뒤늦게 우리 음악을
공부하려면 그게 쉽게 되지 않는 것 또한 바로 그러한 이유 때문이다.
신중현은 어려서 습득된 국악이 자기의 음악언어로 확고하기 때문에
억지로 할려고 하지 않아도 무위자연으로 우리 음악을 할 수 있었던 것
이다. 지닌 음악언어가 확실하면 그것을 밖으로 드러내 주는 도구는 가
야금이든, 기타든 모두 가능한 것이다. 악기는 같은 것을 사용했으면서
도 프랑스 록을 들으면 샹송(Chanson) 맛이 나고 이탈리아 록을 들으면
칸초네(Canzone) 향기가 나는 것처럼 신중현은 그들과 달리 국악 냄새를
풍기고 있다. 한복을 입고 국악기로 연주한다고 해서 다 국악이 아니다.
표현할 수 있는 음악언어가 무엇이냐가 중요한 것이다. 오늘날 외국 음
악 식민지 시대에 살고 있는 이 땅의 상당수 젊은 국악인들이 우리 음악
을 전공했으면서도, 해금을 연주해도 마치 바이올린처럼 표현하는 이
유는 어려서부터 국악을 자연스레 몸에 익히지 못하고 학교에서 칠판
을 보고 인위적으로 배웠기 때문이다.

기타를 연주해도 가야금이나 거문고와 같이 표현하는 신중현, 이제
그같은 대중음악인이 또다시 나올 수 있을지 의문이다. 왜냐하면 그가
성장할 때와 같은 우리 나름의 음악 환경은 이미 황폐해진지 오래고 서

구 음악이 그 자리를 거의 모두 차지해 버렸기 때문이다. 노동요, 전래 동요와 같은 토속민요는 대부분 사라져 가고 있으며 판소리, 무속 등 몇몇 종목만이 무형유산으로 지정되어 정부의 보호 관리 아래 간신히 명맥을 이어가고 있을 뿐이다. 이제 동네 골목에서는 아이들이 부르는 최신 랩송이 들려오고 방송이나 음식점, 찻집 등 이 땅 어디를 가도 우리의 귀는 외국 음악에 노출돼 있다. 또한 학교에서도 국악 교육이 변변히 이루어지고 있지 않다. 현실이 이러하니 어려서부터 우리 음악 모국어를 자연히 익힌다는 것은 거의 불가능하다 할 것이다. 이제는 외국 것을 우리 정서에 맞게 바꿔 수용하는 것은 과욕이다 싶을 정도고 도리어 국악이 팝송화 되는 경향 마저 보이고 있으니 개탄하지 않을 수 없다.

흔히 신중현을 가리켜 시대를 잘못 만난 불운의 천재라고들 한다. 그리고 그가 만일 외국 어디에서 태어났더라면 하고 아쉬워들 한다. 그의 파란만장한 인생살이에 관한한 그는 분명 시대를 잘못 만났다. 하지만 음악가로서는 아주 좋은 시기와 절묘한 곳에서 태어났다고 할 수 있다. 옛부터 온국민이 가무를 좋아했고 그래서 어느 나라보다도 민요의 수가 특히 많아 〈아리랑〉 하나로도 수 십권의 백과사전이 될 만큼 풍족한 음악토양을 지닌 이 땅에서 태어난 것, 그것도 아주 그 토양이 비옥할 때 수 천년 역사가 농축되어 있는 이 땅의 음악언어를 체득할 수 있었다는 것, 또한 서구의 문화가 홍수처럼 쏟아져 들어올 때 그 자리에 있어 또 다른 음악세계를 접하고 비판 수용할 수 있었다는 것, 이런 점들은 음악가로서의 신중현에게는 큰 행운이었다.[103]

신중현의 음악은 최근 유행하는 퓨전국악, 국악이 가미된 월드뮤직, 요즘 국악보다 오히려 더 국악적인 면이 있다. 언젠가 신중현이 전자해금을 개발하고 싶다고 해서 서울 국립국악원을 함께 방문한 적이 있다.

---

103 노재명, 「특집 대중음악을 이야기한다－신중현論」, 『금호문화』 116, 금호문화재단, 1995.2, 40~43면.

그 때 국악인들은 정부의 지원을 받아 이런 건물도 있느냐며 엄청나게 놀라고 부러워한 적이 있다. 일평생 정글에서 맨주먹으로 살아남아야 했던 원로 대중음악가가 입을 다물지 못했던 그 표정, 수많은 힛트곡에도 불구하고 넉넉하지 못한 노년을 보내고 있는 형편을 대하면 안타까움을 금할 수 없다. 신중현은 무척 획기적인 음악들을 발표했지만 시대를 앞서 간 그 상당수 작품이 발표 당대에는 제대로 가치를 인정받지 못하고 정부로부터 상당수 금지 처분까지 받았다. 신중현은 1960년대 후반부터 1970년대 전반기 정부의 각종 금지 조치 때문에 창작에 있어 어려움을 겪었다.

(2) 조영남

민요 〈각설이타령〉이 수록된 '국보급 황금의 목소리 조영남 민요 특선 제1집' 음반(그랜드레코드공사 GH-00034, 1LP, 1970년경 제작, 황우루 기획 작품집). 국악음반박물관 소장 음반.

민요 〈각설이타령〉이 수록된 '조영남 걸작선 제2집' 음반(그랜드레코드 GH-00008, 1LP, 1970년 10월 24일 제작, 황우루 기획 작품집). 국악음반박물관 소장 음반.

조영남(趙英男)은 대중음악 가수겸 화가로 1945년 황해도 평산군에서 태어났다. 서울대학교 성악과에 재학중 학비를 벌고자 1968년 미8군 악단에서 공연을 하며 가수 활동을 시작했고 음악다방 세시봉, 오빈스 케빈 등의 활약을 통해 가수로 이름이 났다.

조영남이 노래하여 힛트한 대표곡으로는 1968년 영국 가수 톰 존스(Tom Jones)의 〈딜라일라〉(Delilah)를 한국어로 번안한 곡(조용호 개사, 김인배 편곡), 1988년 〈화개장터〉(김한길 작사, 조영남 작곡) 등이 있다.

조영남은 군 복무 시절 박정희 대통령 앞에서 〈황성 옛터〉를 부를 것을 요청받았으나 분위기를 띄우고자 즉흥적으로 〈각설이타령〉을 불러서 위기에 봉착했다가 이태영 변호사의 도움으로 위기를 모면했다고 한다.(조영남 회고담)

1968년 국가의 법으로 거리 구걸 행위가 금지되었으며 민요 〈장타령〉(거지타령, 각설이타령)은 1980년 7월 28일 현실에 맞지 않다는 이유로 한국공연윤리위원회에 의해 공연이 금지되었고,[104] 1983년 11월 7일 방송 부적(저속) 이유로 방송심의위원회에 의해 방송 금지되었다.[105] 1960년대~1990년대 표면적으로 거지가 없는 사회 분위기를 조성하려고 운영된 부랑인 수용시설 복지원(일부에선 대규모 사업으로 변질되어 정부 묵인하에 납치·강제수용·강제노동·인신매매 등 인권 유린도 자행됨)의 설립 취지와 같은 흐름 속에서 일명 '사회정화운동'의 일환으로 걸인 민요가 금지되었다고 할 수 있다. 그러다가 1987년 8월 18일 금지 해제 조치에 의해 〈장타령〉(거지타령, 각설이타령)이 해금되었다.

다음은 조영남이 취입한 민요 〈각설이타령〉 가사이다.(그랜드레코드 GH-00008, 1LP, 1970년 10월 24일 제작, 반주자 성명 미상)

어얼씨구씨구씨구씨구 들어간다. 저얼씨구씨구 들어간다.
어얼씨구씨구 들어간다. 저얼씨구씨구 들어간다.

---

104 문옥배, 『한국 금지곡의 사회사』, 예솔, 2004, 215면.
105 『방송 금지 가요곡목 일람』, 방송심의위원회, 1985, 91면.

어화 이놈이 이래 뵈도 정승 판서의 자제로서

팔도강산을 마다 하고 돈 한푼에 팔려서

각설이로만 나섰네.

어얼씨구씨구 들어간다. 저얼씨구씨구 들어간다.

내 선생이 누구신지 나보다도 잘이헌다.

지리구 지리구 잘이헌다. 품파나 품파나 들어간다.

씨구씨구씨구씨구 들어간다. 저리저리저리씨구 들어간다.

작년에 왔던 각설이가 죽지도 않고 또 왔네.

일자나 한자나 들고나 보니 일편단심 먹은 마음

죽으면 죽었지 못잊겠네.

작년에 왔던 각설이가 죽지도 않고 또 왔네.

이자나 한자나 들고나 보니 이승 저승을 살어갈 때

건들거리면서 살어가세.

작년에 왔던 각설이가 죽지도 않고 또 왔네.

삼자나 한자나 들고나 보니 삼월이라 삼짇날에

제비 한쌍이 날아들고

작년에 왔던 각설이가 죽지도 않고 또 왔네.

어얼씨구씨구 들어간다. 저리저리저리씨구 들어간다.

품파나 품파나 들어간다. 품파나 품파나 들어간다.

품파나 품파나 들어간다. 품파나 품파나 들어간다.

씨구씨구씨구씨구 들어간다. 저리저리저리씨구 들어간다.

품파나 품파나 들어간다.

어얼씨구씨구씨구씨구 들어간다. 저얼씨구씨구 들어간다.

　　조영남은 이 녹음에서 천부적인 목청으로 경쾌하고 유창하게 불렀다. 초입 내두름과 맺음 부분의 "어얼씨구씨구씨구씨구 들어간다. 저얼씨구씨구 들어간다"에서는 서양 테너 발성이나 요들송 느낌으로 우렁차게 내고 나머지는 전반적으로 간드러지게 불러서 흥겨움을 살렸다. 전래민요를 현대의 가요 창법과 외국 악기 반주를 곁들여 편곡하여 신선한 느낌을 준다. 흡사 신중현의 〈마부타령〉 분위기처럼 통기타 반주로 되어 있다.

조영남은 1970년 대중가요계에선 거의 최초로 〈각설이타령〉을 선구자적으로 제도권 가요 무대에서 노래한 개척자라 할 수 있다. 서울대 성악과 정통 클래식 전공자라는 점에서 〈각설이타령〉을 불러도 사회적으로 무시 못할 거라는 자신감과 선천적인 예술 감각에 의해 그러한 파격적인 시도를 했다고 볼 수 있다. 조영남이 노래한 〈각설이타령〉은 대중적으로 크게 힛트하지는 못했으나 그 후 각설이 관련 연극을[106] 비롯해서 신중현의 1974년 각설이타령조 〈미인〉 작곡, 1975년 각설이 복장 활동, 1980년 〈장타령〉 공연에 직간접적인 영향을 준 것으로 보인다. 1980년 〈각설이타령〉이 금지곡으로 지정되면서 조영남이 대중음악계에 지대한 영향을 준 〈각설이타령〉 대중화 전파 업적이 제 평가를 못받고 잊혀졌다고 하겠다.

(3) 박영희

1945년 충청북도 청주 출신의 현대음악 작곡가 박영희(朴泳姬)가 1977년 독일 프라이부르크음악대학 야외음악제에서 〈장타령〉을 발표하였는데, 이 곡은 유럽으로 유학 가서 처음으로 작곡한 앙상블 작품이다.

〈장타령〉, 〈타령 2〉를 비롯한 그의 타령 시리즈 곡들은 그의 어린 시절 생생한 기억으로 남아있는 충청도 민속음악의 영향을 받았다. 농경 사회였던 한국에서는 마을 공동체의 중심인 장터에서 마당놀이가 전개

---

106 이윤택은 1972년경 서울연극학교에서 유치진의 '장터연극' 특강을 듣고 출신 지가 지방인 학생들은 고향에 내려가 연극을 공연해 보라는 권유를 받아 부산 에서 단막극 '하늘 아래 땅 위에' 공연의 "거지왕초 역을 했는데 지금 '품바'의 효시쯤 되는 역이었다"고 회고한 바 있다.(「나의 젊음, 나의 사랑 연극연출가 이윤택(5) 고향서 쫄딱 망한 장터연극」, 『경향신문』 1997.6.17)

되었고 그는 옛 장터에서 울려퍼진 〈장타령〉 등의 민속음악을 작곡의
중요한 요소로 삼았다.

(4) 김시라

1986년 김시라 모습. 국악음반박물관 소장
사진자료.

김시라(金詩羅, 본명: 金千童)는 1945년 전라남도 무안에서 태어나 한영
신학대학교, 건국대학교 행정대학원, 고려대학교 노동대학원에서 공
부하였다. 1976년 인의예술회 창립 회장, 극단 가가 창단 대표, 소극장
왕과시 대표, 가가마당 강강술래극장 대표, 국민시 생활운동 벽시 동인
회 회장, 상황문학회 창립 회장, 한민족방언시학회 회장, 한민족 방언연
극제 조직위원회 창립, 한국기독교 문인협회 이사로 활동하다가 2001
년 별세하였다.

부인은 공연제작자·연극배우 박정재(극단 가가의회·상상아트홀 대표)
이며 딸은 가수·뮤지컬배우 김추리(2008년 MBC-TV 드라마 '춘자네 경사났네'
OST 〈소녀〉로 데뷔)이다.

김시라 편저『품바타령』, 도서출판 가가, 1988.
국악음반박물관 소장 문헌자료.

김시라는 〈품바〉, 〈남바〉, 〈막달라 마리아〉, 〈청바〉, 〈피터교수〉, 〈꽃관〉 등의 희곡과 소설 〈왕과 시〉, 〈품바시대〉, 〈품바타령〉, 시집 〈오자네 왔는가〉를 발표했고 1983년『민족과 문학지』희곡 당선, 1988년 한국백상예술대상 특별상, 1997년 한국기독교문화대상을 수상하였다.[107]

1970년대 이후에는 걸인이 아니라도 문인, 군인, 학생들에 의해 세태 풍자를 내용으로 하는 〈품바타령〉이 많이 불렸다. 예를 들면 ① 김지하의 〈각설이타령〉 ② 군바리 〈각설이타령〉 ③ 연극 '품바'와 '남바'에 삽입된 김시라의 창작 〈각설이타령〉 등이 그것이다.[108]

김시라는 무안군 일로읍 천사촌 각설이들의 삶을 연극 '품바'로 각색·연출하였다. 1981년 무안군 일로읍 공회당에서 '친애하는 각설이 동지 여러분'이라는 이름의 1인극(정규수 출연)으로 초연되었고 그 후 광

---

107 네이버 인터넷 검색 사이트 인물편 – 김시라 대리인이 2014년 10월 27일 직접 참여 관리한 정보.
108 김시라, 「품바타령, 즉 각설이타령과 기타」, 『소설 품바시대(상)』, 영한문화사, 1987, 25면.

주, 서울 등 전국 순회 공연을 가졌으며 1992년 서울 대학로에 품바 전용 극장(왕과 시) 개관 공연, 미국·일본·괌·오스트레일리아 등 해외 순회 공연을 하였다. 이 연극 '품바'는 4500회 이상 공연되며 200만명 이상이 관람하였고 최장기, 최다 관객 동원으로 기네스북에 올랐다. 이 공연물을 통해 〈각설이타령〉이 대중적으로 큰 붐이 일어났다.

김시라가 작가겸 연출가로 만든 연극 '품바'에 출연한 품바는 1대 정규수, 2대 정승호, 3대 박동과, 4대 김영래·김광원, 5대 김대환, 6대 김규형, 7대 김기창, 8대 김은영(각시품바), 9대 최성웅, 10대 박해미(각시품바), 11대 이가경, 12대 최종원, 13대 박철민, 14대 선욱현, 15대 손성윤, 16대 전수환, 17대 선영욱, 18대 문정수, 19대 박호산·김뢰하·장용철·김왕근, 20대 이재은(각시품바) 등이고 고수는 김승덕, 김태형, 이시찬, 박영수 등이다.(연극 '품바' 홍보물들 참고) 정규수가 1981년에 광주에서 행한 연극 '품바' 공연 동영상 등이 유튜브에 있다.

김시라는 한 언론과의 인터뷰에서 연극 '품바' 관련하여 다음과 같이 언급한 바 있다.[109]

> 그(김시라)는 전남 목포에서 30분 거리에 있는 무안군 일로읍에서 태어났다. 12년 전까지 일로읍에는 걸인 집단수용소가 있었고, 그는 그들의 〈각설이타령〉을 보고 들으며 자라났다.
>
> 셰익스피어의 희곡과 소네트로 문학과 연극 수업을 했던 그는 그가 보았고 지금까지 알고 있는 사람들에게서 옛날의 〈각설이타령〉을 정리하고 그 타령이 오늘에 던져주는 뜻을 새겼다. 연극 '품바'를 구성하여 1인극으로 만들었다. 고향 일로읍 공회당에서 처음 해본 것이었다. 대단한 호응을 받았다.
>
> 유복해진 세상에 하필이면 걸인 행각이냐는 핀잔을 받아 고향의

---

109 염기용, 「인터뷰 - '품바' 1천회 공연한 김시라」, 『전통문화』, 월간전통문화사, 1986.5, 49면.

당국에서 쫓겨나 서울로 왔다. 서울에서도 5백회 이상의 공연에서 젊은이들의 호응을 크게 받았다. 정규수·정승호란 고향 후배들을 무대에 세우고 자신은 북채를 쥐었다. 지방 도시의 순회 공연에서 대단한 인기를 얻고, 녹음 테이프가 백만장이 팔려가게 되었다. 그토록 성공을 거둔 원인을 김씨 자신은 이렇게 말한다.

"연극이란 게 가슴이 있어야 한다고 봐요."

가슴이라고 압축된 말에는 감정과 정열과 모든 것을 애정으로 느끼고 소화시키는 총체를 이루는 것 같단다.

"1천번을 공연해도 그들의 한은 승화되지 않았어요. 인간의 한은 숭고한 것이어서 그런지, 재현은 시켰어도 그대로 응고되어 있는 것인가 봐요. 불교에서는 득도의 다음은 다시 허(虛)한 상태에 진입한다고 하는데 걸인 행각이 지닌 공성(空性)이 그런 것이라면 그게 바로 사람 사는 이치가 아닐까 생각해 봤어요."

연극 '품바'의 장기간 대힛트와 품바 관련 김시라의 큰 활동 영향으로 〈각설이타령〉 관련 영화와 만화가 제작되고 각종 품바축제들이 생겨났으며 1997년 품바타령보존회가 설립되었다. 그리고 2000년 이재현 무안군수에 의해 무안군 일로읍 의산리 967-12 일대에 연극 '품바' 발상지 표석이 세워지고 무안군 일로읍 의산리 888번지 일대에 '품바 천사촌' 설명판이 세워졌다. 2001년에는 연극 '품바' 20주년을 기념하여 무안군 일로읍의 김시라 생가터에 안내판이 세워졌으나 김시라의 생가가 부친 별세 후 타인에게 소유권이 이전되면서 생가와 안내판이 철거되었다. 그 뒤 2022년 무안군이 일로읍 소지마을 천사촌에 뿌리를 두고 있는 연극 '품바'를 기념하여 회산 백련지 내에 일로각설이품바전승관을 건립하여 개관식을 가졌다. 또 2023년부터 무안교육지원청은 무안군 초등학교들 5~6학년을 대상으로 학교로 찾아가는 '각설이 품바로 여는 전통문화예술 한마당', '각설이 품바와 함께하는 전통문화예술 토크 콘서트' 프로그램을 운영하고 있다.

1,000만 관객을 위한 반 스트레스 문화
해학과 풍류의 하이코메디
각설이
품바타령
심형래 주호성 김원주 안병경 장인한 김동수 최호창 박종설 남상백

각설이
품바타령

변에 왔던
각설이
각본 유 지 형
감독 남 기 남
新韓映画株式會社 作品
②

품바타령
①

품바처녀
각본/한 우 정
감독/남 기 남
주식회사 지 나 필 림 작품
③

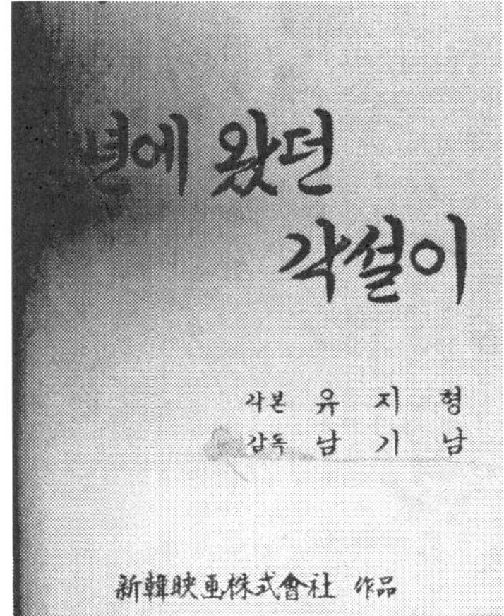

④

⑤

연극 '품바'의 장기간 대힛트와 품바 관련 김시라의 큰 활동 영향으로 〈각설이타령〉
관련 영화, 만화가 제작되었다. 국악음반박물관 소장 자료.

① 영화 '각설이 품바타령' 포스터와 시나리오 대본, 영화카드. 1984년 12월 19일 개봉
   작. 영화 제작사: 주식회사 우성사. 출연: 심형래·김현주·주호성·안병경·김동
   수 등, 감독: 남기남, 각본: 유지형. 〈각설이타령〉 수록.
② 영화 '작년에 왔던 각설이' 시나리오 대본. 1985년 4월 20일 개봉작. 영화 제작사:
   신한영화주식회사. 출연: 심형래·임하룡·서지영·박동룡·이해룡 등, 감독: 남
   기남, 각본: 유지형. 〈각설이타령〉 수록.
③ 영화 '품바 처녀' 시나리오 대본. 1987년경 제작. 영화 제작사: 주식회사 지나필름.
   감독: 남기남, 각본: 한우정. 〈각설이타령〉 수록.
④ 영화 '순돌이와 각설이탈 품바' 비디오테입(1VHS). 1990년 제작. 제작사: 영진스크
   린. 출연: 이건주·김정식·박세범 등, 감독: 이한일. 〈각설이타령〉 수록.
⑤ 고행석 글·그림 만화『각설이 브라더스』, 청룡사, 2002년 20권.

(5) 이만석

　　이만석은 경서도민요를 학습한 소리꾼이고 성음과 창법에 있어 주로
경토리를 기반으로 하여 노래를 했다. 이만석은 대중들 사이에 일명 '타
령왕'으로 유명한데 지창수, 최장봉 등과 더불어 매우 다양한 가사로 민
요를 노래한 대중가요계의 신식 명창으로 평가된다.

1991년 이만석 모습. 국악음반박물관
소장 사진자료.

　이만석은 〈각설이타령〉 음반을 가장 많이 낸 이로 꼽히는데 총 11종
의 〈각설이타령〉 음반(1985~1999년 녹음)을 선보였다. 여러 품바 가수들
이 발표한 수많은 〈각설이타령〉 음반들 중에서도 이만석의 녹음집이
가장 많이 재발매된 베스트셀러이다. 이러한 인기에 따라 다음과 같이
이만석 특별 방송이 된 바 있다.

　　　국악음반박물관 소장 비디오테입(VHS) 관리번호 MIVHS-0653
　　　1990년대 MBC-TV 세상사는 이야기(초대손님: 이만석)
　　　국악음반박물관 소장 비디오테입(VHS) 관리번호 MIVHS-0654
　　　1990년대 KBS-1TV 대추나무 사랑 걸렸네(이만석 출연 방송분)

　〈각설이타령〉을 비롯한 민요 명창이자 대중가수인 이만석은 단어 나
열식 창작 민요와 가요를 장기로 삼아 큰 인기를 얻었다. 이만석은 현대사
회에서 타령 본연의 구실이라 할 수 있는 당대의 시대상을 적극 반영한
〈각설이타령〉 등을 불러 대중적으로 힛트시킨 대표적인 인물이다.

(6) 지창수

1980년대 지창수의 〈각설이타령〉 출연 임시가설극장 공연
안내 인쇄물. 희극인 양훈 · 백금녀 · 구만평, 만담가 장소팔,
팔도 엿장수 남궁석, 줄광대 김정순, 민요 명창 지연화, 꼬마
가수 성미정 등 47명 출연. 꼬마스타 선영과 회영 〈각설이타
령〉 공연. 김정순은 김영철 · 이동안 · 조송자의 줄타기 제자.
국악음반박물관 소장.

지창수는 1955년 충청남도 논산 출신으로 가난 때문에 초등학교 시
절 가출해 농악대, 유랑극단을 전전하기도 하고 관광버스 기사를 하며
대한민국 땅을 안밟아본 곳이 없다고 한다.[110]

일명 '북 치고 장고 치는 팔도재롱이'로 불리며 20세기 후반~21세기
초반 전통창을 기반으로 한 현대 대중적인 〈각설이타령〉 명창으로
꼽힌다. 〈각설이타령〉 음반 취입, 공연, 방송 활동을 많이 하였다. 지
창수는 〈각설이타령〉을 현대에 전국적으로 신식 대중화를 한 공로가
있다.

---

110 이준형, 「각설이 출신 신인 가수 지창수」, 『조선일보』, 2000.11.20.

제6장

각설이타령의 가치와 향후 과제

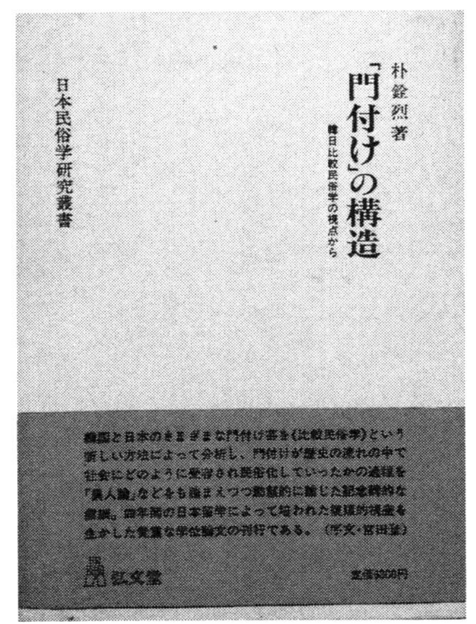

〈각설이타령〉 연구에 있어서 선구적인 개척을 한 박전열의 일본어 저서 『日本民俗学研究叢書―門付けの構造: 韓日比較民俗学の視点から』, 弘文堂, 1989. 국악음반박물관 소장 문헌자료.

〈각설이타령〉 연구에 대해서는 박전열이 논문 「각설이타령 연구」(중앙대학교 석사학위논문, 1976) 등을 통해 선구적인 개척을 하였다.

그리고 문화화된 품바현상들과 관련해서는 강석민이 논문 「품바전통의 재현적 성격과 문화사적 의의」(안동대학교 석사학위논문, 2015) 123~124면에 다음과 같은 의견을 피력한 바 있다.

현재 문화화된 품바전통의 양상은 전라남도 무안군 일로읍의 천사촌이라는 마을의 천장근이라는 인물을 소재로 지역문인이었던 김시라가 '품바'라는 이름으로 극화한 연극과 당시 마당극을 중심적으로 연행하던 극단 민예에서 얻은 경험을 바탕으로 체험적인 품바 연구를 통해 극화한 이계준의 '왕초 품바'라는 연극화의 두 사례가 있다. 그리고 충청북도 음성군 금왕읍 무극천 다리 밑에서 살던 최귀동이라는 인물을 소재로 한국예술인협회 음성지부를 중심으로 축제화한 '음성품바축제'와 일로읍의 품바가 연극화를 통해

조명되면서 일로품바보존회를 중심으로 축제화한 '일로품바페스
티벌'에서 축제화의 양상을 살필 수 있다. 마지막으로 전국 각지의
장터와 축제판을 돌며 공연하는 산재한 '품바 공연단'들에서 자본
화 되는 양상을 확인할 수 있다.

20세기 후반 〈각설이타령〉의 가치와 의미를 대중적으로 널리 알리
는 데 있어서 중요한 역할을 한 인물들을 종합 요약하면 박일심, 윤충일,
조영남, 신중현, 김시라, 이계준 등이 가장 선도적인 그 역할을 했다고
판단된다.

요즘 민폐 행위, 기이한 행동, 무모한 행위 등의 영상이 인터넷에서
젊은층에게 인기가 있는데 이는 숨막히는 자본주의 경쟁 구조와 그물
망같은 사회 통념에 대한 반기, 탈출 쾌감의 측면이 있다고 생각된다.
근래 도심의 방탈출 카페 붐도 이와 유사한 맥락에서 인기를 획득한 듯
보인다.

전통사회에서 오랜 기간 대중음악처럼 사랑을 받았음에도 창자들의
사회적 신분이 낮다는 이유로 업신여김을 당한 〈각설이타령〉이 고도
경제성장을 이룬 현대사회에서 관련 공연과 음반 등이 큰 화제가 되며
베스트셀러가 된 것은 점잖은 체면을 중시하는 다소 경직된 사회환경
에서 성공 출세의 경쟁 긴장감을 해제 이완시키고 탈속의 해방감과 고
정관념을 깨는 쾌감이 작용했다고 보여진다. 그리고 무엇보다 〈각설이
타령〉이 동서고금의 걸인 노래 중에서도 음악성이 뛰어나고 깊은 철학
이 반영되어 있고 만인이 따라부르기에 비교적 수월하며 무척 흥겹게
즐길 수 있다는 점, 오늘날 민중의 지식 수준이 전반적으로 상향되어 그
예술성을 보편타당하게 인정할 수 있는 시대가 되었기 때문일 것이다.

1980년대 후반 문화방송(MBC)에서 전국의 민요를 녹음하여 방송하
고 음반으로 제작하는 '한국민요대전' 프로젝트를 시작하려 했을 때 일

부 학자들은 이미 다 녹음돼 있는데 왜 힘들게 하냐며 비웃기도 했으나 막상 전국을 취재해 보니 녹음 기록이 안된 민요들이 상상을 초월할 정도로 대거 발굴된 바 있다. 〈각설이타령〉의 경우 오늘날에도 대개 단일한 한가지 정도의 소리로만 연상하기가 쉬운데 자료를 수집해 보면 생각보다 훨씬 다양한 〈각설이타령〉 자료들이 남아있다. 학계에선 〈각설이타령〉 음반이 수백종 존재한다는 사실을 상상 조차 못하는데 국악 하면 오늘날 일반적인 시각이 비인기 장르이기에 국가에서 세금으로 무상에 가까운 교육을 하는 음악, 공연 등도 대개 무료 음악이라는 인식이 대부분이다. 그러한 연유로 국악은 음반 등을 돈 주고 사는 사회적 습관이 안되어 있고 자연히 관련 학계의 연구도 부진할 수밖에 없었다.

본 서적 출판 이후 이 책에 수집 정리되어 있는 다채로운 〈각설이타령〉 녹음자료들에 대한 DB 감상실, 복각 집대성 음반 제작, 악보 채보집과 다양한 시각의 분석 연구집 발간, 전승이 끊어진 곡의 복원 공연, 전시회와 강연, 자료관 건립, 외국 유랑음악과의 국제 교류 작업 등이 이루어지기를 기원한다.

21세기 들어서 무안 전국각설이품바큰잔치, 용인 팔도품바페스티벌, 대전 각설이품바페스티벌, 대전 전국팔도품바명인페스티벌, 음성 품바축제 등 〈각설이타령〉 관련 축제들이 다수 생기고 중단되었다가 다시 개최되거나 없어지고 새로 생겨나기도 했다. 그런데 〈각설이타령〉 안에 함축된 정신문화보다는 겉으로 보여지는 흥미 위주의 거지옷 행렬 행사 중심으로 진행되어 〈각설이타령〉 본연의 철학과는 동떨어진 왜곡된 축제들이 대부분이었다. 〈각설이타령〉은 삶의 이치와 인류애 등이 담긴 가사와 뛰어난 예술성이 중요하고 외면적 의상보다 두레정신과 곡조, 창법에 주목해야 하겠다. 남루한 옷과 상반된 그러한 고귀한 뜻과 문화가 〈각설이타령〉의 핵심이라 할 수 있고 그 정체성을 축제 등의 행사에 부여해야 할 것이다.

　서구 학문식으로 분류해서 국문학자, 음악학자 등이 각설이패의 〈각설이타령〉만 따로 떼서 생각하여 걸인 하면 〈각설이타령〉 노래만 주로 떠올리지만 실은 이들에게도 노래뿐 아니라 춤, 악기(풀피리·바가지·깡통 수저 반주 등)까지 나름의 가무악 활동을 활발히 하였다. 많은 예산이 투입되는 품바 관련 일부 지자체 행사가 거의 매년 걸인 패션쇼 위주로 전개되고 랩 경연 등 원형에서 변질된 음악 공연에 초점이 맞춰져 안타까운데 귀중한 풍각쟁이 음악, 오랜 역사와 삶의 철학이 담긴 명곡 〈각설이타령〉을 조명하는 공연과 연구 등을 주축에 두어야 하겠다.

음성군에서 〈각설이타령〉 공연 등의 활동을 활발히 하고 있는 김정애 명창(우측)과 필자 노재명의 모습(2025년 5월 2일 서울 구로구민회관 대공연장).
2023년 음성품바축제에서의 김정애 모습. 김정애는 판소리 명창 김수연 등의 문하에서 국악을 사사했다.

　무안과 음성은 예로부터 인심이 좋아 각설이들이 오래전부터 활동하였고 품바축제는 음성이 타지역보다 중점을 두었으며 〈각설이타령〉 연구 출판, 공연, 전승 교육 등은 무안이 다른 지자체보다 심혈을 기울였다. 무안 〈각설이타령〉의 경우 김시라가 1987년(『소설 품바시대(상·하)』, 영한문화사)과 1988년(『품바타령』, 도서출판 가가)에 관련 책을 집필하였고 서오근은 2001년(『무안의 민속놀이 전래노래집』, 무안문화원)에 관련서를 집필하였으며 음성군은 2016년에 관련 서적('음성의 소리 기록화 사업－음성의 소리' 4CD 음반의 해설서)을 출판하였다. 특히 무안 출신의 김시라가 만든 연극 '품바'가 탄생하는 데 있어서 뿌리가 된 무안은 음성보다 〈각설이타령〉이 풍부하게 전승되고 있다. 이에 따라 무안은 여타 지자체와 차별성을 부각시켜 무안에 사단법인 일로품바보존회를 설립하였고 무안군 일로읍 의산리에 연극 '품바' 발상지 표석을 세우고 '품바 천사촌' 설명판을 세웠다. 또 무안군 회산 백련지 내에 일로각설이품바전승관을 건립하였으며 무안교육지원청은 초등학교로 찾아가는 〈각설이타령〉 관련 교육 프로그램을 운영하고 있다. 대부분의 축제가 끝나고 나면 관련 기록물 조차 제대로 보관되지 않아 흔적도 거의 안남는 경우가 많은데 무안의 경우는 휘발성 행사가 아닌 진지한 연구 출판, 교육 전승 보존, 주요 거점 공간 확보에 주력하고 있다는 점에서 주목된다.

　〈각설이타령〉이 오랫동안 전국에서 대중음악으로 성행한 이유 가운데 하나는 "작년에 왔던 각설이 죽지도 않고 또 왔네" 하는 〈각설이타령〉의 가사가 걸인도 저렇게 죽지 않고 살아가는데 어렵더라도 더 힘내서 살아내보자는 용기를 주는 측면이 있었고, 각설이패에는 각양각층 출신들이 모여있어 누구나 잘못되면 같은 거지 처지가 될 수 있다는 비교 공감의 측면도 있었다고 하겠다.

2025년 7월 29일 서울시 광진구 군자동 466-16 '각설이 장구 동호회' 건물 모습. 오늘날에도 각설이 음악이 이렇게 동호회가 형성될 만큼 대중적인 인기가 많다. 촬영: 노재명.

　과거 부모들이 아이들에게 〈각설이타령〉을 못부르게 한 사회 분위기 속에서도 어린이들이 그 노래가 좋아 몰래 쌀을 퍼주고 배울 만큼[111] 명곡으로 인기가 많았다. 귀동냥으로만 익히기엔 부족하고 전문성이 요구되는 소리이기도 하다는 것이다. 각설이패의 창자는 아무 도움되는 점 없이 일 안하고 동냥하는 것이 아니라 듣기 좋은 거리공연을 하여 생계를 유지한 직업인, 사회적 신분이 낮은 유랑음악인이라고 볼 수 있다. 일반 대중이 노래나 악기 연주를 잘하는 이를 부러워할 때가 있듯이 〈각설이타령〉을 잘하여 민중의 인기와 관심을 받았던 노래에 재능있는 각설이는 걸인들 세계에서 부러움의 대상이었을 것이다.

---

[111]　1993년 7월 22일 경상북도 구미시 선산읍 소재리에서 윤영기 회고담, 2017년 6월 10일 충청북도 진천군 평사마을 선촌서당에서 윤충일 회고담.

신들린 각설이(노래: 이백만) 음반. 각설이 음악이 인기를 얻자 이렇게 '신들린 각설이'라는 별호로 활동한 가수도 등장함.
태광음반(주) CM-1019(1MC), 1986년 3월 20일 제작. 기획: 맘모스. 앞표지에 이백만 사진 수록. 기악반주자 성명 미상. 민요 〈강원도아리랑〉, 〈진도아리랑〉, 〈뱃노래〉, 〈한오백년〉, 〈신고산타령〉, 〈군밤타령〉, 〈밀양아리랑〉 등 수록. 국악음반박물관 소장 카세트테입(MC) 관리번호 MIMC-0592~0593.

1987년 6월 8일 개업한 충청남도 부여읍 구아리 룸싸롱의 '부여에 최초로 여자 각설이 오다' 홍보 전단. 각설이 공연의 인기가 많아 이렇게 룸싸롱에서 특별히 여성 각설이 초청 공연을 함. 국악음반박물관 소장 자료.

2000년 7월 11~13일 광주광역시 북구 오치동 찜질방의 부부품바 공연 초대권. 품바 공연이 인기를 끌어 이렇게 찜질방에서 초청 공연이 행해지기도 함. 국악음반박물관 소장 자료.

2004년 4월 7일 강원도 강릉관광호텔 3층 연회장의 팔도각설이 공연 초대권. 각설이 공연이 인기를 얻어 이렇게 호텔에서도 초청 공연을 함. 국악음반박물관 소장 자료.

필자가 어려서 살던 서울 구로동 집에 어느 걸인이 대문을 두드려서 모친이 걸인의 바가지에 밥과 반찬을 담아주니 허겁지겁 맨손으로 먹는 장면을 본 적이 있다. 장모님은 정릉에 살던 집에 교도소를 나온 어떤 걸인이 집이 좋아 보여서 찾아왔다며 밥 좀 달라고 하여 밥상을 차려준 바 있다고 하였다.

지금은 혼인시 함을 사고 파는 골목의 풍경도 거의 사라졌고, 거리에 상여가 지나가는 장면도 거의 볼 수 없고, 〈각설이타령〉도 일상적인 마을에선 자취를 감췄다. 마을 고유의 풍물굿 가락, "찹쌀떡 메밀묵" 하는 유랑 장수 소리, "뚫어" 하는 굴뚝 청소부 소리, "칼 갈아요" 하는 칼갈이 아저씨 소리, 엿장수의 요란한 가위질 소리, 두부장수의 종소리도 이제 듣기가 어렵게 되었다. 신생아 급감으로 인해 골목길을 떠들썩하게 했던 아이들의 전래동요와 웃음소리, 아기 울음소리도 점차 듣기 어려워지고 있다. 전국 주요 마을이 점차 고층화 되는 흐름 속에서 그러한 소리들이 만일 지금 울려퍼진다면 아마 대부분 인내할 수 없는 민원 대상이 될 수 있을 것이다. 사람 냄새가 없어지고 점점 삭막해지는 느낌이다.

마을 축제와 가정 잔치에서 각설이패에게 따뜻한 밥상을 차려 준 마음, 모르는 나그네에게도 채하지 않게 바가지에 나뭇잎 띄워 내주는 마음, 감을 다 따지 않고 까치밥으로 남겨둔 마음, AI시대에도 여전히 정(情), 관대(寬大), 포용(包容), 겸양(謙讓), 측은지심(惻隱之心)은 소중하다고 여겨진다. 그리고 21세기에도 〈각설이타령〉은 철학과 예술성 면에서 계속해서 귀중한 가치가 있고 향후 인류 문명이 발달할수록 더욱 그립고 중대한 문화로 부각될 수 있다고 본다.

2018년 6월 9일 충청북도 진천군 평사 마을 선촌서당 '제2회 대한민국 중고제 소리 경연대회'에서 김봉곤(우측) 훈장의 딸이자 현재 가수로 활동 중인 김다현(좌측)의 민요 창 〈각설이타령〉(윤충일제) 즉흥 공연 장면. 촬영: 노재명.

〈각설이타령〉은 공수래공수거(空手來空手去)의 세상 이치, 인생사 새
옹지마(塞翁之馬), 인생무상(人生無常) 일장춘몽(一場春夢), 나누고 베풀며
비우는 무소유 철학, 세상은 여관과 같고 인생은 나그네와 같다는 역려
과객(逆旅過客), 양지가 음지 되고 음지가 양지 되는 세상만사가 압축돼
있다. 누구나 입장이 바뀔 수 있다는 생각의 전환과 배려, 인정과 겸손,
유민도(流民圖)가 지녔던 기능처럼 낮은 자의 외침도 겸허히 귀기울일
줄 알았던 아량과 지혜, 오랜 세월 수많은 예인에 의해 다듬어지고 축적
된 명곡의 풍모를 지니고 있다. 그래서 여전히 오늘날에도, 미래에도 한
국의 음악을 가꾸고 창조하는 데 소중한 원천이 될 수 있다고 생각된다.

제7장

각설이타령 음반 사전

〈각설이타령〉은 신분이 높지 않은 떠돌이패의 곡이라 하찮게 여기기 쉬워서 자료가 별로 없을 것으로 짐작할 수 있으나 자료가 생각보다 풍부하다. 허나 이는 각설이들이 구사했던 변화무쌍하고 다양한 레퍼토리의 편린으로 판단된다.

이 사전은 1932~2025년에 나온 〈각설이타령〉 관련 음반을 지역별, 인명별, 매체별, 연대별로 정리한 것으로서 253종의 음반 목록이 수록돼 있다. 모두 각설이패의 녹음은 아니고 일반 노인들이 어려서 들은 기억으로 부른 경우나 명창과 대중가수가 녹음한 음반들이다.

SP음반을 비롯한 고가의 사치품에 담긴 낮은 신분의 무명 작곡가가 지은 노래, 비참함 속에서도 신명어린 목청으로 만인의 심금을 울린 가난한 자의 소리라는 점에서 반전과 역설의 신선한 묘미가 있다. 부자, 특권층이 당연히 누렸을 만한 궁중음악, 정가, 어전 국창의 음반에서는 그러한 상반된 이질감의 감흥을 느끼기 어렵기에 〈각설이타령〉 음반은 더욱 특별하다.

전통사회부터 현대에 이르기까지 〈각설이타령〉에 끊임없이 시대상을 반영하여 변형 재창조하였는데, 강필성이 1973년에 녹음한 〈해방가 각설이타령〉 음반이 그 대표적인 사례이다.

1973년 〈해방가 각설이타령〉 음반(지구 레코드공사 JLS-120764, 1LP)을 취입한 강필성 명창 모습, 국악음반박물관 소장 사진자료.

● 일러두기

○ 본 사전은 국악음반박물관 노재명이 수집한 〈각설이타령〉 음반
자료를 목록으로 정리한 것이다.

○ 옛 신문, 광고 책자, 가사지 등 문헌에는 녹음된 것으로 적혀 있으
나 실물을 입수하지 못한 경우에는 본 목록에서 제외했고 국악음
반박물관에 실제 음반이 존재하는 것만 정리해 놓았다.

○ 본 목록에 정리된 것은 지금까지 녹음된 〈각설이타령〉 관련 총 음
반량의 95% 가량 되는 것으로 판단된다. 이는 제품으로 발매된 것
을 중심으로 하여 추산한 것이다.

○ 명인들의 음반 상품, 비공개 육성 증언, 공연 실황, 방송자료 등 〈각
설이타령〉과 관련이 있는 음반 기록매체 모두를 이 목록 정리의
대상으로 하였다.

○ 현재 고음반은 희귀한 것이 상당수 있으므로 이를 많은 사람들이
직접 접하기가 어렵다. 그래서 실물을 보지 않더라도 이 목록으로
그 내용을 파악할 수 있도록 음반레이블, 음반표면, 표지, 가사지,
해설지에 적힌 중요한 사항을 모두 옮겨 놓았다. 오자가 있더라도
자료의 가치를 고려해서 원문 그대로 옮기는 것을 원칙으로 했다.
다만 띄어쓰기나 마침표, 괄호는 전체적인 통일성을 고려해 일부
수정했다.

○ 대개의 옛 국내 음반은 조잡하게 만들어진 관계로 연주자명, 곡명,
기획자, 표지 디자이너, 녹음 시기, 발매 시기 등이 기록돼 있지 않
거나 불분명하게 명시되어 있다. 이와 같이 중요 사항인데 적혀있
지 않은 경우에는 필자가 확인 조사한 것을 근거로 해서 보충 설명
해 놓았다.

○ 본 목록집은 지역별, 가창자 인명별, 매체별, 연대별로 분류되어
있다.

○ 반주자는 본 음반 목록의 내용 중복을 피하기 위해 여기에는 따로 분류 항목을 두지 않았고 차후에 다른 색인집을 통해 정리, 발표하도록 하겠다.

○ 본 목록은 대체로 다음과 같은 순서로 정리되어 있으며 내용에 따라서 일부는 달리 기록하였다.

[기준] 해당 〈각설이타령〉의 전승 지역명

가창자 이름

기록매체 구분

녹음 내용(수록 시간) 녹음 시기

국악음반박물관 노재명 소장 국악 음반자료 관리번호

음반명, 음반사, 음반번호 등 음반 표지·레이블·가사지·해설지 원문

* 녹음 내용에 대해 보충 설명이 필요한 경우나 음반의 원문 기록이 오류가 있는 경우에는 올바로 잡아서 별도 명시

○ MISP-××××, MI12LP-××××, MICD-××××, MIREEL-××××, MIMC-××××, MIDAT-××××, MIVHS-××××, MI6V-××××, MIMICRO-××××, MICDROM(VIDEOCD)-××××, MIDVD-××××, MIUSB-××××, MIMSF-××××, MISPV-××××, MIMP3-××××는 현재 국악음반박물관 노재명이 소장하고 있는 국악 관련 녹음과 동영상자료의 관리번호로서 각각 유성기음반(SP), 12인치 장시간음반(LP), 컴팩트디스크(CD), 릴테입(Reel Tape), 카세트테입(MC), 디지털오디오테입(DAT), 비디오테입(VHS / 6mm Video), 마이크로카세트테입(Micro Cassette Tape), 비디오시디(VCD), 디브이디(DVD), 유에스비(USB), 녹음파일(MSF), 비디오파일(VF), 엠피스리(MP3) 기록물을 나타내는 것이다.

○ 국악 유성기음반(SP)은 거의 모두 한면에 3분 가량 녹음이 수록되

어 있으며 12인치 장시간음반(LP)은 한면에 15~30분 정도 녹음이 담겨있다. 컴팩트디스크(CD)는 최대 약 74분이 담길 수 있는데 수록 분량은 음반에 따라 천차만별이다. 디브이디(DVD), 유에스비(USB), 녹음파일(MSF), 비디오파일(VF) 또한 컴팩트디스크(CD)와 마찬가지로 수록 분량이 각 음반에 따라 차이가 많다.

릴테입은 대체로 녹음 재생속도가 $7\frac{1}{2}$ IPS이고 간혹 $3\frac{3}{4}$ IPS로 녹음된 것이 있으며 대부분 30~60분 가량씩 수록되어 있다. 디지털오디오테입(DAT), 비디오테입(VHS)은 주로 120분 테입이며 카세트테입(MC/비상품), 6mm 비디오 촬영테입(DVC)은 대부분 60분 테입이다. 디지털오디오테입은 대부분 표준 재생속도(SP)로 녹음되었고 간혹 재생속도를 달리해 녹음된 것이 있다.(LP) 그리고 6mm 비디오 촬영테입은 모두 표준 재생속도(SP)로 촬영되었다.

○ 본 목록은 2025년 8월 5일 완성되었다.

1. 강원도

고노석

[CD]

■ 창 〈장타령〉 −1995년 1월 23일 녹음

● 국악음반박물관 소장 관리번호 MICD-0813
한국민요대전 강원도(8) 정선군(2)/철원군
문화방송 기획 · 발행/지구레코드 제조 MBCK-08(1CD), 1996년 11월
비매품 한정판 제작. 현지답사 · 녹음진행: 최상일 · 김진순, 디지털 마
스터링: 김도연.
철원군 서면 자등리 19.고노석 장타령(2: 13)(1995년 1월 23일 녹음)

김백옥

[CD]

■ 창 〈각설이타령〉 −1998년 8월 23일 녹음
● MICD-5234~5236, MIBOOK-1037

삼척의 소리 기행

  삼척시립박물관 발행, 코리아루트 제작 OASIS-CD1~CD3(3CD 박스물
+1책), 2000년 제작 발행. 발행인: 김일동(삼척시장), 기획 책임: 최종열(삼
척시립박물관장) · 김태수(삼척시립박물관 학예연구실장), 현지조사 녹음 · 선
곡 · 글 · 사진: 김진순(코리아루트 대표). 본 음반 박스물과 김진순 채록
『삼척의 소리 기행』(삼척시립박물관, 2000년, 총 302면) 서적 포함 발매 당시
총 판매가 2만원. 음반 제작처, 제작자 이름 만큼 각 곡을 실제 부른 사람
이름과 녹음 날짜 · 장소도 중요하다. 이런 기본 사항이 음반에는 명시
가 안되어 있는데 이 노래 저작권자들에 관한 부분까지 일목요연하게
아래 함께 정리해 보았다. 별책 서적뿐 아니라 음반 자체에도 다음과 같
은 기본 정보는 기록을 해주어야 음반 사용자가 불편하지 않고 각 노래
저작권자에 대한 예우가 될 것이다.

  [CD 2] 총 64: 45
  22. 각설이타령(5)(3: 08)(1998년 8월 23일 상월산리, 김백옥)

김주호 · 최명선

[SP]

■ 창 〈강원도 장타령〉 − 1937년 녹음

● MISP-1405

Regal C415(1 22544) 俗謠 江原道場打鈴 金周鎬 · 崔明仙 短簫李炳祐 · 長鼓韓成俊

남복동

[CD]

■ 창 〈각설이타령〉 －1998년 5월 7일 녹음

● MICD-5234~5236, MIBOOK-1037

삼척의 소리 기행

삼척시립박물관 발행, 코리아루트 제작 OASIS-CD1~CD3(3CD 박스물 +1책), 2000년 제작 발행. 발행인: 김일동(삼척시장), 기획 책임: 최종열(삼척시립박물관장) · 김태수(삼척시립박물관 학예연구실장), 현지조사 녹음 · 선곡 · 글 · 사진: 김진순(코리아루트 대표). 본 음반 박스물과 김진순 채록 『삼척의 소리 기행』(삼척시립박물관, 2000년, 총 302면) 서적 포함 발매 당시 총 판매가 2만원.

　[CD 2] 총 64: 45

　18. 각설이타령(1)(2: 46)(1998년 5월 7일 노경1리 가부랑골, 남복동)

민경희

[CD]

■ 창 〈각설이타령〉 －1998년 5월 15일 녹음

● MICD-5234~5236, MIBOOK-1037

삼척의 소리 기행

삼척시립박물관 발행, 코리아루트 제작 OASIS-CD1~CD3(3CD 박스물 +1책), 2000년 제작 발행. 발행인: 김일동(삼척시장), 기획 책임: 최종열(삼척시립박물관장) · 김태수(삼척시립박물관 학예연구실장), 현지조사 녹음 · 선곡 · 글 · 사진: 김진순(코리아루트 대표). 본 음반 박스물과 김진순 채록 『삼척의 소리 기행』(삼척시립박물관, 2000년, 총 302면) 서적 포함 발매 당시 총 판매가 2만원.

[CD 2] 총 64: 45
20. 각설이타령(3)(1: 56)(1998년 5월 15일 이천1리 상서기, 민경희)

박경선

[CD]

■ 창 〈각설이타령〉 -2001년 7월 9일 녹음

● MICD-3382~3393

강원의 민요

강원도청 제작, 제품번호 없음(12CD 박스물), 2004년 7월 12일 500세트 비매품 제작. 책임연구원: 전신재, 연구원: 김진순, 연구보조원: 김형근, 연구기관: 한림대학교 인문학연구소, 총괄 기획: 조승호, 음반 제작: (주)디지털코리아루트, 현장 녹음: '강원의 민요' 연구원 · 코리아루트, 음향 편집: 김이연, 제작 진행: 김이연 · 박기현, 마스터링: 황병준, 디자

인: 김은실, 인쇄 · 제조: 선진프린팅 · 에이테크, 발행인: 강원도지사.
취입자, 녹음 일자와 장소, 수록곡 가사 등이 실려있는 총 352면짜리
국 · 영문 해설지 별첨 내장.

　[CD 05] 고사소리와 놀이노래

　횡성군 강림면 강림2리 11. 횡성 각설이타령(2: 25)(2001년 7월 9일 박경선)

박병규

[CD]

■ 창 〈각설이타령〉 — 녹음 시기 미상

● MICD-3535, MICD-7083

정선 민요론

　정선문화원 기획 · 발행, Heritage Gramophone 제조 CDAJ1PBOD
ADO40(1CD), 2005년 비매품 한정판 제작. 이소라 편저『정선 민요론』
(정선문화원, 2005) 부록 CD. 총 63분 46초 수록. 녹음 · 채보 · 편집: 이소
라, 사운드 디렉터: 변태식, 보조엔지니어: 김정태, 제작: 이무성. 녹음
정보 등이 실려있는 총 4면짜리 국 · 영문 인쇄물 내장.

　16. 각설이타령(2: 43)(북면 · 임계면 구미정 박병규)

[CD]

■ 창 〈각설이타령〉 − 2002년 3월 17일 녹음

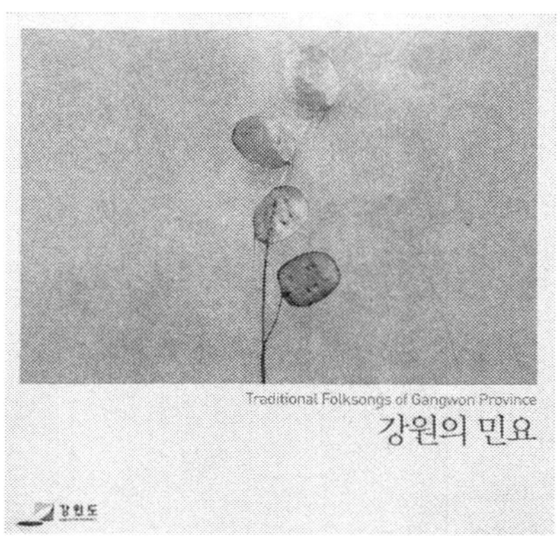

● MICD-3382~3393

강원의 민요

강원도청 제작, 제품번호 없음(12CD 박스물), 2004년 7월 12일 500세트 비매품 제작. 책임연구원: 전신재, 연구원: 김진순, 연구보조원: 김형근, 연구기관: 한림대학교 인문학연구소, 총괄 기획: 조승호, 음반 제작: (주)디지털코리아루트, 현장 녹음: '강원의 민요' 연구원 · 코리아루트, 음향 편집: 김이연, 제작 진행: 김이연 · 박기현, 마스터링: 황병준, 디자인: 김은실, 인쇄 · 제조: 선진프린팅 · 에이테크, 발행인: 강원도지사. 취입자, 녹음 일자와 장소, 수록곡 가사 등이 실려있는 총 352면짜리 국 · 영문 해설지 별첨 내장.

[CD 05] 고사소리와 놀이노래

태백시 문곡소도동 굴어구 10. 태백 각설이타령(2: 22)(2002년 3월 17일 박옥남)

신봉남

[CD]

■ 창 〈각설이타령〉 -1998년 8월 18일 녹음

● MICD-5234~5236, MIBOOK-1037

삼척의 소리 기행

삼척시립박물관 발행, 코리아루트 제작 OASIS-CD1~CD3(3CD 박스물 +1책), 2000년 제작 발행. 발행인: 김일동(삼척시장), 기획 책임: 최종열(삼척시립박물관장)ㆍ김태수(삼척시립박물관 학예연구실장), 현지조사 녹음ㆍ선곡ㆍ글ㆍ사진: 김진순(코리아루트 대표). 본 음반 박스물과 김진순 채록 『삼척의 소리 기행』(삼척시립박물관, 2000년, 총 302면) 서적 포함 발매 당시 총 판매가 2만원.

[CD 2] 총 64: 45

21. 각설이타령(4)(0: 52)(1998년 8월 18일 개산리 거릿개산, 신봉남)

유영옥

[CD]

■ 창 〈각설이타령〉 -1998년 5월 12일 녹음

● MICD-5234~5236, MIBOOK-1037

삼척의 소리 기행

삼척시립박물관 발행, 코리아루트 제작 OASIS-CD1~CD3(3CD 박스물 +1책), 2000년 제작 발행. 발행인: 김일동(삼척시장), 기획 책임: 최종열(삼척시립박물관장)ㆍ김태수(삼척시립박물관 학예연구실장), 현지조사 녹음ㆍ선곡ㆍ글ㆍ사진: 김진순(코리아루트 대표). 본 음반 박스물과 김진순 채록 『삼척의 소리 기행』(삼척시립박물관, 2000년, 총 302면) 서적 포함 발매 당시 총 판매가 2만원.

[CD 2] 총 64: 45

19. 각설이타령(2)(1: 50)(1998년 5월 12일 월천1리, 유영옥)

이부길

[CD]

■ 창 〈각설이타령〉 -1994년 12월 18일 녹음

● MICD-0808

한국민요대전 강원도(3) 삼척군(2)/속초시/양구군(1)

문화방송 기획 · 발행/지구레코드 제조 MBCK-03(1CD), 1996년 11월 비매품 한정판 제작. 현지답사 · 녹음진행: 최상일 · 김진순, 디지털 마스터링: 김도연.

양구군 방산면 금악리 간평마을 21. 이부길 각설이타령(1: 43)(1994년 12월 18일 녹음)

이분녀

[CD]

■ 창 〈장타령〉 -1998년 5월 7일 녹음

● MICD-5234~5236, MIBOOK-1037

삼척의 소리 기행

삼척시립박물관 발행, 코리아루트 제작 OASIS-CD1~CD3(3CD 박스물 +1책), 2000년 제작 발행. 발행인: 김일동(삼척시장), 기획 책임: 최종열(삼척시립박물관장) · 김태수(삼척시립박물관 학예연구실장), 현지조사 녹음 · 선곡 · 글 · 사진: 김진순(코리아루트 대표). 본 음반 박스물과 김진순 채록 『삼척의 소리 기행』(삼척시립박물관, 2000년, 총 302면) 서적 포함 발매 당시 총 판매가 2만원.

[CD 2] 총 64: 45

23. 장타령(1: 00)(1998년 5월 7일 노경1리 가부랑골, 이분녀)

이용근

[CD]

■ 창 〈장타령〉 -1994년 2월 15일 녹음

● MICD-0811

한국민요대전 강원도(6) 영월군/원주군

문화방송 기획 · 발행/지구레코드 제조 MBCK-06(1CD), 1996년 11월 비매품 한정판 제작. 현지답사 · 녹음진행: 최상일 · 김진순, 디지털 마스터링: 김도연.

원주군 흥업면 매지리 분지동 31. 이용근 장타령(2: 49)(1994년 2월 15일 녹음)

이유라

[CD]

■ 창 〈장타령〉 -2002년 4월 2일 녹음

● MICD-2229

이유라 강원소리 제1집 잃어버린 소리를 찾아서

소리: 이유라 · 함선영 · 이혜원 · 위송이 · 장은숙 · 박효정 · 지혜린, 반주: 안산시립국악관현악단.

국악중심/ene media KCCD-0002(1CD), 2002년 4월 2일 KBS 폴리사운드 녹음, 2002년 제작. 총 수록시간: 59분 14초. 곡목 해설, 이유라 사진 · 약력 등이 실려있는 총 12면짜리 해설지(글: 권오성 · 박민일) 포함. 기획: 한얼엔터테인먼트, 편곡 및 지휘: 이상균, 녹음 · 믹싱 · 마스터링: 이원균, 디자인: 백두미디어, 사진 촬영: 정용선, 의상: 정훈디자인.

9. 강원도 장타령(2: 59)

■ 창 〈장타령〉 －2003년 녹음

● MICD-3303

잃어버린 소리를 찾아서－이유라 강원소리 제2집

편곡 · 음악감독: 김광복, 피리 · 태평소 · 소금;김광복, 피리: 박경현 · 임일우, 대금: 원완철, 아쟁: 김영길, 해금: 이동훈, 가야금: 문양숙, 장고: 조용수, 북: 성지은, 꽹과리 · 장고: 유인상, 소리: 이유라, 후렴: 유라예술단원(함영선 · 위송이 · 장은숙 · 박효정 · 지혜린).

국악중심/Coree music/드림비트 DBKUD-0261(1CD), 2003년 제작. 앞표지에 이유라 사진 수록. 총 60분 31초 수록. 기획: 최윤필, 악보 정리: 이상동, 포토그라퍼: 최원석, 녹음 · 믹싱 · 마스터 엔지니어: 이훈, 디자인: ACC.

1. 강원도 장타령(2)(5: 04) 2. 강원도 장타령(1)(2: 58)

이은관

[SP]

■ 창 〈장타령〉 －1950년대 녹음(이은관: 강원도 이천 출생)

● MISP-1000

King Star K5953 장타령 唱李殷官 演奏킹스타 - 國樂團

탁숙녀 일행

[CD]

■ 창 〈각설이타령〉 - 1995년 2월 8일 녹음

● MICD-0810

한국민요대전 강원도(5) 양양군(2)

문화방송 기획 · 발행/지구레코드 제조 MBCK-05(1CD), 1996년 11월 비매품 한정판 제작. 현지답사 · 녹음진행: 최상일 · 김진순, 디지털 마스터링: 김도연.

양양군 서면 오색리 가라피마을 7. 탁숙녀 각설이타령(5: 37)(1995년 2월 8일 녹음)

■ 창 〈각설이타령〉 - 1995년 2월 8일 녹음

● MICD-2098

최상일 지음『우리의 소리를 찾아서(2) 의례요 · 유흥요 · 서사민요 · 기타 민요』(돌베개, 2002년) 부록 DIM-598(1CD). 발매 당시 판매 가격: 18,000원. 음원은 이전에 문화방송에서 비매품 한정판으로 제작한 '한국민요대전' 음반에서 대부분 발췌한 것.

12. 각설이타령(4: 09)(1995년 2월 8일/강원 양양군 서면 오색리/탁숙녀 외)

2. 경기도

선순균

[CD]

● MICD-4448

고양 민요론

고양문화원 기획 · 제작, Heritage Gramophone 제조 emu-0625 (1CD), 2007년 제작. 총 70분 28초 수록. 녹음 · 채보 · 편집: 이소라. 마스터링: 김정태 · 변태식(이상뮤직스튜디오), 제작: 이무성. 총 4면짜리 인쇄물 내장. 발매 당시 판매 정가: 1만원. 이는 이소라 조사 · 집필『고양민요론』(고양문화원, 2007년) 서적의 부록 음반.

18. 각설이타령(2007년 2월 6일 덕양구 강매동, 선순균)(1: 51)

유명환

[CD]

■ 창 〈각설이타령〉 −2011년 6월 27일 녹음

● MICD-5586~5591

경기도 토속소리 청 − 시흥/성남/과천/화성

한국문화원연합회 경기도지회 HJ3CD-001-1~3(3CD 박스물), 2011년 11월 제작. 후원: 경기도/경기도의회. 경기도 민요 녹음 수록. 오용원 글, 곡목 해설, 수록곡 가사 등이 실려있는 총 50면짜리 국 · 영문 해설지 내장. 공동 기획: 한국문화원연합회 경기도지회 · 이형환, 책임연구원: 이형환, 공동연구원: 장희선 · 함현상, 보조연구원: 박은혜 · 강태경 · 박소현. 영문 해설: 도승연, 디렉터: 에스피뮤직, 디자인: 정아트엔터테인먼트(주).

[CD 3] 과천(2011년 6월 27일 녹음) 6. 각설이타령(2: 23)(소리: 유명환)

3. 경상남도

김덕명

[CD]

■ 창 〈장타령〉 −2002년 9월 녹음

● MICD-2437(한국방송 KBS-FM 소장 마스터테입의 복사본 CDR, 2002년 11월 21일 복사)

김덕명 경상도 소리

이는 '21세기를 위한 KBS FM의 한국의 전통음악 시리즈(57) 가슴으로 부르는 노래' 음반(KBS미디어 기획 제작, Aulos music 제조 발매 C1-04-001- 489, 1CD) 제작을 위해 기록된 녹음들로서 상품 음반에 미처 수록되지 못한 녹음도 여기 모두 포함되어 있다. 2002년 9월 25~26일 KBS POLY-OUND 녹음실 녹음. Producer: 홍순덕 · 김은정 · 홍승철.

소리: 김덕명, 대금: 이생강, 장고: 김청만 3.장타령(5: 42)

김상섭

[CD]

■ 창 〈장타령〉 — 녹음 시기 미상

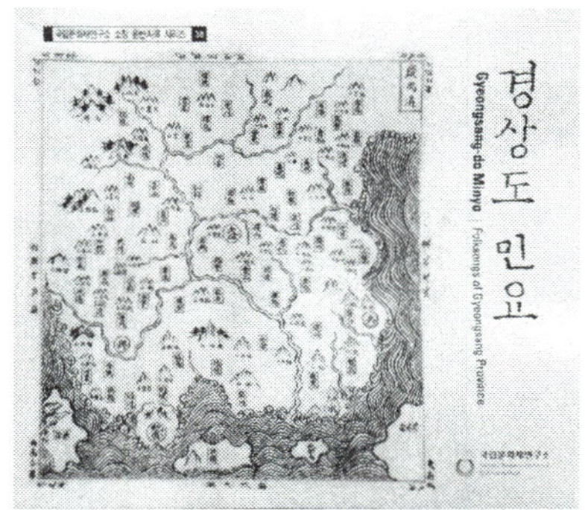

● MICD-3837~3844

국립문화재연구소 소장 음반자료 시리즈(38) 경상도 민요

국립문화재연구소 KICP-083~090(8CD 박스물), 2005년 10월 비매품 한정판 제작. 음반 해설 집필: 권오경 · 김기현 · 김혜정 · 성기련, 영문 번역: 해의만.

[CD 3] 12.장타령(경남 통영)(2: 25)

김준호

[VHS]

■ 창 〈장타령〉 − 1998년 2월 촬영

● MIVHS-0357(방송 수신 녹화: 노재명)

1998년 2월 16일 20: 50~21: 40 KBS-2TV. 김준호 · 손심심의 신바람 인생

초대 손님: 김미화 · 박상원.

김준호 동래 〈장타령〉

김한준

[MC]

■ 창 〈각설이타령〉 − 1992년 11월 11일 녹음

● MIMC-0290

한국민요대전 경상남도(8) 함안군/함양군/합천군

문화방송 기획 · 발행/지구레코드 제조 MBCD-050(1CD), 1994년 12월 비매품 한정판 제작. 현지답사 · 녹음진행: 박우성 · 엄경흠 · 오세길 외.

합천군 쌍책면 성산리 외촌 14. 각설이타령(5: 26)(1992년 11월 11일 김한준)

박수관

[CD]

■ 창 〈장타령〉 − 2004년 녹음

● MICD-3512

백두대간소리 박수관 동부민요

박수관/(주)스타원엔터테인먼트 SOCD-0033(1CD), 2004년 제작. 총 69분 34초 수록. 노래: 박수관, 편곡: 김중호, 대금: 유기준, 가야금: 이슬기, 피리: 진성수, 거문고: 이재석, 아쟁: 이혜진, 북: 최진석, 키보드: 방진호, 후렴: 선미숙 김용란 강순영 김옥란. 앞·뒷표지에 박수관 사진 수록.

7. 장타령(4: 46)

[DVD]

■ 창 〈장타령〉 —2004년 녹음

● MIDVD-0452~0456(2013년 7월 13일 사단법인 동부민요보존회→국악음반 박물관 증정)

영화 '한국의 소리, 메나리'

사단법인 동부민요보존회 BADVD120317(1DVD), 2012년 비매품 한정판 제작. 표지 인쇄물 본래 없이 제작됨. 2011년 베를린국제델픽예술영화제 대상 수상작.

트랙 1) 영화 '한국의 소리, 메나리' 영어 버전

트랙 2) 영화 '한국의 소리, 메나리' 한글 버전

트랙 3) 부록—동부민요 명창 박수관(경상남도 김해 출생)

트랙 4) 부록－박수관 동부민요(2004년 녹음, 창: 박수관, 편곡: 김중호, 대금: 유기준, 가야금: 이슬기, 피리: 진성수, 거문고: 이재석, 아쟁: 이혜진, 북: 최진석, 키보드: 방진호, 후렴: 선미숙 · 김용란 · 강순영 · 김옥란)

10. 장타령

방학래 · 최귀남 · 최철호 일행

[DVD]

■ 가산 오광대 중 〈장타령〉(방학래 · 최귀남 · 최철호 등의 창)－촬영 시기 미상

● MIDVD-0389(2012년 5월 7일 가산 오광대 인간문화재 한우성 명인→국악음반박물관 증정)

중요무형문화재 제73호 가산 오광대(인간문화재 한우성 · 한우은 일행)

국립문화재연구소 MP5-0401-043(1DVD), 2003년 12월 비매품 한정판 제작. 상영 시간: 46분, 촬영 장소: 경상남도 사천시 축동면 가산리 일원. DVD를 화면상에서 보기 이전에 음반 인쇄물만 봐서는 수록 내용을 자세히 알 수가 없다. DVD를 가동시켜 보지 않아도 수록 내용을 알아보기 쉽게 DVD 인쇄물에 수록되어 있는 내용을 상세히 기록해 주었어야 하는데 제작 미숙과 무성의로 인해 그렇게 엉성하게 만들어졌다고 하겠다. 이는 이훈상 글, 주병수 사진 『가산 오광대』 서적(국립문화재연구소,

2004년, 165면, 비매품 한정판)과 함께 1세트로 제작되었다.

[CD]

■ 창 〈장타령〉 －1995년 8월 5일 녹음

● MICD-5101

민속음악 교양총서(3) 부록 음반 － 지리산자락의 민요(2)

국립민속국악원 제작, 로엔엔터테인먼트 제조 L100003944(1CD), 2009년 12월 비매품 한정판 제작. 총 73분 54초 수록. 기획: 이영우·정상열, 진행·편집: 한정원, 가사 채록: 김정희. 수록곡 가사 등이 실려있는 총 28면짜리 국문 해설지 내장.『민속음악 교양총서(3) 지리산자락의 민요(2)』(국립민속국악원, 2009년 12월) 서적과 동시 제작 배포됨. 인쇄물에 일부 오자가 보인다. 국악 음반 상당수가 이 음반처럼 국가 기관이 주도하여 제작한 비매품이고 이런 비매품은 발행 직후에도 구하기가 너무나 어렵다. 국가 기관이 제작한 이런 비매품 초특급 희귀반의 제작비 사용 사유는 대부분 아이러니하게도 국악을 보존하고 널리 알리겠다는 것이다. 구입을 하고 싶다고 해도 안판다고 하는 것보다는 일단 판매용으로 만들고 나서 국악을 널리 알리기 위해 학교 등에 보급하는 것은 그 일부를 무료로 나누어 줄 수가 있겠다. 국악을 사랑하는 사람들에 대한 일말의 배려가 없이 비매품으로 만드는 것은 본질에서 어긋나는 일이라 하겠다.

18. 장타령(2: 11)(경남 하동군 청암면 평촌, 이성순·여·77세, 1995년 8월 5일 녹음)

[CD]

■ 창 〈장타령〉 ─1998년 4월 2일 녹음

● MICD-3740~3744

영남 구전민요

신나라 NSC-149(5CD 박스물), 2005년 제작. 조사: 국민대학교 국어국
문학과 현지답사팀, 발매 당시 판매 정가: 62000원.

　[CD 4] 합천군 1. 장타령(3: 50)(1998년 4월 2일 경상남도 합천군 율곡면 낙민리
이순임)

조상용

[MC]

■ 창 〈장타령〉 ─1988년경 녹음

● MIMC-0586

장타령 특선집(노래: 조상용)

태광음반(주) SUL-8549(1MC), 1989년 1월 20일 제작. 녹음 시기 미상.
기획: 설용수. 총 수록시간: 50분. 앞표지에 조상용(경상남도 진주 출생) 사
진 수록.
앞면) 1.장타령

최덕출

[MC]

■ 창 〈각설이타령〉 −1992년 2월 26일 녹음

● MIMC-0287

한국민요대전 경상남도(5) 산청군/양산군/울산/의령군

문화방송 기획 · 발행/지구레코드 제조 MBCD-047(1CD), 1994년 12
월 비매품 한정판 제작. 현지답사 · 녹음진행: 박우성 · 엄경흠 · 오세
길 외.

울산군 청량면 상남리 신덕하2구 18.각설이타령(3: 47)(1992년 2월 26일
최덕출)

최선수

[MC]

■ 창 〈각설이타령〉 −1986년 1월 7일 녹음

● MIMC-0287

한국민요대전 경상남도(5) 산청군/양산군/울산/의령군

문화방송 기획 · 발행/지구레코드 제조 MBCD-047(1CD), 1994년 12
월 비매품 한정판 제작. 현지답사 · 녹음진행: 박우성 · 엄경흠 · 오세
길 외.

양산군 하북면 답곡리 성천 12. 각설이타령(2: 34)(1986년 1월 7일 최선수)

한우성(선창) 한충기 · 손예랑(후창)

[DVC]

■ 가산 오광대 중 〈장타령〉 －2012년 5월 7일 촬영

● MI6V-0859(대담 · 촬영: 노재명)

2012년 5월 7일 11: 20~15: 30 경상남도 사천시 축동면 가산리 831 가
산 오광대 전수관에서. 가산 오광대 인간문화재 한우성 일행 국악

5. 한우성(선창) 한충기 · 손예랑(후창) 가산 오광대 중 〈장타령〉

기타(창자 성명 미상)

[VHS]

■ 창 〈장타령〉 －1996년경 촬영

● MIVHS-0030

1997년 1월 11일 05: 00~05: 50 케이블TV 채널 37번 문화예술전문방송 A&C코오롱TV '맥'

가산 오광대 다큐멘터리 방송. 방송 수신 녹화: 노재명.

[CD-Rom]

■ 창 〈장타령〉－2003년경 촬영

● MICDROM-0068

옛 고을의 탈놀이 시리즈－가산 오광대놀이

포토CD출판정보원 PH-W-GOP-P(1CD-ROM), 2003년 4월 19일 제작. 가산 오광대놀이에 관한 사진, 해설, 동영상, 음악 등 수록. 저자/발행인: 정진해. 발매 당시 판매 정가: 3만원.

4. 경상북도

권용복

[MSF]

■ 〈각설이타령〉 관련 증언－2024년 2월 13일 녹음

● MIMSF-××××(국악음반박물관 소장 관리번호 미부여 상태)

2024년 2월 13일 권용복 경상북도 예천 〈각설이타령〉 관련 증언. 대담·녹음: 노재명.

윤영기

[CD]

■ 창 〈장타령〉 −1993년 7월 22일 녹음

● MICD-0913

한국민요대전 경상북도(4) 구미시/군위군/김천시

문화방송 기획·발행/지구레코드 제조 MBCD-54(1CD), 1995년 5월 비매품 한정판 제작.

구미시 선산읍 소재리 오미기 1. 윤영기 장타령(3: 26)(1993년 7월 22일 녹음)

이옥천 · 조상용

[MC]

■ 창 〈각설이타령〉 −1986년경 녹음

● MIMC-2744

각설이타령−팔도 유람

한프로덕션 기획, 대한음반(주) 제작 DH-8610(1MC), 1986년경 제작.
앞표지 왼쪽부터 차례로 이옥천(경상북도 경주 출생) · 조상용(경상남도 진주
출생) 칼라사진 수록.

전갑식

[CD]

■ 창 〈장타령〉 −1993년 9월 2일 녹음
● MICD-0912

한국민요대전 경상북도(3) 고령군/구미시

문화방송 기획 · 발행/지구레코드 제조 MBCD-53(1CD), 1995년 5월
비매품 한정판 제작.

고령군 쌍림면 신촌리 봉나루 13. 전갑식 장타령(1: 18)(1993년 9월 2일
녹음)

5. 서울

박일심

[DAT]

■ 창 〈장타령〉 −1972년 녹음

● MIDAT-0310

한영서 소장 릴테입의 복사본

5. 박일심(창, 서울 관철동 출생) 지갑성(장고) 성명 미상의 연주자들(피리·해금) 〈장타령〉(약8분) 이는 1972년 지갑성 자택에서 녹음한 자료임.

[MC]

■ 창 〈장타령〉 −녹음 시기 미상

● MIMC-0059(방송 수신 녹음: 노재명)

1992년 1월 9일 16: 30~18: 00 KBS-1FM. 흥겨운 한마당(진행: 최종민) 앞면) 4. 박일심 〈장타령〉(KBS 소장 테입, 녹음 시기 미상)

6. 인천

기타(其他)

[CD]

■ 창 〈장타령〉 −녹음 시기 미상

● MICD-2700~2701

인천의 소리, 생명의 노래

인천광역시 기획 제작, 에버뮤직 제조 CDVJ2PBODMD003~4, JRC-A0405~6(1CD), 2002년 제작. 차영녀·차정재·전원관·김병기·김필운·최성원·배용만·고기순 사진, 음반 해설, 수록곡 가사, 차영녀 약력

등이 실려있는 총 12면짜리 해설지(집필자 미상) 내장.

　[CD 1] 기타 11. 장타령(2: 39)

7. 전라남도

강필성

[12인치 LP]

■ 창 〈해방가 각설이타령〉 −1973년 녹음

● MI12LP-1851

인간문화재 제5호 제자 姜弼性 창 안중근의사(국창 김연수씨 특별 출연)

地球레코드公社 JLS-120764(1LP), 1973년 녹음, 1973년 10월 3일 제작. 앞표지 왼쪽부터 차례로 김연수, 강필성 사진 수록. 뒷표지에 강필성 사진이 실려있음.

SIDE 2) 5. 해방가 각설이타령(말: 강필성)

김규형

[VHS]

■ 창 〈'98 품바〉 －1998년 촬영

● MIVHS-0398(방송 수신 녹화: 노재명)

1998년 6월 21일 09: 05~10: 05 KBS-1TV. 국악 한마당(진행: 이금희)

7. 김규형(소리·모듬북) 김승덕·최만·성지은·임상규(북·장고·생활용기 연주) 〈'98 품바〉

[DVC]

■ 창 〈품바타령〉 －2008년 11월 15일 공연 실황

● MI6V-0615

2008년 11월 15일 15: 00~23: 00 경기도 남양주시 와부읍 이미시문화서원과 근처 음식점에서 열린 국악 공연, 시 낭송, 뒷풀이〈3〉 촬영: 노재명.

김규형 민요 〈품바타령〉(북: 조주선)

■ 창 〈품바타령〉 －2009년 9월 8일 공연 실황

● MI6V-0695

2009년 9월 8일 14: 10~17: 00 광주광역시 북구 운암동 328-16 광주문화예술회관 대극장. 제17회 임방울국악제 전국대회 본선〈2〉 촬영: 노재명.

[축하 공연] 4. 김규형 일행(총 2명) 〈품바타령〉

김병훈

[CD]

■ 창 〈장타령〉 −1990년 2월 21일 녹음

● MICD-1001, MICD-4277

한국민요대전 전라남도(4) 광산군(광주시 광산구)/광양군

문화방송 기획 · 발행 MBCD-014(1CD), 1993년 10월 비매품 한정판

제작. 현지답사 · 녹음진행: 이정란 · 선영란 · 최상일 · 김호경 외.

광산군 9. 장타령(3: 18)(1990년 2월 21일 대촌면 칠석리 하칠석 김병훈)

김연수

[CD]

■ 창 〈장타령〉 −1967년 녹음

● MICD-4724~4727

동초 김연수 창 판소리 다섯바탕－흥보가(소리: 김연수, 북: 김득수)

동아일보 음원 제공, 신나라 제작 NSC-186(4CD 박스물), 1967년 동아방송 녹음, 2007년 제작. 총 198면짜리 국문 해설서(사설 채록 · 주석 · 해설: 최동현) 내장. 해설서에 수록되어 있는 김연수 흑백사진의 저작권 표시가 안되어 있다.

[CD 4] 7. 여섯 째 박에서 각설이패, 풍각쟁이, 솟대패 나옴(6: 29)

김유남

[CD]

■ 창 〈장타령〉－2006년경 녹음

● MICD-2951

윤행석 저서『우리 동네 소리꾼을 찾아라-광주MBC 新얼씨구학당이 찾은 남도의 옛 노래와 삶』(전라도닷컴, 2007년 3월 30일 발행, 총 344면, ISBN9788995285893, 발매 당시 판매 정가: 15000원, 할인가: 13500원, 전라도 민요 CD 내장)

＊ CD 수록곡(녹음기사: 오영묵, 해설: 노희설, 기획: 윤행석)

21. 장타령(김유남, 보성 선소마을)(0: 56)

김행님

[CD]

■ 창 〈장타령〉－1990년 1월 19일 녹음

● MICD-1016, MICD-4292

한국민요대전 전라남도(19) 해남군

문화방송 기획 · 발행 MBCD-029(1CD), 1993년 10월 비매품 한정판 제작. 현지답사 · 녹음진행: 이정란 · 선영란 · 최상일 · 김호경 외.

12. 장타령(2: 51)(1990년 1월 19일 산이면 금호도 김행님)

민혜성
[CD]
■ 창 〈장타령〉－2006년 11월 7일 공연 실황
● MICD-3905~3907
민혜성－판소리 박록주제 박송희류 흥보가(소리: 민혜성, 고수: 박근영)
민혜성/악당 ADCD-305(3CD), 2006년 11월 7일 경남 함양 아름지기
한옥 실황 녹음, 2007년 제작. 앞표지에 민혜성 사진 수록.
[CD 3] 5. 놀보 셋째박을 타서 사당패 나오는 데(6: 31)

박봉술
[CD]
■ 창 〈장타령〉－1978년 공연 실황
● MICD-6929
박봉술 흥보가(3) 고수: 김명환
기록용 비매품 한정판 1CD
■ 창 〈장타령〉－1978년 공연 실황
● MICD-6948
박봉술 흥보가(3) 고수: 김명환
기록용 비매품 한정판 1CD
■ 창 〈장타령〉－1981년경 녹음
● MICD-5124
평생 학습 파트너십을 통한 판소리 교육 프로그램
전주시민 한소리 하기 제4편 흥보가(교육용 CD)

전주시/전주시평생학습센터 KKK3-203(1CD), 2009년 11월 비매품 한정판 제작 배포. 후원: 교육과학기술부, 원고 집필·녹음·편집: 최동현, 전산: 오석형, 편집 보조: 윤정은, 해설: 송은애. 이 음반은 최동현 글·사설 채록『전주시민 한소리 하기 제4편 흥보가』(전주시·전주시평생학습센터, 2009년, 비매품 한정판, 총 36면) 책자와 함께 1세트로 제작되었다. 비매품이 아니라 판매용으로 만들었으면 좋았을 뻔하였다. 본 음반의 인쇄물에 판소리 고음원들의 출처·연주 저작권 표시가 안되어 있다. 음반 뒷표지 기록이 너무 작은 글자로 인쇄되어 보기가 불편하다.

[전승 흥보가의 종류] 4.박봉술 바디 흥보가: 박봉술(전라남도 구례 출생) 흥보가 중 〈장타령〉(고수: 김명환)

[12인치 LP]

■ 창 〈장타령〉 − 1981년경 녹음

● MI12LP-0093~0096, MI12LP-1562~1565, MI12LP-2212~2215, MI12LP-2456~2459

[뿌리깊은나무 판소리] 흥보가(소리: 박봉술, 북: 김명환)

[THE DEEP-ROOTED TREE PANSORI COLLECTION] HUNGBO-GA

Sung by PONG-SUL PAK with Drum Accompaniment by MYONG-HWAN KIM

발행처: 한국브리태니커회사, 녹음: 서울스튜디오, 음반 제조: 지구레코드공사 JLS-1201627(4LP 박스물), 발행일: 1982년 5월 1일, 총 74면짜리 국·영문 해설서 내장(글: 정병욱·이보형/사설 수록).

[LP 4] side B) 놀보, 기가 맥혀(아니리)에서 그때여 박놀보는(엇중몰이)까지(20: 03)

박색구

[CD]

■ 창 〈장타령〉－1989년 9월 26일 녹음

● MICD-1013, MICD-4289

한국민요대전 전라남도(16) 진도군

문화방송 기획·발행 MBCD-026(1CD), 1993년 10월 비매품 한정판 제작. 현지답사·녹음진행: 이정란·선영란·최상일·김호경 외.

8. 장타령(2: 48)(1989년 9월 26일 의신면 돈지리 박색구)

[MC]

■ 창 〈장타령〉－녹음 시기 미상

● MIMC-2018

민속음악 향토소리(10)

비상품 기록용 녹음 테입(1MC). 민속음악 향토소리 모음. 1990년대 국악 동호인들 제작 배포 테입.

A면) 7.박색구 진도 부녀요 〈장타령〉

박송희

[CD]

■ 창 〈장타령〉 — 2004년 6월 26일 공연 실황

● MICD-3249~3251

국립창극단 특별기획 공연 실황 — 박송희 박록주제 흥보가(소리: 박송희, 고수: 박근영 · 장종민)

한국문화진흥재단/국립극장 제작 KDCA-6856~6858(3CD 박스물), 2004년 6월 26일 오후 3시 서울 국립극장 달오름극장 완창 판소리 공연 실황 녹음, 2004년 비매품 한정판 제작. 뒷표지에 박송희 약력과 박송희 · 박근영 · 장종민 사진 수록. 한국/진흥/경기상호저축은행 후원. 국악 관련 전문 기관을 비롯하여 거대 기관, 재단, 은행 등이 관여하여 제작한 것인데 무성의하게 음반 1장 전체를 트랙 하나로 설정하여 제작되었다.

[CD 3] 1.놀보 제비가 들어온다(31: 51)

[DVD]

■ 창 〈장타령〉 — 2004년 8월경 촬영

● MIDVD-0023~0024

KBC 창사 10주년 특별기획 HD 판소리-인간문화재 박송희 명창 판소리 흥보가 완창(고수: 박근영)

전남 광주KBC 제작, 미디어갤러리 디자인, 제품번호 없음(2DVD 박스물), 2004년 8월경 순천/낙안민속촌 촬영 녹화, 2005년 방송, 2005년 12월 비매품 한정판 제작, 2006년 3월 배포. 뒷표지에 박송희(소리) 박근영(고수) 흥보가 장면 사진 수록.

[DVD 2] 박송희 흥보가 2부

흥보 박타는 대목부터 놀보 박타는 대목까지

송순섭

[DAT]

■ 창 〈장타령〉 — 1995년 3월 25일 공연 실황

● MIDAT-0037

1995년 3월 25일 15: 00~19: 00 국립중앙극장 소극장. 송순섭 판소리 흥보가 완창 공연 실황.

고수: 박근영 · 천대용, 현장 녹음: 노재명.

[DVD]

■ 창 〈장타령〉 — 2006년 12월 30일 공연 실황

● MIDVD-0365~0368(2011년 4월 9일 송순섭→국악음반박물관 증정)

중요무형문화재 제5호 운산 송순섭 판소리 동편제 흥보가

창: 송순섭, 고수: 박근영 · 정향자.

기획: 광주방송, 프로그램 제작: 예당아트TV, 제작 지원: (재)광주정보문화산업진흥원, 표지 디자인: 예술인마을, DVD 제작: (주)채널원커뮤니케이션 DKD5-0991~0994(4DVD), 2006년 12월 30일 서울 장충동 국립중앙극장 공연 실황, 2007년 비매품 한정판 제조. 뒷표지에 송순섭 판소리 공연 장면 칼라사진 수록.

오정숙

[CD]

■ 창 〈장타령〉 − 녹음 시기 미상

● MICD-3161~3164

오정숙 판소리 다섯마당 − 흥보가(창: 오정숙, 북: 김청만)

신나라뮤직 NSSRCD-044(4CD 박스물), 2001년 제작. 사설 채록 · 주석 · 음반 해설 집필: 최동현. 발매 당시 판매 정가: 42000원.

[CD 4] 7. 여섯째 통이 저절로 벌어지며 각설이패와 초라니패가 나옴 (4: 31)

[12인치 LP]

■ 창 〈장타령〉 - 녹음 시기 미상

● MI12LP-0137~0140, MI12LP-0141~0144, MI12LP-1577~1580

[뿌리깊은나무 판소리 다섯바탕] 흥보가(소리: 오정숙 북: 김동준)

[THE DEEP-ROOTED TREE P'ANSORI TASOT PAT'ANG] Hungbo-ga

sung by O CHONG-SUK with drum accompaniment by KIM TONG-

CHUN

발행처: 출판사 뿌리깊은나무, 녹음: 에루화 민속기획(1989년), 음반 제조: (주)성음 SEL-RO593(4LP 박스물), 발행일: 1990년 1월 5일, 총 154면 짜리 국·영문 해설서 내장(글: 백대웅/사설·악보 수록).

[LP 4] 제2면) 〈어서 바삐 집 뜯어라〉(자진머리)에서 〈뒤풀이〉(엇중머리) 까지(21: 20)

유동수

[CD]

■ 창 〈장타령〉 - 녹음 시기 미상

● MICD-2655

광양의 민요

광양문화원 기획 제작, Heritage Gramophone/A-tech 제조 CDAJ1PCODAD-22(1CD), 2003년 비매품 한정판 제작. 총 수록시간: 65분 2초. 현장 조사 녹음·편집: 이소라, 디지털 마스터링: 김영삼.

23. 장타령(0: 32)(광양읍 목성 유동수)

이덕순

[USB/CD]

■ 창 〈장타령〉 − 1979년 7월 29일 녹음

● MIUSB-0013, MICD-7247~7248

남도무형문화예술 시리즈(13) 남도예술 아카이빙 − 진도의 향토민요(2) 일노래와 놀이노래

국립남도국악원 기획 제작 YH-240105-04~05(2CD/1USB), 2023년 12월 비매품 한정판 제작. 명현·김현숙 글, 수록곡 가사(채록: 김명선·김현숙) 등이 실려있는 총 88면짜리 국·영문 인쇄물 내장.

국가의 지원금을 받아 공공기관에서 제작하는 국악 음반 거의 대부

분이 이 경우처럼 비매품이다. 누구나 쉽게 구할 수 있는 판매용으로 충분히 만들 수 있음에도 불구하고 애호가나 학자들이 구하기 어려운 이런 비매품으로 지나치게 너무 많이 제작되고 있다. 음반과 인쇄물 책자가 박스 안에 담겨있지 않고 서로 분리되어 있어서 일부 분실될 우려가 있고 보관 형태가 허술하게 제조되었다. 이 음반의 인쇄물에는 각 곡목의 녹음 시기와 녹음 장소가 애매하게 표시되어 있는데 이를 최대한 고증하여 정리해 보면 다음과 같다.

[CD 2] 놀이노래 14. 장타령(1: 43)(소리: 이덕순, 1979년 7월 29일 지춘상 현장 녹음기록 작업)

이일주

[CD]

■ 창 〈장타령〉 － 2003년 녹음

● MICD-3191~3193

이일주 명창 흥보가(소리: 이일주, 고수: 김청만)

신나라뮤직 NSC-067(3CD 박스물), 2003년 제작. 사설 채록 · 주석 · 해설: 최동현.

[CD 3] 9. 다섯째 통이 저절로 벌어지며 각설이패와 초라니패가 나옴 (4: 19)

장문희

[CD]

■ 창 〈장타령〉 － 2003~2004년 녹음

● MICD-2959

Korea Pansori － East to West

전라북도/신나라뮤직 NSC-083(1CD), 2004년 제작. 총 53분 38초 수록. 취입자들 사진과 약력, 판소리 사설 등이 실려있는 총 48면짜리 국·영문 해설지 내장. 발매 당시 판매 정가: 12000원. 음반 해설·사설 정리: 최동현, 이는 1930년에 녹음된 정정렬 춘향가 중 〈어사 남원행〉 유성기음반(일본 콜럼비아 유성기원반 Regal C150-B), 2003년 녹음 제작된 '판소리의 젊은 명창들' 음반(신나라뮤직 NSC-070, 2CD 박스물) 녹음에다 재즈 연주를 더빙한 것. 판소리 북반주 고수: 한성준·송재영, 편곡·음악감독: Ian Rashkin, 녹음 엔지니어: Joe Reineke, 퍼커션: Chris Monroe, 색소폰: Crag Flory, Vibraphone: Evan Buehler, 베이스: Doug Miller, 키보드: Christian Shinkle, 트럼펫: Josh Stewart. 재즈풍 녹음: 2004년 4월 16~18일 미국 시애틀.

4. 장문희 흥보가 중 〈장타령〉(2: 08)

전인삼

[CD]

■ 창 〈장타령〉 -2009년 6월 8일 녹음

● MICD-4939~4941

전인삼 흥보가(소리: 전인삼, 고수: 박근영)

전인삼/악당 ADCD-310(3CD), 2009년 6월 8일 전라북도 장수군 논곡리 번암면 전인삼수련원 녹음, 2009년 제작. 발매 당시 판매 정가: 30000원, 마스터링: 오수정, 디자인: 홍단, 영문 번역: 최기원. 앞표지에 전인삼 흑백사진 수록. 채수정 글, 강도근·전인삼·박근영 흑백사진, 전인삼·박근영 약력, 흥보가 사설 등이 실려있는 총 62면짜리 국·영문 해설지 내장. 이 음반의 인쇄물에서 일부 오자가 눈에 띈다. 곡목 트랙 순서를 해설지 안에서 열심히 찾아야만 겨우 볼 수가 있고 음반 표지와 CD 알판 표면에는 공간이 충분히 있음에도 불구하고 제대로 명시되어 있지 않다. 곡목 수록 트랙 목차를 음반 표지와 CD 알판 표면에 기본적으로 명확히 인쇄해 주어야 감상자가 사용이 편리할 것이다.

[CD 3] 9.놀보 셋째 박을 타서 사당패, 각설이 등이 나옴(7: 56)

조공한

[USB/CD]

■ 창 〈장타령〉 −1979년 7월 31일 녹음

● MIUSB-0013, MICD-7247~7248

남도무형문화예술 시리즈(13) 남도예술 아카이빙 − 진도의 향토민요(2) 일노래와 놀이노래

국립남도국악원 기획 제작 YH-240105-04~05(2CD/1USB), 2023년 12월 비매품 한정판 제작. 명현 · 김현숙 글, 수록곡 가사(채록: 김명선 · 김현숙) 등이 실려있는 총 88면짜리 국 · 영문 인쇄물 내장.

[CD 2] 놀이노래 12.장타령(1: 49)(소리: 조공한, 1979년 7월 31일 지춘상 현장 녹음기록 작업)

채수정

[CD]

■ 창 〈장타령〉(놀보박에서 각설이 나와 마당에서 노는 데) ─ 2005년 10월 31일 공연 실황

● MICD-3612~3614

채수정 흥보가(소리: 채수정, 북: 박근영)

채수정/악당/TGR미디어 ADCD-303(3CD), 2005년 10월 31일 15: 30~19: 30 경기도 남양주시 조안면 삼봉리 100 종합촬영소 내 '운당' 세트장 공연 실황 녹음, 2005년 제작. 앞표지에 채수정 사진 수록.

[CD 3] 8.놀보 셋째박을 타니 사당패 · 각설이 등 나오는 데(5: 58)

■ 창 〈장타령〉(놀보박에서 각설이 나와 마당에서 노는 데) ─ 2013년 7월 14일 공연 실황

● MICD-6481~6482

채수정 판소리 동편제 흥보가(소리: 채수정, 고수: 김청만 · 박근영)

채수정/악당 ADCD-315(2CD), 2013년 7월 14일 서울 남산국악당 공연 실황 녹음, 2015년 제작. 해설지에 가사가 채록되어 있지 않다.

[CD 2] 21.놀보박에서 남사당 · 여사당 · 거사 · 각설이 · 초란이패 나와 마당에서 노는 데(4: 58)

최소심

[USB/CD]

■ 창 〈장타령〉 ─ 1979년 7월 31일 녹음

● MIUSB-0013, MICD-7247~7248

남도무형문화예술 시리즈(13) 남도예술 아카이빙 ─ 진도의 향토민요(2) 일노래와 놀이노래

국립남도국악원 기획 제작 YH-240105-04~05(2CD/1USB), 2023년 12월 비매품 한정판 제작. 명현·김현숙 글, 수록곡 가사(채록: 김명선·김현숙) 등이 실려있는 총 88면짜리 국·영문 인쇄물 내장.

[CD 2] 놀이노래 13. 장타령(1: 29)(소리: 최소심, 1979년 7월 31일 지춘상 현장 녹음기록 작업)

기타(其他)

[CD]

■ 천사들의 노래, 품바 - 2004년 녹음

● MICD-5548~5552

남도 소리 기행

광주MBC 창사 40주년 특별기획 10부작 라디오 방송 녹음 CD음반 제작본 KKK3-107~111(5CD 전집), 2004년 9월 30일~10월 9일 광주MBC 라디오 방송(장영주 연출), 2004년 비매품 한정판 제작. 이 방송 프로그램에 국악음반박물관 소장 자료 무상 제공, 국악음반박물관 관장 노재명 인터뷰 수록.(2004년 4월 13일 09: 00~09: 30 노재명 서울 자택에서 방송 인터뷰 녹음) 제32회 한국방송대상 라디오 작품상 수상작, 제58회 이달의 PD상 라디오 부문 수상작. 이 음반물 뒷표지에 제6부 5.18 부분이 제6부 5.18품바라고 잘못 기록되어 있다.

[CD 1] 제2부 천사들의 노래, 품바

8. 전라북도

김판술
[CD]

■ 창 〈각설이타령〉 —1991년 3월 12일 녹음

● MICD-0778, MICD-0952

한국민요대전 전라북도(11) 부안군/고창군

문화방송 기획 · 발행/지구레코드 제조 MBCD-041(1CD), 1995년 1월 비매품 한정판 제작. 현지답사 · 녹음진행: 최상일 · 김동효, 디지털 마스터링: 김도연.

부안군 부안읍 옹중리 중리마을 2. 김판술 각설이타령 —품바타령/고리타령/딸타령/장타령(6: 44)(1991.3.12. 녹음)

박양옥
[CD]

■ 창 〈장타령〉 —2001년 9월 3일 녹음

● MICD-2186~2188, MICD-2189~2191

민속음악자료집 제1집 남원지역 사람들의 삶과 노래

국립민속국악원 기획 제작, (주)서울음반 제조 SBCD-4371(3CD 박스물), 2001년 8~9월 남원 현지 녹음, 2001년 12월 비매품 한정판 제작. 수록곡 가사가 실려있는 총 50면짜리 해설서 내장. 이 음반은 『남원지역

사람들의 삶과 노래』(국립민속국악원, 2001년, 총 225면, 비매품) 서적과 함께 제작되었다.

[CD 2](58: 07) 산동면 부절리 9. 장타령(2: 49)(2001년 9월 3일 박양옥)

박채현

[CD]

■ 창 〈각설이타령〉 −1991년 3월 14일 녹음

● MICD-0778, MICD-0952

한국민요대전 전라북도(11) 부안군/고창군

문화방송 기획 · 발행/지구레코드 제조 MBCD-041(1CD), 1995년 1월 비매품 한정판 제작. 현지답사 · 녹음진행: 최상일 · 김동효, 디지털 마스터링: 김도연.

고창군 공음면 선동리 선산마을 12. 박채현 각설이타령 −투전타령(3: 20)(1991.3.14. 녹음)

윤병길

[CD]

■ 창 〈각설이타령〉 −1990년 11월 22일 녹음

● MICD-0769

한국민요대전 전라북도(2) 장수군/무주군

문화방송 기획 · 발행/지구레코드 제조 MBCD-032(1CD), 1995년 1월 비매품 한정판 제작. 현지답사 · 녹음진행: 최상일 · 김동효, 디지털 마스터링: 김도연.

장수군 산서면 동화리 동화경로당 3.윤병길 각설이타령(3: 04)(1990년 11월 22일 녹음)

윤충일

[VHS]

■ 창 〈각설이타령〉(윤충일이 완주 각설이 주모씨에게 배운 소리) −1998년 공연 실황

● MIVHS-0418(방송 수신 녹화: 노재명)

1998년 7월 17일 12: 10~14: 00 iTV. 특선 창극 '광대가'

국립창극단 창극 '광대가'(1998년 국립중앙극장 소극장 공연 실황) 수록.

신재효: 왕기석, 김세종: 강종철, 진채선: 오정해, 신재효 부인: 김영자, 마을주민: 정순임 · 임향님 · 오민아, 각설이: 윤충일, 초란이: 김학용, 버나돌리기 · 땅재주 · 풍물 · 줄타기: 남사당놀이보존회 회원들.

■ 창 〈각설이타령〉 −1998년 공연 실황

● MIVHS-0425(방송 수신 녹화: 노재명)

1998년 8월 3일 13: 30~15: 30 A&C코오롱TV. '공연무대'

1998년 국립중앙극장 소극장에서 열린 국립창극단 창극 '광대가' 공

연 실황 수록. 극작: 허규, 작창: 김일구, 연출: 김효경, 신재효: 김일구, 진채선: 유수정, 신재효 부인: 김영자, 각설이: 윤충일, 각설이 부인: 정순임, 먹쇠어멈: 김경숙, 초란이: 김학용, 김세종: 강종철, 말뚝이: 이영태, 꼽생원: 윤석기, 방물장수: 권하경, 개똥이: 주호종, 마을주민: 임향님 · 김차경 · 오민아 외, 특별 출연: 남사당놀이보존회, 반주: 국립국악관현악단 · 장종민(장고) 외, 무용: 디딤무용단, 안무: 전순희, 작곡 · 지휘: 한상일, 예술감독: 안숙선. 유수정 판소리 춘향가 중 〈적성가〉, 적벽가 중 〈새타령〉, 남사당놀이보존회 회원들의 풍물, 버나 돌리기, 땅재주, 줄타기 등 수록.

[DVC]

■ 창 〈각설이타령〉 −2008년 9월 24일 공연 실황

● MI6V-0586

2008년 9월 24일 14: 00~17: 00 광주광역시 북구 운암동 문화예술회관 대극장. 제16회 임방울 국악제 전국대회 본선〈2〉 촬영: 노재명.

5. 윤충일(충청남도 서천 출생) 일행 〈각설이타령〉 축하 공연

[VF]

■ 〈각설이타령〉 관련 증언 −2017년 6월 10일 촬영

● MISPV-1402~1405

2017년 6월 10일 12: 00~13: 20 충청북도 진천군 평사마을 선촌서당 ‘제1회 대한민국 중고제 소리 경연대회’ 행사장 대기실. 윤충일 〈각설이타령〉 관련 증언. 대담 · 촬영: 노재명.

윤충일 · 왕기석

[VHS]

■ 창 〈각설이타령〉 −1980년대 초~중반 공연 실황

● MIVHS-0179

전통음악과 한국의 소리 판소리 5選(흥보전)

제작: 한국방송공사(KBS) 영상사업단, 문화부 허가 연월일: 1991. 12.12, 발매 당시 판매가: 20000원, 방송위원회 심의필, 테입 상품번호 없음(1VHS), 90분 수록, 1992년 제작. 1980년대 초~중반 공연 실황.

[완판 창극 흥보전] 도창: 오정숙, 놀보: 박후성, 흥보: 조통달, 흥보처: 전정민, 놀보처: 김경숙, 마당쇠: 허희, 도승: 강종철, 노인: 윤석기, 사령: 윤충일, 꾀수애비: 이정일, 삼월이: 강경아, 장군: 최재현, 상주: 박영순, 초란이: 안숙선, 놀보 역군들: 강형주 · 김규형 · 이경일 · 노진표 · 신찬우 · 전인삼 · 조영제 · 성순종, 흥보 자식들: 박영순 · 왕기석 · 신찬우 · 남궁정애 · 김인숙 · 김차경 · 방수미, 각설이: 윤충일 · 왕기석, 사당패: 강정자 · 남궁정애 · 김인숙 · 박송희, 사물패: 유지화 · 정영자 · 임춘홍 · 이용순, 상여꾼: 최재현 · 박영순 · 신찬우 · 성순종 · 전인삼 · 조영제, 창 구성: 박봉술, 반주: 김동준 · 정승우 · 김청만, 대본: 국극정립위원회, 연출: 허규.

윤충일 · 이영태 · 전은영

[VHS]

■ 창 〈장타령〉 −1998년 촬영

● MIVHS-0456(방송 수신 녹화: 노재명)

1998년 10월 4일 09: 00~10: 00 KBS-1TV. 국악 한마당(진행: 이금희)

7. 윤충일 · 이영태 · 전은영 〈장타령〉

윤충일 · 이옥천 · 조상용

[CD]

■ 창 〈각설이타령〉 −1985년 녹음

● MICD-0904

윤충일 · 이옥천 · 조상용 각설이타령(1)

아성/태광음반(주) AS-1803(1CD), 1991년 7월 30일 제작. 이 음반은 1993년에 카세트테입(아성레코드 SUL-8501, 1MC)으로 발매된 바 있다. 기획: 설용수. 앞 · 뒷표지 왼쪽부터 차례로 윤충일 · 이옥천 · 조상용 사진 수록. 총 수록시간: 41분. 기악반주자 성명 미상. 심의번호: 8502-G2.

■ 창 〈각설이타령〉 − 1985년 녹음

● MICD-0905

윤충일 · 이옥천 · 조상용 각설이타령(2) 팔도 각설이 디스코 메들리

아성/태광음반(주) AS-1810(1CD), 1991년 10월 제작. 기획: 설용수.

앞표지 왼쪽부터 차례로 이옥천 · 조상용 사진, 뒷표지 왼쪽부터 차례

로 윤충일 · 조상용 · 이옥천 사진 수록. 총 수록시간: 40분. 기악반주자

성명 미상. 심의번호: 8502-G7.

■ 창 〈각설이타령〉 −1985년 녹음

● MICD-1091~1093

신나는 디스코 메들리 품바타령 3매 1세트 박스물

윤충일 · 이옥천 · 조상용 각설이타령(2) 팔도 각설이 디스코 메들리

아성레코드주식회사 AS-1810(1CD), 1991년 10월 제작. 기획: 설용수.

앞표지 왼쪽부터 차례로 이옥천 · 조상용 사진, 뒷표지 왼쪽부터 차례

로 윤충일 · 조상용 · 이옥천 사진 수록. 총 수록시간: 40분. 기악반주자

성명 미상. 심의번호: 8502-G7.

■ 창 〈각설이타령〉 −1985년 녹음

● MICD-6161~6162

아성 품바(1)(2) 정통 각설이타령 총결산 – 윤충일 · 이옥천 · 조상용

아성미디어 SAM6-31~32(2CD 박스물), 1985년 녹음, 2014년 제작. 옛

음반에서 발췌 재편집 재발매. 기획 · 제작: 설용수.

[MC]

■ 창 〈각설이타령〉 – 1985년 녹음

● MIMC-0588

윤충일 · 조상용 · 이옥천 각설이타령 제1탄

아성레코드주식회사 SUL-8501(1MC), 1985년 녹음, 1993년 제작. 기

획: 설용수. 심의번호: 8502-G7. 앞표지 왼쪽부터 이옥천, 조상용 사진
수록. 뒷표지 왼쪽부터 윤충일, 이옥천, 조상용 사진 수록. 총 수록시간:
43분. 기악반주자 성명 미상. 이는 1991년 7월 30일에 컴팩트디스크(아
성/태광음반 AS-1803, 1CD)로 재발매되었다.

■ 창 〈각설이타령〉 – 1985년 녹음

● MIMC-2860

윤충일 · 조상용 · 이옥천 각설이타령 – 극단 현장 녹음
금성레코드, 제품번호 없음(1MC), 제작 시기 미표시.

9. 제주도

김복순

[CD]

■ 창 〈장타령〉 - 1967년 10월 3일 녹음

● MICD-0475~0479

임석재 채록 韓國口演民謠

(주)서울음반 SRCD-1227~1231(5CD 박스물), 1995년 제작. 심의번호: 9410-G611~G615, 현장 취재 녹음: 임석재, 음반 해설: 임석재 · 임돈희 · 최상일 · 이정란.

[CD 4](67: 41) 제주도편(2) 8. 장타령(0: 48)(1967년 10월 3일 제주시 건입동 65세 여자 김복순 녹음)

10. 충청남도

강정자

[CD]

■ 창 〈장타령〉 - 1995년 9월 30일 공연 실황

● MICD-6166(2015년 1월 27일 윤영애→국악음반박물관 증정)

강정자 판소리 흥보가 완창 발표회 - 현지 실황 기록 음반 제2집

윤영애 기획, 제품번호 없음(1CD), 1995년 9월 30일 서울 국립극장 소극장 공연 실황 녹음. 제작 시기 미상. 표지에 강정자 판소리 장면 칼라 사진 수록.

13. 놀보 박 타는 대목(박동진제)

■ 창 〈장타령〉 - 1995년 9월 30일 공연 실황

● MICD-6172(2015년 1월 27일 윤영애→국악음반박물관 증정)

강정자 판소리 흥보가 완창 발표회(3)

윤영애 기획, 제품번호 없음(1CD), 1995년 9월 30일 서울 국립극장 소극장 공연 실황 녹음.

기록용 제작 음반. 인쇄물 없음.

1. 놀보 박 타는 대목(박동진제)

김용식

[MP3]

■ 창 〈각설이타령〉 - 1987년 4월 1일 녹음

● MIMP3-0001, MIBOOK-1605

이소라 집필 『논산의 민요』(논산문화원, 2016년 비매품 한정판, 총 252면) 서
적과 부록 MP3 음원집.

A편 공개 음원용) 논뫼37. 각설이(2: 50)(1987년 4월 1일 논산시 은진면 토양1
리 김용식)

대전 품바

[MC]

■ 창 〈각설이타령〉 −녹음 시기 미상

● MIMC-2844

대전 품바 서울 상경

서음음향주식회사, 제품번호 없음(1MC), 제작 시기 미표시. 취입자
성명 미상.

B면) 8.각설이타령

박동진

[CD]

■ 창 〈장타령〉 − 1988년 6월 14일 녹음(박동진: 충청남도 공주 출생)

● MICD-0366~0370

인간문화재 박동진 판소리 대전집 흥보가 卷1~2(북: 주봉신)

SKC SKCD-K-0252(5CD), 1988년 6월 14일 STEREO 녹음, 1989년 제작.

심의번호: 8808-G122, 레코딩 엔지니어: 서상환. 박동진 · 주봉신 약력, 수록곡 사설, 해설이 실린 총 50면짜리 해설지 내장.

卷2 [CD 5] 5. 넷째박 타는 대목(6: 08)

■ 창 〈각설이타령〉 —1990년 8월 녹음

● MICD-0537~0539

변강쇠가(가루지기전) 창: 박동진 고수: 주봉신

신나라레코드 기획 · 편집 · 제작 SYNCD-005(3CD/재판), 1993년 제작. 녹음: 성음스튜디오(1990년 8월), 심의번호: 9109-G132, 음반 판매가: 28500원. 이 녹음집의 초판은 1991년 제작된 '변강쇠가(가루지기전) 창: 박동진 고수: 주봉신' 음반(신나라레코드 SEL-RO184, 3LP 박스물)이다.

[CD 3] 1. 초라니 고사 낭독~상여 나가는 대목

[12인치 LP]

■ 창 〈각설이타령〉 —1990년 8월 녹음

● MI12LP-0148~0150, MI12LP-1491~1493

신나라 판소리 명인 시리즈(005) 변강쇠가(가루지기전) 창: 박동진 고수: 주봉신

기획 · 편집 · 제작: 신나라레코드, 제조: (주)성음 SEL-RO184(3LP 박스
물), 1991년 제작, 녹음: 성음스튜디오(1990년 8월), 심의번호: 9109-G132.

[LP 3] SIDE E) 초라니 고사 낭독~상여 나가는 대목

[MC]

■ 창 〈각설이타령〉 −1990년 8월 녹음

● MIMC-1456~1458

변강쇠가(가루지기전) 창: 박동진 고수: 주봉신

신나라레코드 기획 · 편집 · 제작, (주)성음 제조 CO-885(3MC/삼판),
1993년 제작. 녹음: 성음스튜디오(1990년 8월), 심의번호: 9109-G132, 발
매 당시 시중 판매가: 19500원. 이 녹음집의 초판은 1991년 제작된 '변강
쇠가(가루지기전) 창: 박동진 고수: 주봉신' 음반(신나라레코드 SEL-RO184, 3LP
박스물)이다.

[3집] 앞면) 초라니 고사 낭독~상여 나가는 대목

박병기

[CD]

■ 창 〈각설이타령〉, 〈앵금이타령〉 −1993년 6월 30일 녹음

● MICD-0781, MICD-0954~0956

한국민요대전 충청남도(2) 금산군(2)/논산군(1)

문화방송 기획 · 발행/지구레코드 제조 MBC-02(1CD), 1995년 12월
비매품 한정판 제작. 현지답사 · 녹음진행: 최도영 · 이운하 · 하주성 ·
최상일 · 변영호, 디지털 마스터링: 김도연.

논산군 연산면 백석리 17. 박병기 각설이타령(0: 45)(1993년 6월 30일 녹음)
19. 박병기 앵금이타령(2: 08)(1993년 6월 30일 녹음)

송영순

[CD]

■ 창 〈각설이타령〉 −1993년 7월 14일 녹음

● MICD-0780, MICD-0953

한국민요대전 충청남도(1) 대전시/공주군/금산군(1)

문화방송 기획 · 발행/지구레코드 제조 MBC-01(1CD), 1995년 12월 비매품 한정판 제작. 현지답사 · 녹음진행: 최도영 · 이운하 · 하주성 · 최상일 · 변영호, 디지털 마스터링: 김도연. 한국민요대전−충청남도 1~12집 음반(12CD)의 해설서(522면) 부록 별도 제작.(표지도안: 정은숙, 지도도안 · 사진편집: 김경아, 해설 · 사설 정리 · 각주: 변영호 · 문희순 · 서영숙, 채보: 이정란)

대전시 서구 도안동 가락리 5.송영순 각설이타령(4: 14)(1993년 7월 14일 녹음)

유세열

[CD]

■ 창 〈품마타령〉 −2005년 2월 21일 녹음

● MICD-3673

보령의 민요

대천문화원 CDAJ1PBODAD044(1CD), 2006년 한정판 제작. 총 68분 50초 수록. 기획: 대천문화원, 녹음 · 채보 · 편집: 이소라, 사운드 디렉터: 변태식, 엔지니어: 임헌웅, 제작: 이무성(해리티지 그라마폰). 발매 당시 판매 정가: 1만원. 이소라 집필『보령의 민요』(대천문화원, 2005년 비매품 한정판, 총 300면) 서적의 부록 CD.

11. 각설이(8: 40) ①유세열(2005년 2월 21일 주교면 신대리) 〈품마타령〉

윤하중

[MP3]

■ 창 〈각설이타령〉－1987년 4월 1일 녹음

● MIMP3-0001, MIBOOK-1605

이소라 집필『논산의 민요』(논산문화원, 2016년 비매품 한정판, 총 252면) 서적과 부록 MP3 음원집.

B편 참고 음원용) 논뫼100. 각설이(3: 06)(1987년 4월 1일 논산시 노성면 노티리 윤하중)

이긍원

[CD]

■ 창 〈각설이타령〉－1992년 12월 3일 녹음

● MICD-0789, MICD-0967

한국민요대전 충청남도(10) 예산군(2)/천안군/천안시

문화방송 기획 · 발행/지구레코드 제조 MBC-10(1CD), 1995년 12월 비매품 한정판 제작. 현지답사 · 녹음진행: 최도영 · 이운하 · 하주성 · 최상일 · 변영호, 디지털 마스터링: 김도연.

예산군 삽교읍 두리2리 1. 이긍원 각설이타령(3: 05)(1992년 12월 3일 녹음)

조한영

[CD]

■ 창 〈각설이타령〉 —1993년 11월 23일 녹음

● MICD-0787, MICD-0965

한국민요대전 충청남도(8) 아산군(2)/온양시/연기군(1)

문화방송 기획·발행/지구레코드 제조 MBC-08(1CD), 1995년 12월 비매품 한정판 제작. 현지답사·녹음진행: 최도영·이운하·하주성· 최상일·변영호, 디지털 마스터링: 김도연.

아산군 영인면 백석포1리 흰돌마을 1. 조한영 각설이타령(3: 49)(1993년 11월 23일 녹음)

최은철

[CD]

■ 창 〈각설이타령〉 —2005년 9월 4일 녹음

● MICD-3673

보령의 민요

대천문화원 CDAJ1PBODAD044(1CD), 2006년 한정판 제작. 총 68분 50초 수록. 기획: 대천문화원, 녹음 · 채보 · 편집: 이소라, 사운드 디렉터: 변태식, 엔지니어: 임헌웅, 제작: 이무성(해리티지 그라마폰). 발매 당시 판매 정가: 1만원. 이소라 집필『보령의 민요』(대천문화원, 2005년 비매품 한정판, 총 300면) 서적의 부록 CD.

11. 각설이(8: 40) ②최은철(2005년 9월 4일 오천면 소성2리) 〈각설이〉

11. 충청북도

강청룡

[CD]

■ 창 〈각설이타령〉 -1993년 1월 26일 녹음

● MICD-0797

한국민요대전 충청북도(6) 청원군(2)

문화방송 기획 · 발행/지구레코드 제조 MBC-18(1CD), 1995년 12월 비매품 한정판 제작. 현지답사 · 녹음진행: 오용록 · 김동효 · 최상일 · 김진순, 디지털 마스터링: 김도연.

청원군 문의면 도원1리 도황골 4. 강청룡 각설이타령(2: 22)(1993년 1월 26일 녹음)

권용언

[CD]

■ 창 〈각설이타령〉 −1992년 8월 21일 녹음

● MICD-0795

한국민요대전 충청북도(4) 음성군(2)/제천군/중원군(1)

문화방송 기획 · 발행/지구레코드 제조 MBC-16(1CD), 1995년 12월 비매품 한정판 제작. 현지답사 · 녹음진행: 오용록 · 김동효 · 최상일 · 김진순, 디지털 마스터링: 김도연.

제천군 청풍면 도신리 실리곡 9. 권용언 각설이타령(3: 01)(1992년 8월 21일 녹음)

김다현

[VF]

■ 창 〈각설이타령〉(윤충일제) −2018년 6월 9일 공연 실황

● MISPV-2144

2018년 6월 9일 10: 00~18: 00 충청북도 진천군 평사마을 선촌서당에서 열린 '제2회 대한민국 중고제 소리 경연대회' 행사 축하창. 김다현 민요 창 〈각설이타령〉(윤충일제) 즉흥 공연 동영상. 촬영: 노재명.

김성구

[CD]

■ 창 〈각설이타령〉 −2007년 1월 22일 녹음

● MICD-4261~4264

보은의 민요

보은문화원 제작·발행, 에이프릴디자인 제조 CDNARA-070712-1~4(GM-0609~0612, 4CD 박스물), 2007년 7월 20일 비매품 한정판 제작. 현장 조사: 노한나·노미란, 제작 진행: 노한나, 섭외: 노미란, 섭외 보조: 김선미, 녹음 채록: 노한나, 현장 보조: 변현숙·현주숙·안재은, 자료 협조: 마을공동체교육연구소·정경재, 마스터링: 황병준, 발행인: 김건식. 김건식 글, 보은 민요 개관 해설(노한나 글), 민요 조사 해당 마을 개관 설명, 가창자 약력, 수록곡 가사, 주석, 곡명 색인 등이 실려있는 총 136면짜리 국·영문 해설서 내장.

[CD 3] 보은의 민요(3) 마로면, 탄부면, 회남면, 내북면 총 63: 11

마로면 세중리 안골 4. 각설이타령(2: 30)(2007년 1월 22일, 김성구)

김영일

[CD]

■ 창 〈각설이타령〉 ─2016년 1월 녹음

● MICD-6649, MIBOOK-1617

음성의 소리 기록화 사업 제3편 음성의 소리─음성읍

음성군 MDC-S-5041(1CD), 2016년 비매품 한정판 제작. 총 292면짜리
『음성의 소리─음성읍』해설서 포함. 총 57분 52초 수록. 감수: 이보형.
인쇄물에 '긴영일', '한국고음반학회'라는 인쇄가 있는데 이는 각각 김영
일, 한국고음반연구회의 오류이다. 지자체 지원금을 받아 공공기관에
서 제작하는 국악 음반 거의 대부분이 이 경우처럼 비매품이다. 누구나
쉽게 구할 수 있는 판매용으로 충분히 만들 수 있음에도 불구하고 애호
가나 학자들이 구하기 어려운 이런 비매품으로 지나치게 너무 많이 제
작되고 있다.

[소여리] 53. 김영일 각설이타령(0: 47)(2016년 1월 녹음)

김재순

[CD]

■ 창 〈각설이타령〉 ─2005년 2월 25일 녹음

● MICD-3394~3398

영동의 민요

영동문화원/옥천민예총/코리아루트 YSRD-3629~3633(5CD 박스물),
2005년 비매품 한정판 제작. 현장 조사: 노한나 · 노미란, 섭외: 노미란,
현장 녹음: 노한나 · 송지환, 사설 채록: 노한나, 사설 정리/음향 편집:
노한나 · 김이연, 사설 감수: 김진순, 자료 협조: 마을공동체교육연구
소, 제작 진행: 김이연, 마스터링: 황병준, 디자인: 김은실, 제작비 지원:
한국문예진흥원 문예진흥기금. 취입자, 녹음 일자와 장소, 수록곡 가사
등이 실려있는 총 192면짜리 국 · 영문 해설지 별첨 내장.
　[CD 1] 설계리 민요 16. 각설이타령(1: 15)(2005년 2월 25일, 김재순)

박인서

[CD]

■ 창 〈품바타령〉 − 2010년 4월 19일 녹음

● MICD-5492, MIBOOK-1124
충북의 소리 − 오셔유! 즐겨유!

충청북도청 PP-100703(1CD), 2010년 비매품 한정판 제작.『충북의 소리』(충청북도청, 2010년, 총 80면) 책자의 부록 CD음반.

[음성군] 24. 품바타령(노래: 박인서, 2010년 4월 19일 녹음)

성병모

[CD]

■ 창 〈각설이타령〉 ─ 2008년 1월 25일 녹음

● MICD-5487

아름다운 단양을 지켜온 사람들의 노래 ─ 단양의 민요〈1〉 매포읍/단성면/대강면(1)

단양군/단양문화원 기획 · 제작 · 발행, CDNARA 제조 CDNARA-20080725-1, YSRD-9803(5CD 박스물 중 1CD), 2008년 7월 31일 비매품 한정판 제작 발행. 후원: 충청북도, 협조: 각 지역 노인회 · 이장, 책임 조사 · 현장 녹음 · 채록 집필: 김형근 · 노한나, 현장 조사: 박옥주 · 변현숙 · 안재은 · 이성희, 음원 편집: 김형근 · 송지환, 인쇄물 디자인: April 디자인. 취입자 사진 · 소개 글, 곡목 해설, 수록곡 가사, 각 지역 소개 글 등이 실려있는 총 217면짜리 국 · 영문 해설서 내장. 총 73분 58초 수록.

[매포읍 상시리] 9. 각설이타령(2: 17)(녹음 일시 · 장소: 2008년 1월 25일 매포읍 상시리, 소리: 성병모)

유인천

[CD]

■ 창 〈각설이타령〉 ─ 1992년 12월 23일 녹음

● MICD-0795

한국민요대전 충청북도(4) 음성군(2)/제천군/중원군(1)

문화방송 기획 · 발행/지구레코드 제조 MBC-16(1CD), 1995년 12월 비매품 한정판 제작. 현지답사 · 녹음진행: 오용록 · 김동효 · 최상일 · 김진순, 디지털 마스터링: 김도연.

음성군 원남면 보천3리 가미산 6. 유인천 각설이타령(5: 34)(1992년 12월 23일 녹음)

이연순

[CD]

■ 창 〈각설이타령〉 ─ 2008년 2월 25일 녹음

● MICD-5489

아름다운 단양을 지켜온 사람들의 노래 ─ 단양의 민요〈3〉 적성면(2)/가곡면

단양군/단양문화원 기획 · 제작 · 발행, CDNARA 제조 CDNARA-20080725-3, YSRD-9805(5CD 박스물 중 1CD), 2008년 7월 31일 비매품 한정판 제작 발행. 후원: 충청북도, 협조: 각 지역 노인회 · 이장, 책임 조사 · 현장 녹음 · 채록 집필: 김형근 · 노한나, 현장 조사: 박옥주 · 변현숙 · 안재은 · 이성희, 음원 편집: 김형근 · 송지환, 인쇄물 디자인: April 디자인. 취입자 사진 · 소개 글, 곡목 해설, 수록곡 가사, 각 지역 소개 글 등이 실려있는 총 217면짜리 국 · 영문 해설서 내장. 총 73분 51초 수록.

[가곡면 대대2리] 24. 각설이타령(2: 01)(녹음 일시 · 장소: 2008년 2월 25일 가곡면 어의곡1리, 소리: 이연순)

이은식

[CD]

■ 창 〈각설이타령〉 ─ 2008년 2월 25일 녹음

● MICD-5489

아름다운 단양을 지켜온 사람들의 노래 – 단양의 민요〈3〉 적성면 (2)/가곡면

단양군/단양문화원 기획 · 제작 · 발행, CDNARA 제조 CDNARA-20080725-3, YSRD-9805(5CD 박스물 중 1CD), 2008년 7월 31일 비매품 한정판 제작 발행. 후원: 충청북도, 협조: 각 지역 노인회 · 이장, 책임 조사 · 현장 녹음 · 채록 집필: 김형근 · 노한나, 현장 조사: 박옥주 · 변현숙 · 안재은 · 이성희, 음원 편집: 김형근 · 송지환, 인쇄물 디자인: April 디자인. 취입자 사진 · 소개 글, 곡목 해설, 수록곡 가사, 각 지역 소개 글 등이 실려있는 총 217면짜리 국 · 영문 해설서 내장. 총 73분 51초 수록.

[가곡면 대대1리] 12. 각설이타령(1: 44)(녹음 일시 · 장소: 2008년 2월 25일 가곡면 대대1리, 소리: 이은식)

정영권

[MSF]

■ 〈각설이타령〉 관련 증언 − 2003년 6월 29일 녹음

● MIMSF-××××(국악음반박물관 소장 관리번호 미부여 상태)

2003년 6월 29일 갈대호드기 · 갈대피리 명인 정영권(충청북도 청주 출생) 〈각설이타령〉 관련 증언. 대담 · 녹음: 노재명.

■ 〈각설이타령〉, 앵금쟁이 관련 증언 − 2024년 2월 27일 녹음

● MIMSF-××××(국악음반박물관 소장 관리번호 미부여 상태)

2024년 2월 27일 정영권 〈각설이타령〉, 앵금쟁이 관련 증언. 대담 · 녹음: 노재명.

황기분

[CD]

■ 창 〈각설이타령〉 − 2008년 2월 28일 녹음

● MICD-5487

아름다운 단양을 지켜온 사람들의 노래 − 단양의 민요〈1〉 매포읍/단성면/대강면(1)

단양군/단양문화원 기획 · 제작 · 발행, CDNARA 제조 CDNARA-20080725-1, YSRD-9803(5CD 박스물 중 1CD), 2008년 7월 31일 비매품 한정판 제작 발행. 후원: 충청북도, 협조: 각 지역 노인회 · 이장, 책임 조사 · 현장 녹음 · 채록 집필: 김형근 · 노한나, 현장 조사: 박옥주 · 변현숙 · 안재은 · 이성희, 음원 편집: 김형근 · 송지환, 인쇄물 디자인: April 디자인. 취입자 사진 · 소개 글, 곡목 해설, 수록곡 가사, 각 지역 소개 글 등이 실려있는 총 217면짜리 국 · 영문 해설서 내장. 총 73분 58초 수록.

[단성면 가산1리] 20. 각설이타령(1: 32)(녹음 일시 · 장소: 2008년 2월 28일 단성면 가산1리, 소리: 황기분)

황재봉

[CD]

■ 창 〈각설이타령〉 − 녹음 시기 미상

● MICD-2706

괴산의 민요

괴산군 기획 제작, A-Tech 제조 CDAJ1PCODAD032, JRC-B0833(1CD),
2004년 한정판 제작. 총 64분 25초 수록. 현장 녹음 작업/채집: 이소라,
마스터링: 유제천, 제작 실무: 이무성. 총 4면짜리 인쇄물 내장.

  20. 각설이(2: 56) 황재봉(장연면 방곡리 병방골)

12. 평안도

강예정

[MSF]

■ 〈각설이타령〉 관련 증언 − 2024년 2월 13일 녹음

● MIMSF-××××(국악음반박물관 소장 관리번호 미부여 상태)

2024년 2월 13일 탈북민 강예정(평안남도 평양 출생) 북한 〈각설이타령〉 관련 증언, 대담 · 녹음: 노재명.

김옥선

[CD]

■ 창 〈장타령〉 −1960년대 후반 녹음

● MICD-2650~2652

국립문화재연구소 소장 자료 시리즈(26) 서도소리

국립문화재연구소 기획 · 제작 KICP-063~065(3CD 비매품 한정판), 1960년대 후반 녹음, 2003년 5월 제작 발행. 기획 · 진행: 박상국 외, 국문 해설: 조유미, 영문 번역: 해이만, CD 디렉터: 양정환. 국 · 영문 해설지(총 40면) 내장.

[CD 2](70: 00) 7. 장타령(창: 김옥선, 장고: 이정렬)(2: 07)

김종조

[SP]

■ 창 〈장타령〉 −1938년 9월 16일 녹음(김종조: 평안남도 용강 출생)

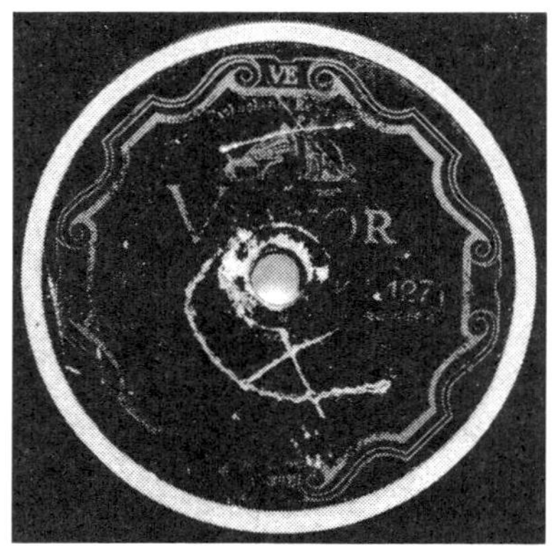

● MISP-2006

Victor KJ-1271(KRE452) 俗謠 장타령 金宗朝

● MIDAT-0068(SP17~18)

Victor KJ-1271(KRE452) 俗謠 장타령 金宗朝

● MIDAT-0151(REEL No.4~5)

Victor KJ-1271(KRE452) 俗謠 장타령 金宗朝

[12인치 LP]

■ 창 〈장타령〉 −1938년 9월 16일 녹음

● MI12LP-0764

빅타 유성기원반 시리즈(11) 서도소리 선집(1) 김종조 · 김주호 · 백운선 외

(주)서울음반 SXCR-097(1LP), 심의번호: 9309-G646, 1994년 4월 30일 유성기원반(마스터 7SP) 복각 제작. 선곡 · 음반 제작 진행: 노재명 · 왕호진, 사설 채록: 왕호진, 디자인: 유형배.

뒷면) 김종조 1.장타령(2: 58)

[CD]

■ 창 〈장타령〉 −1938년 9월 16일 녹음

● MICD-0424

빅타 유성기원반 시리즈(11) 서도소리 선집(1) 창: 김종조 · 김주호 · 백운선 외

(주)서울음반 SRCD-1136(1CD), 음반 기획 · 선곡 · 진행: 노재명 · 왕호진, 디자인: 유형배, 1994년 4월 30일 유성기원반(마스터 7SP) 복각 제작. 심의번호: 9309-G646, 발매 당시 음반 가격: 9500원. 이 컴팩트디스크는 같은 시기, 같은 회사에서 장시간음반(서울음반 SXCR-097, 1LP)으로도 제작된 바 있다. 총 수록시간: 45분 7초.

김종조 6.장타령(2: 58)

김진하

[CD]

■ 창 〈각설이타령〉 −1977년 녹음

● MICD-3198~3200

북녘 땅, 우리 소리 −북한 민요 전집(1) 평안남북도/평양시/남포시편

MBC재단/방송문화진흥회/MBC/(주)서울음반 SRCD-1558-1~3(3CD 박스물), 2004년 5월 제작. 발매 당시 판매 정가: 23000원. 제작 진행: 최상일.

[CD 3] 평안남도(2) 12.각설이타령(1)(2: 02)(평안남도 평원군 덕포리 / 김진하 66세 / 1977년 녹음)

오복녀

[MC]

■ 창 〈장타령〉 −1996년 녹음

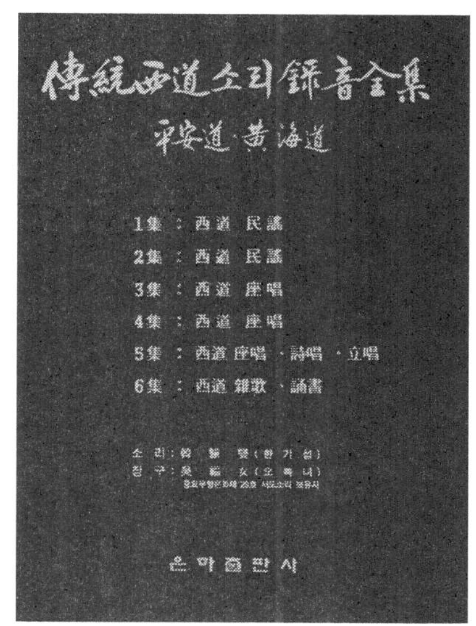

● MIMC-0870

傳統 西道소리 錄音 全集 平安道 · 黃海道(소리: 한기섭, 장고: 중요무형문화재 29호 서도소리 보유자 오복녀) 6집

은하출판사/(주)한소리레코드, 테입번호 없음(6MC 박스물) 중, 1996년 녹음 제작. 본 박스물 발매 당시 판매 가격: 3만원. 오복녀: 평안남도 평양 출생.

[6집] 뒷면 1. 서도 잡가 장타령

조관규

[CD]

■ 창 〈각설이타령〉 − 1974년 녹음

● MICD-3198~3200

북녘 땅, 우리 소리 - 북한 민요 전집(1) 평안남북도/평양시/남포시 편
MBC재단/방송문화진흥회/MBC/(주)서울음반 SRCD-1558-1~3(3CD 박
스물), 2004년 5월 제작. 발매 당시 판매 정가: 23000원. 제작 진행: 최상일.
[CD 3] 평안남도(2) 13. 각설이타령(2)(3: 22)(평안남도 대홍군 랑림리 / 조관
규 70세 / 1974년 녹음)

최순경

[SP]

■ 창 〈장타령〉 - 1937년 녹음(최순경: 평안남도 순천 출생)

● MISP-2009

Okeh Record 12049(K604) 俗謠 장타령 崔順慶

● MISP-3710

Okeh 12049(K604) 俗謠 장타령 崔順慶

한춘정

[SP]

■ 창 〈장타령〉 −1932년 녹음

● MISP-3706

Columbia 40396-B(21628) 漫曲 장타령 韓春汀

■ 창 〈장타령〉 −1932년 녹음

● MIDAT-0187(CB-822)

Columbia 40396-B(21628) 漫曲 장타령 韓春汀

13. 황해도

리종근

[CD]

■ 창 〈각설이타령〉 -1983년 녹음

● MICD-3201~3203

북녘 땅, 우리 소리 - 북한 민요 전집(2) 황해남북도 편

MBC재단/방송문화진흥회/MBC/(주)서울음반 SRCD-1565-1~3(3CD 박스물), 2004년 6월 제작. 발매 당시 판매 정가: 23000원. 제작 진행: 최상일.

[CD 2] 황해북도(2) 9. 각설이타령(3: 42)(황해북도 신계군 추천리 / 리종근 63세 / 1983년 녹음)

박기종

[CD]

■ 창 〈장타령〉 -2000년 녹음

● MICD-3012

박기종 서도소리 제1집 서도민요 전집 – 서도민요(3) 소리: 박기종

서도소리연구회 기획 제작, 웅진미디어 제조 DDCD-35347-5(1CD),

2000년 10월 10일 제작. 녹음 장소: 다다레코딩스튜디오. 앞표지 오른

쪽부터 차례로 박기종, 우해인 사진 수록. 박기종(황해도 벽성 출생) 글과

약력 등이 실려있는 총 8면짜리 해설지 내장. 표지 디자인: 문고은. 총

66분 11초 수록. 박기종 서도소리 전집 총 8장 1세트(발매 당시 판매 정가:

13만원) 중 1장. 이는 박기종 편저 『서도소리 가사집』(서도소리연구회, 총

524면)과 함께 제작됨.

16. 장타령(3: 38)

양소운

[CD]

■ 창 〈각설이타령〉 – 녹음 시기 미상

● MICD-2672~2673

국립문화재연구소 소장 음반자료 시리즈(29) 강령 탈춤

오인관 · 양소운 외(반주: 박동신)

국립문화재연구소 기획 · 제작 KICP-069~070(2CD 비매품 한정판), 녹음 시기 미상, 2003년 12월 제작 발행. 기획 · 진행: 박상국 · 송민선 · 박대남, 국문 해설: 오윤경 · 김호석, 영문 번역: 해이만, CD 디렉터: 양정환, 국 · 영문 해설지(총 24면) 내장. 원천 녹음의 연주자들, 녹음 시기에 대한 고증이 본 음반 제작시 무엇보다 중요한 일이나 이러한 노력과 작업이 충실하지 못했다고 평가됨.

[CD 1] 6. 제5과장 양반춤(22: 22)

이춘

[DVD]

■ 창 〈각설이타령〉 − 2002년 촬영

● MIDVD-0876

중요무형문화재 제34호 강령 탈춤

김실자(장고) 김정순(미얄할미) 이정석(미얄영감) 송용태(팔목중 · 취발이 · 꽹과리) 이춘(재물대감) 일행 연희

국립문화재연구소 SRVD-5846(1DVD), 2002년 12월 비매품 한정판 제작. DVD를 화면상에서 보기 이전에 음반 인쇄물만 봐서는 수록 내용을 자세히 알 수가 없다. DVD를 가동시켜 보지 않아도 수록 내용을 알아보기 쉽게 DVD 인쇄물에 수록되어 있는 내용을 상세히 기록해 주었어야 하는데 제작 미숙과 무성의로 인해 그렇게 엉성하게 만들어졌다고 하겠다.

이현채

[MC]

■ 창 〈장타령〉 — 1990년대 후반 녹음

● MIMC-1151~1152

서도 창극 배뱅이굿(서도소리) 열창: 이현재(이현채) 장고: 최만

새샘음반 G-M0017(1MC), 1990년대 후반 녹음 제작. 앞표지에 이현채 사진 수록. 녹음기술 담당: 김병준.

前) 3. 장타령

기타(창자 성명 미상)

[8mm 비디오테입]

■ 창 〈각설이타령〉 −1996년 6월 8일 공연 실황

● MI8V-0048

1996년 6월 8일 17: 00~18: 00 서울시 송파구 잠실 석촌호수 놀이마당.
김실자 · 김정순 · 김정숙 · 이정석 · 송용태 일행 강령 탈춤 공연. 촬
영: 노재명.

[DVC]

■ 창 〈각설이타령〉 −1997년 4월 13일 공연 실황

● MI6V-0114

1997년 4월 13일 14: 00~16: 30 서울시 송파구 잠실 석촌호수 서울놀
이마당에서 열린 북한무형문화재전
강령탈춤보존회 강령 탈춤. 촬영: 노재명.

■ 창 〈각설이타령〉 −1997년 11월 30일 공연 실황

● MI6V-0187

1997년 11월 30일 14: 00~15: 00 서울시 강남구 삼성동 중요무형문화
재 전수회관 개관 기념 공연(1층 공연장)
김실자 일행 강령 탈춤. 촬영: 노재명.

14. 기타(其他)

각설이 · 소금강

[CD]

■ 노래 〈각설이타령〉 등 −2009년 녹음

● MICD-6159~6160

신들린 각설이(장고 · 북 · 가위: 소금강, 노래: 각설이 · 소금강, 꽁트: 유방실 · 고마담)

(주)성일음악사   기획 · 제작,   (주)스타원엔터테인먼트   판매 SOCD-0162(2CD 박스물/재판), 2009년 녹음, 2014년 제작. 초판과 표지 디자인이 다르다. 앞 · 뒷표지에 소금강 칼라사진 수록.

[CD 1] 2. 각설이타령

[CD 2] 1. 신들린 각설이

갑순이

[CD]

■ 노래 〈각설이타령〉 −녹음 시기 미상

● MICD-4685~4686

팔도 재롱이 지창수 특별 대공연−품바 · 디스코 · 엿가위 · 재담 · 코메디

새샘음반 NFL-375~376(2CD 박스물), 염가 보급반, 녹음 · 제작 시기 미상. 해설 인쇄물 따로 없음. 앞표지에 지창수 칼라사진 수록. 기악반주자들 성명 미상.

[CD 1] 9.갑순이 각설이타령(강원도아리랑)

[DVD]

■ 노래 〈장타령〉－2008년 촬영

● MIDVD-0195

소리꾼 지창수 팔도 재롱이 2집

새샘음반 K-0807-2278-DVD2(1DVD), 2008년 6월 제작. 청소년 관람 불가. 기획 · 제작 · 감독: 문병초. 앞 · 뒷표지에 지창수 사진 수록.

12.소리꾼 갑순이 장타령

[USB]

■ 노래 〈각설이타령〉－녹음 시기 미상

● MIUSB-0019

팔도 재롱이 지창수

제로미디어 제작, 제품번호 없음(1USB), 제작 시기 미표시. 앞표지에 지창수 칼라사진 수록. 발매 당시 할인점 판매가: 14500원.

24.갑순이 각설이타령

강영봉

[MC]

■ 노래 〈각설이타령〉－1990년 녹음

● MIMC-1051

품바하고 흥타령(잘도 한다 강영봉)

대웅프로덕션 기획, 현레코드사 제작 SBH-90-36(1MC), 1990년 3월 20일 제작. 노래: 강영봉, 작사 · 편곡: 배상태. 기악반주자 성명 미상.

　A면) 1.흥타령(각설이타령)

개코

[DVD]

■ 노래 〈각설이타령〉 −촬영 시기 미상

● MIDVD-1001

각설이 잔치 한판 – 명품 각설이들이 펼치는 품바 한마당

삼성음반 SSR-1779(1DVD), 제작 시기 미표시. 앞·뒷표지에 출연자

들 칼라사진 수록. 총 55분.

26. 각설이타령(구전민요)(개코)

그지와 어우동

[DVD]

■ 각설이 애환과 사랑, 품바 트리오 인사, 년중 넋두리 등 – 촬영 시기

미상

● MIDVD-1023

저음 가능, 고음 불가 각설이 스페셜 Vol.1

저음 가능, 고음 불가의 래퍼 매치 / 그지와 어우동의 환상적 하모니

무대와 야외를 누비는 엽기적 댄스 / 선명한 영상과 박터지는 신가사

향연

정음뮤직/오봉미디어 CTS-210503-DVDTC(1DVD), 제작 시기 미표시. 기획·연출: 나무로, 편집: 윤프로덕션. 앞·뒷표지에 출연자들 칼라사진 수록. 총 60분.

[각설이 신파 개그]

1. 각설이 애환과 사랑

[각설이(1) 전래민요, 나무로 개사]

2. 품바-트리오 인사

3. 저음 가능, 고음 불가 년중 넋두리

[각설이(2) 전래민요, 나무로 개사]

15. 남자의 90대

16. 저음 가능, 고음 불가 년중 넋두리

김기창

[MC]

■ 노래 〈각설이타령〉 －2001년 6월 공연 실황

● MIMC-2845

김시라의 품바 20주년 기념 및 고 김시라 선생 추모 공연 －4인 4색의 모노드라마로 다시 태어난다

예당, 제품번호 없음(1MC), 2001년 6월 6~21일 서울 동숭아트센터 동숭홀 공연 실황, 2001년 7월 제작. 공연장 판매용. 앞표지에 품바 3대 박동과, 7대 김기창, 9대 최성웅, 14대 선욱현 칼라사진 수록. 인쇄물 내지에 김시라 칼라사진 수록.

김삿갓 · 공민주 · 모정애

[DVD]

■ 노래 〈각설이타령〉, 〈장타령〉, 〈품바타령〉 － 2008년 촬영

● MIDVD-0179, MIDVD-0996

각설이 2집(먹거리 · 푸닥거리)

저음 가능 · 고음 불가의 래퍼매체, 그지와 어우동의 환상적 하모니, 무대와 야외를 누비는 엽기적 댄스, 선명한 영상과 박터지는 신가사 향연.

정음뮤직 제작 19177(1DVD), 2008년 제작. 기획 · 연출: 나무로, 편집: 윤프로덕션. 노래: 김삿갓 · 공민주 · 모정애. 기악반주자들 성명 미상.

1. 각설이(3)(7: 28)(전래민요, 나무로 개사)

7. 장타령+품바타령(5: 22)(전래민요)

김영진

[DVD]

■ 노래 〈각설이타령〉 -2015년 촬영

● MIDVD-0653

각설이 2집 나는 각설이다

(주)G.M뮤직 제작, 제품번호 없음(1DVD), 2015년 제작. 기획 · 제작:
김재현. 기악반주자들 성명 미상.

1. 각설이타령(민요)(노래: 김영진)

김영철 · 이숙희

[CD]

■ 노래 〈장타령〉, 〈품바타령〉 -1995년 녹음

● MICD-1112

앗싸! 민요 관광(2)

앗싸의 여왕 이숙희와 민요의 황제 김영철의 파티!

무학기획 기획, 효성음향 제작 HSM-060(1CD), 1995년 녹음, 1995년 6월 30일 제작. 노래: 김영철 · 이숙희. 기악반주자들 성명 미상. 앞 · 뒷표지 왼쪽부터 차례로 이숙희 · 김영철 사진 수록.

1. 장타령(민요) 2. 품바타령(민요)

■ 노래 〈장타령〉, 〈품바타령〉 – 1995년 녹음

● MICD-1113~1115

서울품바 3매 1세트 박스물 중 서울품바 1집(노래: 김영철 · 이숙희)

舞鶴音盤 MHX-067(1CD/음반 표면에는 'MHX-068'로 기록됨), 1995년 녹음, 1995년 8월 제작. 기악반주자들 성명 미상. 음반 표면에 서울음반의 제조 번호체계인 'SRCD-6349'가 기록되어 있는 것으로 보아 이 음반은 서울음반에서 생산됨 것임을 알 수 있다. 이는 1995년 녹음, 1995년 6월 30일 제작된 '앗싸! 민요 관광(2)' 음반(무학기획 기획, 효성음향 제작 HSM-060, 1CD)을 재발매한 것이다.

1. 장타령(민요) 2. 품바타령(민요)

김용우

[DAT]

■ 창 〈장타령〉 -1995년 12월 20일 공연 실황

● MIDAT-0085(현장 녹음: 노재명)

1995년 12월 20일 19: 00~21: 30 서울 연강홀. 슬기둥 1995년 송년 특별 공연

한국문화예술진흥원 1995년 공연예술 창작 활성화 지원 사업 선정곡 발표 무대, 슬기둥 창립 10주년 기념 공연. 찬조 출연: 김혜란 · 김성녀 · 강권순 · 김웅식.

7. 천계(天界) 처용의 장타령(김용우 구성 · 노래)

[MC]

■ 창 〈장타령〉 -1999년 11월 녹음

● MIMC-1937

소리꾼 金龍雨 모개비

AKOI MUSIC LTD/제일레코드 akmc-1001(1MC), 1999년 11월 녹음, 2000년 제작. 이 카세트테입은 2000년 컴팩트디스크(AKOI MUSIC LTD. AKCD-1001, 1CD), 2001년 컴팩트디스크(T&C MANAGEMENT/서울음반 SRCD-1454, 1CD 재판)로 제작된 바 있다. 카세트테입과 컴팩트디스크의 녹음 수록 순서가 다르다. 김용우 3집 음반. 앞표지에 김용우 사진 수록.

앞면) 3. 장타령(5: 52)(소리 구성: 김용우, 편곡: 권오준, 색소폰: 이정식, 피아노: 곽윤찬, 드럼: 김희현, 베이스: 김영현, 뒷소리: 인공위성)

[CD]

■ 창 〈장타령〉 -1999년 11월 녹음

● MICD-1690

소리꾼 金龍雨 모개비

AKOI MUSIC LTD. AKCD-1001(1CD 초판), 1999년 11월 녹음, 2000년

제작. 앞표지에 김용우 사진 수록. 발매 당시 음반 가격: 11500원. 총 수록시간: 53분 38초. 김용우 노래 3집 음반. 테크노 버전 보너스 트랙 수록.

3. 장타령(5: 50)(소리 구성: 김용우, 편곡: 권오준, 색소폰: 이정식, 피아노: 곽윤찬, 드럼: 김희현, 베이스: 김영현, 뒷소리: 인공위성)

■ 창 〈장타령〉 − 1999년 11월 녹음

● MICD-1957

金龍雨 모개비

T&C MANAGEMENT/(주)서울음반 SRCD-1454(1CD 재판), 1999년 11월 녹음, 2001년 제작. 김용우 3집 음반. 이는 2000년에 제작된 '소리꾼 金龍雨 모개비' 음반(AKOI MUSIC LTD. AKCD-1001, 1CD)을 재발매한 것. 앞·뒷표지에 김용우 사진 수록.

3. 장타령(5: 52)(소리 구성: 김용우, 편곡: 권오준, 색소폰: 이정식, 피아노: 곽윤찬, 드럼: 김희현, 베이스: 김영현, 뒷소리: 인공위성)

■ 창 〈장타령〉 − 2006년 녹음

● MICD-4140

소리꾼 김용우 10년지기

(주)서울음반 SRCD-1623(1CD), 2006년 5월 제작. 발매 당시 시중 판매

가: 16000원. 김용우 사진·글, 수록곡 가사 등이 실려있는 총 16면짜리 국문 해설지 내장. 총 61분 48초 수록. 노래·프로듀서·뮤직 디렉터: 김용우, 마스터링: 황병준, 디자인: 서민호.

　9.장타령(5: 52)(편곡: 김용우, 섹스폰: 이정식, 피아노: 곽윤찬, 베이스: 김영현, 드럼: 김희연, 뒷소리: 인공위성)

[DVD]

■ 창 〈장타령〉 ─ 촬영 시기 미상

● MIDVD-0249

국악 영상 시리즈 ─ 전통음악의 향연 제12편 슬기둥 송년 콘서트
KBS미디어 기획·제작, 국악춘추사 판매 29012(1DVD), 2008년 12월 제작. 총 77분 수록.

　5.장타령(솔리스트 김용우)

■ 창 〈장타령〉 ─ 2016년 3월 24일 공연 실황

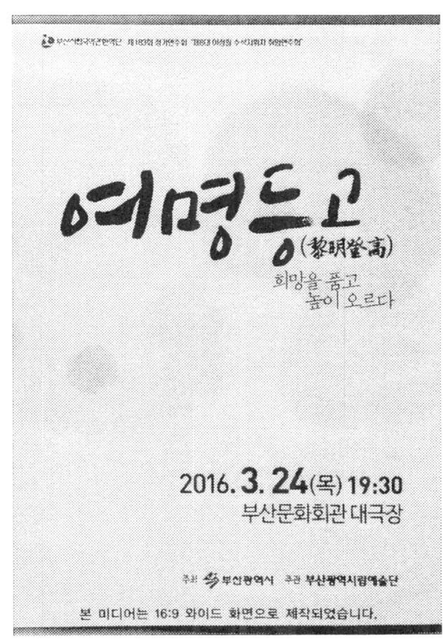

● MIDVD-0919

부산시립국악관현악단 제183회 정기연주회(제8대 이정필 수석지휘자 취임 연주회) － 여명등고(희망을 품고 높이 오르다)

멘토미디어 제작, 제품번호 없음(1DVD 기록용 비상품), 2016년 3월 24일 부산문화회관 대극장 공연 실황, 2016년 제작. 주최: 부산광역시, 주관: 부산광역시립예술단. 뒷표지에 곡목 해설 글 수록.

4. 소리꾼 김용우와 함께 하는 국악관현악 〈장타령〉

김해송

[DAT]

■ 노래 〈팔도 장타령〉 － 1939년 녹음

● MIDAT-0217(CB-854)

Columbia 40852(1 22754) 流行歌 八道장타령 金茶人作詩 金松奎作曲 金海松 伴奏콜럼비아管絃樂團

김현모

[MC]

■ 대중양악 기악합주 〈각설이타령〉 － 1988년 녹음

● MIMC-1065

스피드 경음악(4) 경쾌하고 신나는 디스코 메들리

태광음반(주) VS-122(1MC), 1988년 4월 15일 제작. 연주: 김현모. SIDE A) 10. 각설이타령

김희갑(전기기타)과 그 악단

[12인치 LP]

■ 대중양악 기악합주 〈각설이타령〉 － 1971년 녹음

● MI12LP-2491

고고는 이것이다-특수 민요와 힛트 가요 모음곡

김희갑과 그 악단이 보내드리는 최신 산타나 스타일, 편곡·지휘: 송운선.

힛트레코-드社 SAP-7103(1LP), 1971년 스테레오 녹음, 1971년 10월 20일 제작. 녹음기술 담당: 이청. 앞표지에 가수 김추자 춤 추는 장면 칼라 사진 수록. 뒷표지에 송운선 흑백사진과 민요 〈옹헤야〉, 〈각설이타령〉 가사가 실려있음.

SIDE-1) 1. 각설이타령

깜비·깐순이

[CD]

■ 노래 〈각설이타령〉-녹음 시기 미상

● MICD-7256~7257

스타 각설이 짱-노래: 참이슬·이대로·깐순이·깜비

스타기획/원음미디어 K-1204-4493-1~1204-4494-2(2CD 염가 보급반), 녹음·제작 시기 미표시. 기악반주자 성명 미상. 앞표지에 참이슬·이대로·깐순이·깜비 칼라사진 수록.

[CD 2] 깜비·깐순이 8. 각설이타령

꽃미남·꽃뿌니

[USB]

■ 노래 〈품바타령〉, 〈장타령〉 − 촬영 시기 미상

● MIUSB-0016

품바 꽃미남 · 꽃뿌니 초특급 호화쑈 영상 41곡

봉뮤직 제작, 제품번호 없음(1USB), 제작 시기 미표시. 앞표지에 취입자들 칼라사진 수록. 발매 당시 할인점 판매가: 14500원.

1. 품바타령 17. 장타령

나유진

[MC]

■ 노래 〈각설이타령〉 −1996년 녹음

● MIMC-0676

CAR MUSIC 나유진 민요 디스코 2집

한일음반 HK-510~511(2MC 박스물) 중, 1996년 한일스튜디오 녹음, 1996년 7월 제작. 반주자들 성명 미상.

[2집] SIDE B) 12. 각설이타령

[CD]

■ 노래 〈각설이타령〉 −1996년 녹음

● MICD-1350~1351

나유진 민요디스코 1~2집

한일음반 JMI/HL2-A98I-009~010(2CD 박스물), 1996년 한일스튜디오 녹음, 1998년 제작. 반주자들 성명 미상.

[2집] 25. 각설이타령

나훈아

[DVD]

■ 노래 〈각설이타령〉 −2003년 공연 실황

● MIDVD-0019

나훈아 '코스모스 핀 밤' 공연 실황

MBC 제작, 제품번호 없음(1DVD), 2003년 올림픽공원 공연 실황 녹음, 2004년 제작. 전체 관람가. 앞표지에 나훈아 사진 수록.

23. 각설이타령

[CD]

■ 노래 〈각설이타령〉 - 2004년 녹음

● MICD-3004

대한민국 국악가요 - 羅(나훈아 노래)

Ala Production 기획 제작 ACD-1174/ALA-04-56/ARK-01(1CD), 2004년 제작. 총 45분 25초 수록. 앞 · 뒷표지에 나훈아 사진 수록. 베이스 기타: 신현권, 전기기타 · 어쿠스틱기타: 박광민, 키보드: 김성주, 스트링: 심상원 외 9명, 국악기: 이용구, 코러스: 신혜옥 · 정여진 · 방대식, 사진 촬영: 김태훈 · 이준석 · 정희원, 디자인: 김태훈 · 김보겸 · 김윤미, 녹음 · 믹싱: 스튜디오 N, 마스터링 스튜디오: Wave Station, 마스터링 엔지니어: 정도원, 믹싱 엔지니어: 엄재호, 레코딩 엔지니어: 김지한 · 김학주, 프로듀서: 유지성, Co-Producer · 편곡: 김성주, 컴퓨터 프로그램: 김성주. 발매 당시 판매 정가: 9000원. 총 12면짜리 인쇄물에 나훈아 사진, 수록곡 가사 등이 실려있음.

　9.각설이타령(3: 29)

남칠도

[DVD]

■ 노래 〈품바타령〉 － 2008년 촬영

● MIDVD-1002

팔도 품바쇼 Vol.1

현미디어 HDVD-803(1DVD), 2008년 제작. 앞 · 뒷표지에 출연자들 칼라사진 수록. 총 60분.

　1.품바타령(구전민요)(남칠도)

[USB]

■ 노래 〈품바타령〉 － 2008년 촬영

● MIUSB-0014

각설이 품바쇼 동영상

현레코드 제작, 제품번호 없음(1USB), 제작 시기 미표시. 앞표지에 출연자들 칼라사진 수록. 발매 당시 할인점 판매가: 14500원.

1. 품바타령(구전민요)(남칠도)

남팔도

[DVD]

■ 노래 〈각설이 방구타령〉 −2008년 촬영

● MIDVD-1003

팔도 품바쇼 Vol.2

현미디어 HDVD-804(1DVD), 2008년 제작. 앞 · 뒷표지에 출연자들 칼라사진 수록. 총 60분.

12. 각설이 방구타령(구전민요)(남팔도)

[USB]

■ 노래 〈각설이 방구타령〉 - 2008년 촬영

● MIUSB-0014

각설이 품바쇼 동영상

현레코드 제작, 제품번호 없음(1USB), 제작 시기 미표시. 앞표지에 출연자들 칼라사진 수록. 발매 당시 할인점 판매가: 14500원.

29. 각설이 방구타령(구전민요)(남팔도)

민승아

[MC]

■ 노래 〈각설이타령〉 - 녹음 시기 미상

● MIMC-0686

자동차 가요무대 흥겨운 민요(노래: 민승아)

우신아펙스/시노레코드 WCM-007(1MC), 녹음 · 제작 시기 미상. 기악반주자 성명 미상.

SIDE B) 1. 각설이타령

[CD]

■ 노래 〈각설이타령〉 - 녹음 시기 미상

● MICD-7254~7255

왔다! 신들린 품바 디스코(노래: 민승아)

훈상음향 HS-100305-1~2(2CD 염가 보급반), 녹음 · 제작 시기 미표시.

노래: 민승아. 기악반주자 성명 미상. 앞표지에 민승아 칼라사진 수록.

[CD 1] 1. 각설이타령(품바)(전래민요)(2: 00)

[USB]

■ 노래 〈각설이타령〉, 〈장타령〉 - 녹음 시기 미상

● MIUSB-0020

전국 1대 품바왕 민승아 · 최민 각설이타령

새샘음반 제작, 제품번호 없음(1USB), 제작 시기 미표시. 앞표지에 민
승아 · 최민 칼라사진 수록. 발매 당시 할인점 판매가: 14500원.

[민승아 민요] 1. 각설이타령 2. 장타령

■ 노래 〈각설이타령〉 - 녹음 시기 미상

● MIUSB-0021

신들린 품바 민승아 각설이타령

훈상음향/거성레코드 제작, 제품번호 없음(1USB), 제작 시기 미표시.

앞표지에 민승아 칼라사진 수록. 발매 당시 할인점 판매가: 14500원. 수록곡 목차 등이 실려있는 총 8면짜리 한글 인쇄물 내장.

45. 각설이타령(품바)

민주 · 숙희

[MC]

■ 노래 〈각설이타령〉 - 1998년 녹음

● MIMC-1047

민요 쓰리랑 디스코(노래: 민주와 숙희)

소리샘기획/프로뮤직/주식회사 대성음반 제작, 제품번호 없음 (1MC), 1998년 녹음, 1998년 5월 제작. 기악반주자 성명 미상.

B면) 2. 각설이타령

박동과

[MC]

■ 노래 〈각설이타령〉 - 2001년 6월 촬영

● MIMC-2845

김시라의 품바 20주년 기념 및 고 김시라 선생 추모 공연 — 4인 4색의 모노드라마로 다시 태어난다

예당, 제품번호 없음(1MC), 2001년 6월 6~21일 서울 동숭아트센터 동숭홀 공연 실황, 2001년 7월 제작. 공연장 판매용. 앞표지에 품바 3대 박동과, 7대 김기창, 9대 최성웅, 14대 선욱현 칼라사진 수록. 인쇄물 내지에 김시라 칼라사진 수록.

박상원

[CD]

■ 노래 〈각설이타령〉, 〈장타령〉, 〈신각설이〉 — 1997년 녹음

● MICD-1113~1115

서울품바 3매 1세트 박스물 중 서울품바 3집(노래: 박상원)

舞鶴音盤 MHX-069(1CD), 1997년 녹음, 1997년 4월 제작. 기악반주자들 성명 미상. 음반 표면에 서울음반의 제조 번호체계인 'SRCD-6420'이 기록되어 있는 것으로 보아 이 음반은 서울음반에서 생산된 것임을 알수 있다.

4. 각설이타령(민요) 12. 장타령(민요) 14. 신각설이(민요)

박옥순

[MC]

■ 노래 〈각설이타령〉 — 1991년 녹음

● MIMC-0646

MBC 인간시대 출연 품바 아줌마(노래: 박옥순)

세진레코드사 SJS-213(1MC), 1991년 5월 10일 제작. 앞표지에 박옥순 사진 수록. 기악반주자 성명 미상. 기획: 조용하.

SIDE 1) 1. 각설이타령

■ 노래 〈각설이타령〉 −1991년 녹음

● MIMC-0645

신났다 각설이 아줌마 관광 디스코

노래: 박옥순, 기악 연주: 정창교/박성기.

상호기획 기획, 세진레코드사 제작 SSH-022(1MC), 1991년 7월 20일 제작. 앞표지에 박옥순 사진 수록.

SIDE 1) 1. 각설이(전래민요)

SIDE 2) 1. 각설이(전래민요) 10. 각설이(전래민요)

박진현

[VHS]

■ 노래 〈장타령〉 −1996년 공연 실황

● MIVHS-0149(방송 수신 녹화: 노재명)

1996년 10월 30일 00: 00~01: 00 MBC-TV. 싀미기픈믈(마지막 방송)

제15회 광명시민의 날 기념음악회 제2부(광명시청운동장 공연 실황) 진행: 강재형 · 정은임

박진현 〈장타령〉

■ 노래 〈품바타령〉 −1997년 촬영

● MIVHS-0223(방송 수신 녹화: 노재명)

1997년 9월 3일 00: 10~01: 00 MBC-TV. '한마음 음악회' 제11회(MBC 공개홀 녹화)

박진현 〈품바타령〉

블루 벨스

[12인치 LP]

■ 노래 〈각설이타령〉 −1972년 녹음

● MI12LP-1025

Blue Bells 1972

成音製作所 SEL-100007, SL-1001(1LP), 1972년 스테레오 녹음 제작. 기획: 전우음악실. 그룹 '블루 벨스' 노래·연주. 앞표지에 그룹 '블루 벨스' 단체 사진 수록. 뒷표지에 수록곡 가사가 실려있음.

A면) 3. 각설이타령

선욱현

[MC]

■ 노래 〈각설이타령〉 – 2001년 6월 촬영

● MIMC-2845

김시라의 품바 20주년 기념 및 고 김시라 선생 추모 공연 – 4인 4색의 모노드라마로 다시 태어난다

예당, 제품번호 없음(1MC), 2001년 6월 6~21일 서울 동숭아트센터 동숭홀 공연 실황, 2001년 7월 제작. 공연장 판매용. 앞표지에 품바 3대 박동과, 7대 김기창, 9대 최성웅, 14대 선욱현 칼라사진 수록. 인쇄물 내지에 김시라 칼라사진 수록.

슬기둥

[CD]

■ 노래 〈장타령〉 – 2000년 11월 13일 공연 실황

● MICD-3049

국악실내악단 슬기둥 창단 15주년 기념 공연 실황 음반

도레미레코드사 DRMCD-1734(1CD), 2000년 11월 13일 서울 LG아트센터 공연 실황 녹음, 2000년 제작. 총 67분 8초 수록. 음악감독: 이준호, 프로듀서: 전무영, 레코딩·믹싱 엔지니어: 박주익, 마스터링 엔지니어: 정도원, 표지 일러스트레이션: 한준호, 디자인: DooZoo, 사진 촬영:

안해룡 · 전성현 · Ichiro Shimizu. 슬기둥 연혁과 단원들 약력 · 사진,
곡목 해설 등이 실려있는 총 16면짜리 국 · 영문 해설지 내장. 발매 당시
판매 정가: 12000원.
　11. 장타령(7: 02)

신중현과 뮤직 파워

[MC]

■ 노래 〈장타령〉 -1980년 공연 실황

● MIMC-0346(방송 수신 녹음: 신중현)

록 그룹 '신중현과 뮤직 파워' 1980년 공연 실황 TV방송 녹음

노래: 신중현(전기기타) · 박인수 · 박점미 등.

앞면) 장타령

심형래 일행

[VHS]

■ 노래 〈각설이타령〉 -1984년 촬영

● MIVHS-1251

영화 '각설이 품바타령'

㈜스타맥스 기획, 삼화비디오프로덕숀 제조, 삼성전자주식회사 판매 SV-D027(1VHS), 1988년 2월 27일 제작. 공윤심의번호: 8802-V30, 상영 시간: 120분. 앞표지에 심형래 칼라사진 수록. 1984년 12월 19일 개봉작. 영화 제작사: 주식회사 우성사. 출연: 심형래 · 김현주 · 주호성 · 안병경 · 김동수 등, 감독: 남기남, 각본: 유지형, 음악 담당: 정민섭. 〈각설이타령〉 수록. 중학생 이상 관람가. 총 관람객수: 6266명.

■ 노래 〈각설이타령〉 －1985년 촬영

● MIVHS-1250

영화 '작년에 왔던 각설이'

삼화비디오프로덕숀 제작, 제품번호 없음(1VHS), 1987년 12월 2일 제작.

공윤위심의필심의번호: 8707-V148, 상영 시간: 90분. 앞표지에 심형
래 칼라사진 수록. 1985년 4월 20일 개봉작. 영화 제작사: ㈜신한영화.
출연: 심형래·임하룡·서지영·박동룡·이해룡 등, 감독: 남기남, 각
본: 유지형, 음악 담당: 정민섭. 〈각설이타령〉 수록. 중학생 이상 관람
가. 총 관람객수: 14536명.

억스(Aux)

[CD]

■ 노래 〈품바〉 -2010년 녹음

● MICD-7105

2017 국악창작곡 개발 -21C 한국음악 프로젝트 제4회

국악방송/Universal Music/소리숲 DU-8574(1CD), 2010년 7~8월
Sonic Edge 녹음, 2010년 12월 제작. 총 50분 15초 수록. 연주자들 소개
글, 칼라사진, 곡목 해설 등이 실려있는 총 36면짜리 국·영문 인쇄물
내장.

9.21C 한국음악상/대상 -Aux 〈품바〉(4: 24)

예봉

[CD]

■ 노래 〈각설이타령〉 -2015년 녹음

● MICD-6355

예봉의 민요 디스코 한마당

뮤직코리아 MK04-03(1CD), 2015년 제작. 앞·뒷표지에 가수 예봉 칼
라사진 수록. 노래: 예봉.

15. 각설이타령

육각수

[VHS]

■ 노래 〈장타령〉 ─ 1995년 촬영

● MIVHS-0360(방송 수신 녹화: 노재명)

1998년 2월 22일 21: 10~22: 00 아리랑TV. Korea's Rhythm

1995년 호암아트홀에서 열린 MBC-TV '신미기픈플' 공개 방송 녹화 자료

4. 육각수(노래) 민요 〈장타령〉(반주: 김정희·김덕수·이용구·이태백 외)

이금화

[MC]

■ 노래 〈각설이타령〉 ─ 1994년 녹음

● MIMC-0598

앵콜 민요 디스코 ─ 이금화의 신명나는 메들리

지구레코드 JCS-2666(1MC), 1994년 12월 제작. 기획: 여야성, 발매 당시 판매 정가: 2800원, 노래: 이금화. 기악반주자 성명 미상.

앞면) 4. 각설이타령

이만석

[MC]

■ 노래 〈각설이타령〉, 〈장타령〉 ─ 1985년 녹음

● MIMC-0664

웃기는 만석이 제1탄 돌아온 각설이 품바 품바

아성/태광음반(주) SUL-8538(1MC), 1985년 녹음, 1990년 1월 11일 제작. 기획: 설용수, 반주: 김재홍. 앞·뒷표지에 이만석 사진 수록. 총 수록시간: 40분.

A면) 1. 각설이타령(8502-G7) 3. 각설이타령(장타령)(8502-G7)

■ 노래 〈장타령〉, 〈각설이타령〉 등 - 1990년 녹음

● MIMC-0667

만석이 총결산

태광음반(주) SUL-8574(1MC), 1991년 8월 제작. 기획: 설용수. 앞 · 뒷 표지에 이만석 사진 수록. 총 수록시간: 50분. 기악반주자 성명 미상.

SIDE B) 1. 고리타령 품바 4. 장타령 5. 각설이타령

■ 노래 〈장타령〉, 〈각설이타령〉 - 1991년 녹음

● MIMC-0669

배꼽잡는 타령왕 만석이

(주)노랫마을 NMR-0037(1MC), 1991년 3월 1일 제작. 앞 · 뒷표지에 이만석 사진 수록. 기악반주자 성명 미상.

A면) 3. 장타령 11. 각설이(정승)타령

■ 노래 〈각설이타령〉, 〈장타령〉 — 1991년 녹음

● MIMC-2164

타령왕 만석이 VOL.2

거성레코드 SSC-093(1MC), 1991년 8월 30일 제작. 노래: 이만석. 기악
반주자 성명 미상. 앞표지에 이만석 칼라사진 수록. 총 53분 55초 수록.

SIDE A) 1.각설이타령 2.장타령

■ 노래 〈장타령〉, 〈각설이타령〉 — 1999년 녹음

● MIMC-1386, MIMC-1727

타령 황제 만석이 한판

노랫마을 NMR-0329(1MC), 1999년 9월 20일 제작. 작사·작곡·노래:
이만석, 반주: 김차규. 앞표지에 이만석 칼라사진 수록.

앞면) 8.장타령

뒷면) 5.각설이타령

[CD]

■ 노래 〈각설이타령〉, 〈장타령〉 — 1985년 녹음

● MICD-0896

웃기는 만석이(1) 돌아온 각설이 품바 품바

아성/태광음반(주) AS-1818(1CD), 1985년 녹음, 1991년 8월 30일 제
작. 기획: 설용수. 앞·뒷표지에 이만석 사진 수록. 총 수록시간: 40분.
기악반주자 성명 미상.

1.각설이타령(8502-G7) 3.각설이타령(장타령)(8502-G7)

■ 노래 〈장타령〉, 〈각설이타령〉 등 — 1990년 녹음

● MICD-1091~1093

신나는 디스코 메들리 품바타령 3매 1세트 박스물

만석이 총결산(1)

아성레코드주식회사 AS-8574(1CD), 1990년 녹음, 1991년 8월 제작.

앞·뒷표지에 이만석 사진 수록. 총 수록시간: 50분. 기악반주자 성명 미상.

10.고리타령 품바 13.장타령 14.각설이타령

■ 노래 〈장타령〉, 〈각설이타령〉－1991년 녹음

● MICD-5470

배꼽 잡는 타령왕 만석이(노래: 이간석)

(주)노랫마을 NMR-0037(1CD), 1991년 3월 1일 제작. 총 50분 26초 수록. 앞·뒷표지에 이만석 칼라사진 수록. 기악반주자들 성명 미상. 인쇄물에 수록곡 가사나 해설 등이 실려있지 않음.

3.장타령 11.각설이(정승)타령

■ 노래 〈각설이타령〉, 〈장타령〉－1991년 녹음

● MICD-4860~4861

타령왕 만석이

거성레코드 SGCD-0038(2CD 박스물/재편집 재발매반), 2009년 염가 보급반 제작. 노래: 이만석. 기악반주자 성명 미상. 발매 당시 판매 정가: 6000원. 해설지 따로 없음. 앞·뒷표지에 이만석 칼라사진 수록.

[CD 2] 총 53: 55

1.각설이타령 2.장타령

■ 노래 〈팔도 장타령〉－녹음 시기 미상

● MICD-7296~7297

웃기는 만석이 총결산

아성미디어 ASM-02132~02133(2CD 박스물 염가반), 제작 시기 미표시. 기획: 설용수, 노래: 이만석. 기악반주자 성명 미상. 앞표지에 이만석 칼라사진 수록.

[CD 1] 8. 팔도 장타령

[12인치 LP]

■ 노래 〈각설이타령〉 −1991년 녹음

● MI12LP-2486

타령왕 만석이 VOL.2 각석이타령 · 범벅타령

토롤레코드 SSL-052(1LP), 1991년 녹음, 1991년 8월 31일 제작. 녹음기술 담당: 정용원. 앞 · 뒷표지에 이만석 칼라사진 수록. 뒷표지에 수록곡 가사가 실려있음.

SIDE A(26: 56) 1. 각설이타령

이상진

[DVD]

■ 노래 〈각설이타령〉 —2014년 촬영

● MIDVD-0644, MIDVD-0997

명품 각설이 — 대한민국 최고의 각설이 한마당

삼성음반 SSR-1697(1DVD), 2014년 3월 제작. 작가: 최진우, 감독: 남민철. 앞표지에 출연자들 칼라사진 수록.

23. 각설이타령(이상진)

[USB]

■ 노래 〈각설이타령〉 등 —녹음 시기 미상

● MIUSB-0015

명품 각설이 한마당 쇼 —황금돼지 품바쇼 75곡 코뽈소

월드미디어 제작, 제품번호 없음(1USB), 제작 시기 미표시. 앞표지에 취입자들 칼라사진 수록. 발매 당시 할인점 판매가: 14500원.

41. 각설이타령(이상진) 59. 각설이타령 66. 각설이타령 74. 한맺힌 각설

이(멜로디) 75. 한맺힌 각설이(MR)

이상진 · 칠봉이

[DVD]

■ 노래 〈각설이타령〉 - 촬영 시기 미상

● MIDVD-1000

18인 품바 명인 베스트 앨범 - 대한민국 최고 각설이 품바 한마당
삼성음반 SSR-1810(1DVD), 제작 시기 미표시. 앞 · 뒷표지에 출연자
들 칼라사진 수록. 총 55분.

1. 각설이타령(이상진 · 칠봉이)

이영진 · 류숙

[CD]

■ 노래 〈신각설이타령〉 - 2005년 녹음

● MICD-7304

이영진과 류숙

EK엔터테인먼트/오아시스레코드사 OCP-420(1CD), 2005년 녹음, 2005년 8월 제작. 노래: 이영진과 류숙, 녹음 엔지니어: 윤원중, 편곡: 최춘호, 디렉터: 허삼길, 사진 촬영: 최민철, 스타일리스트: 김윤정, 디자인: 조정훈. 기악반주자 성명 미상. 앞표지에 이영진 칼라사진, 뒷표지에 류숙 칼라사진 수록. 수록곡 가사, 이영진과 류숙 칼라사진 등이 실려있는 총 12면짜리 한글 인쇄물 내장.

11. 신각설이타령(이영진 작사, 전래민요)

이은영 · 나무로

[CD]

■ 노래 〈품바타령〉 − 녹음 시기 미상

● MICD-5755~5756

팔도 가락 좋을시고(3)(4) 남도 판소리 춘향가 중

2018 평창 올림픽 기념 음반 − 정선아라리(전곡)

소리: 정수정 · 나무로 · 최길자 · 김순녀 · 권나경 · 박아랑 · 이은영

오봉미디어 GS-C130122-03~04(2CD 박스물), 2013년 1월 염가 보급반 제작. 기획: 나무로. 음반 해설 인쇄물이 별도로 없음. 기악반주자들 성명 미상. 뒷표지에 수록곡 트랙 표시가 잘못되어 있는데 실제 트랙을 정리해 보면 다음과 같다.

[CD 2] 총 50: 38(CD 알판 표면에 나무로 · 이은영 칼라사진 수록)

19. 품바타령(나무로 작사, 홍기성 작편곡) 이은영 · 나무로

이충기

[CD]

■ 노래 〈각설이타령〉 − 2008년 녹음

● MICD-6275~6276

팔도 오부리 — 관광 디스코 (1)(2) 노래: 이충기

우신미디어 FMCD-0001(1CD), 2008년 제작. 기획: 전윤덕. 기악 반주
자들 성명 미상.

[CD 2] 11. 각설이타령

정규수

[MC]

■ 모노드라마 품바 — 1984년 녹음

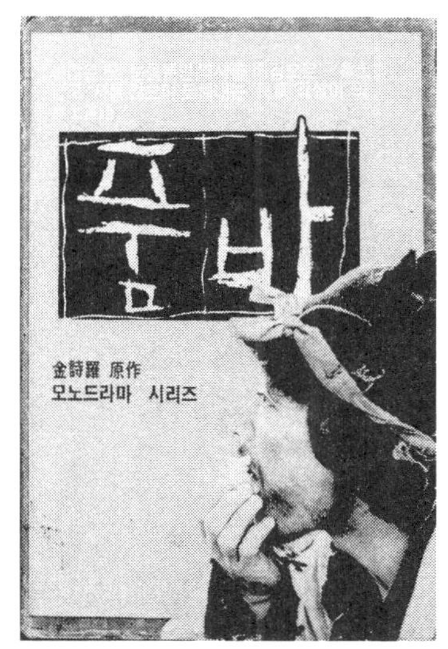

● MIMC-0568~0569

정규수 오리지날 모노드라마 품바

김시라 원작, 조일도 연출, 오준영 음악.

태멘 기획, 주식회사 대성음반 제작 DAS-0211(1MC), 1984년 7월 23일
제작.

[CD]

■ 모노드라마 품바 - 1984년 녹음

● MICD-0903

정규수 오리지날 모노드라마 품바

김시라 원작, 조일도 연출, 오준영 음악.

태멘 기획, 주식회사 대성음반 제작, (주)SKC 제조 CDAS-0211(1CD), 1991년 4월 20일 제작. 이 음반은 카세트테입(대성음반 DAS-0211, 1MC)으로도 발매된 바 있다.

정승호 · 우순실

[12인치 LP]

■ 푸른극단 각설이타령(품바) - 1985년 공연 실황

● MI12LP-1014

흥과 해학의 각설이타령(품바)

극단 푸른극단 제1회 공연 실황 녹음(출연: 정승호 · 우순실)

김시라 원작, 조일도 연출, 조운파 지휘, 김수한 진행, 길옥윤 기획.

新世界레코드會社 SIS-860256(1LF), 1985년 녹음, 1986년 1월 25일 제작. 녹음기사: 정용원, 심의번호: 8304-S127, 총 수록시간: 54분 42초. 앞 · 뒷표지에 정승호 사진 수록.

[MC]

■ 푸른극단 제1회 공연(품바, 각설이) - 1980년대 중후반 공연 실황

● MIMC-2747

품바, 각설이

푸른극단 제1회 공연 실황 녹음

신안 SS-845(1MC), 1980년대 중후반 녹음 제작.

조영남

[12인치 LP]

■ 노래 〈각설이타령〉 −1970년 녹음

● MI12LP-3299

국보급 황금의 목소리 조영남 민요 특선 제1집

그랜드레코드공사 GH-00034(1LP), 1970년경 제작. 노래: 조영남. 기악반주자들 성명 미상. 황우루 기획 작품집. 앞표지에 조영남 칼라사진, 뒷표지에 황우루 흑백사진과 수록곡 가사가 실려있음.

SIDE 1) 3. 각설이타령

■ 노래 〈장타령〉 −녹음 시기 미상

● MI12LP-1286

GOLDEN FOLK ALBUM / 금지 해제곡

그건 너 / 한잔의 추억

주식회사 예음사 OL-0110(1LP) 1987년 9월 10일 제작. 본 음반의 앞표지에는 이장희 사진이, 뒷표지에는 조영남 사진이 실려있다.

뒷면) 6. 장타령(2: 25)(구전속요/조영남 노래)(8708-7537)

주미하(가야금) 김세영(거문고) 김대선(첼로) 김정아(신디) 김경수(타악기)

[CD]

■ 기악합주 〈각설이타령〉 −녹음 시기 미상

● MICD-7019

동서 음악의 만남

㈜투원미디어 SBCD-6453(1CD), 녹음 · 제작 시기 미상. 한국 민요를
국악기와 서양악기로 편작한 녹음집. 곡목 해설 등이 실려있는 총 4면
짜리 국 · 영문 인쇄물 내장. 프로듀서: 정부기 · 이명수, 녹음 장소:
KOCCA STUDIO, 녹음 엔지니어: Song Sukjin · 민지연, 믹싱 엔지니어:
James Lee · Song Sukjin, 마스터링 엔지니어: James Lee, 디자인: 이병현.

2. 각설이타령(4: 55)(편곡: 정부기, 가야금: 주미하, 거문고: 김세영, 첼로: 김대선,
신디: 김정아, 타악기: 김경수)

지창수

[CD]

■ 노래 〈품바타령〉, 〈장타령〉 – 녹음 시기 미상

● MICD-4685~4686

팔도 재롱이 지창수 특별 대공연 – 품바 · 디스코 · 엿가위 · 재담 ·
코메디

새샘음반 NFL-375~376(2CD 박스물), 염가 보급반, 녹음 · 제작 시기 미
상. 해설 인쇄물 따로 없음. 앞표지에 지창수 칼라사진 수록. 노래: 지창
수. 기악반주자들 성명 미상.

[CD 1] 2. 품바타령 3. 장타령 11. 장타령

[CD 2] 11. 장타령

[DVD]

■ 노래 〈장타령〉 등 – 2008년 촬영

● MIDVD-0194

소리꾼 지창수 팔도 재롱이 1집

새샘음반 K-0807-2278-DVD1(1DVD), 2008년 6월 제작. 청소년 관람
불가. 기획 · 제작 · 감독: 문병초. 앞 · 뒷표지에 지창수 사진 수록.

1.지창수 소개

7.한 많은 남자 각설이 소리꾼 지창수(한오백년 민요 외)

9.한 맺힌 소리꾼 각설이 상여소리

13.북 치는 소리꾼 장타령

[USB]

■ 노래 〈품바타령〉, 〈장타령〉, 〈각설이타령〉, 〈각설이 재담〉 등 — 녹음시기 미상

● MIUSB-0019

팔도 재롱이 지창수

제로미디어 제작, 제품번호 없음(1USB), 제작 시기 미표시. 노래: 지창수. 앞표지에 지창수 칼라사진 수록. 발매 당시 할인점 판매가: 14500원.

3.품바타령

4.장타령, 지타령

16.각설이타령

27.각설이 재담

36.한많은 남자 각설이

47. 대금과 퉁소 소리, 장타령
50. 장타령
60. 지창수가 축원을 올려드립니다

채희성

[MC]

■ 대중양악 기악합주 〈각설이타령〉, 〈장타령〉 −1990년 녹음

● MIMC-1053

멍텅구리 민요 장터 디스코 경음악(빠른 템포, 야유회 관광용)

대도레코드사 DC-530(1MC), 1990년 3월 제작. 편곡 · 연주: 채희성,
기획: 이무성.

SIDE A) 1. 각설이타령
SIDE B) 6. 장타령

최민

[USB]

■ 노래 〈각설이타령〉, 〈장타령〉 −녹음 시기 미상

● MIUSB-0017

거지왕 최민 각설이타령

새샘음반 제작, 제품번호 없음(1USB), 제작 시기 미표시. 앞표지에 최민 칼라사진 수록. 발매 당시 할인점 판매가: 14500원.

1. 각설이타령(우리 부모 날 낳아서 큰사람 되달라고 갈쳐서 각설이 신세가 웬말이냐)

2. 각설이타령(이래 봐도 이놈이 정승 판서 자제놈 돈 한푼에 팔렸소)

3. 각설이타령(아가씨 것 본개 꼴리고 아줌마 것 본개 반갑소 할아버지 본개 틀렸소)

4. 각설이타령(누가 나를 만들었소 실수로서 만들었소)

5. 각설이타령(시전 서전 읽었는지 무시하게도 잘한다)

6. 각설이타령(일자 한 장을 들고 보니~억자)

7. 각설이타령(첫째집을 들어가 보니 싸리문~열째집 각설이타령)

8. 각설이타령(인생풀이 일편단심 죽으면 죽었지 못살겠네)

9. 각설이타령(남자 팔자 시간 문제다)

10. 장타령

12. 각설이타령

13. 장타령

■ 노래 〈품바타령〉, 〈장타령〉 – 녹음 시기 미상

● MIUSB-0020

전국 1대 품바왕 민승아 · 최민 각설이타령

새샘음반 제작, 제품번호 없음(1USB), 제작 시기 미표시. 앞표지에 민승아 · 최민 칼라사진 수록. 발매 당시 할인점 판매가: 14500원.

[최민 품바왕] 23.1대 품바타령 24. 품바타령 25. 품바타령 26. 품바타령 27. 품바타령 28. 품바타령 29. 품바타령 30. 품바타령 31. 장타령

최성웅

[MC]

■ 노래 〈각설이타령〉 - 2001년 6월 촬영

● MIMC-2845

김시라의 품바 20주년 기념 및 고 김시라 선생 추모 공연 - 4인 4색의 모노드라마로 다시 태어난다

예당, 제품번호 없음(1MC), 2001년 6월 6~21일 서울 동숭아트센터 동숭홀 공연 실황, 2001년 7월 제작. 공연장 판매용. 앞표지에 품바 3대 박동과, 7대 김기창, 9대 최성웅, 14대 선욱현 칼라사진 수록. 인쇄물 내지에 김시라 칼라사진 수록.

최장봉(최창봉 · 최세월)

[CD]

■ 노래 〈장타령〉, 〈품바타령〉 - 녹음 시기 미상

● MICD-1947

최장봉 왕타령(노래: 최장봉)

삼성프로덕션 SSPCD-1144(1CD), 2000년경 저가 보급반 제작. 녹음 시기와 기악반주자들 성명 미상. 뒷표지에 최장봉 사진 수록. 총 30분 49초 수록. 기획 · 연출: 양영식.

2. 장타령 14. 품바타령

■ 노래 〈장타령〉 - 녹음 시기 미상

● MICD-4687~4688

최세월 - 타령 보따리(흥겨운 민속 타령 · 창작곡)

최세월 기획 · 제작, Q Music 제즈 NFL-576~577(2CD 박스물), 2007년 염가 보급반 제작. 해설 인쇄물 따로 없음. 앞표지에 최세월 칼라사진 수록. 노래: 최세월. 기악반주자들 성명 미상.

[CD 1] 2.장타령(개사 · 작곡: 최장봉)

■ 노래 〈장타령〉, 〈품바타령〉 − 녹음 시기 미상

● MICD-5189~5190

왕타령(노래: 최장봉)

삼성음반 SSR-1204(2CD), 2010년 염가 보급반 제작. 앞 · 뒷표지에 최
장봉 칼라사진 수록. 기악반주자들 성명 미상.

[CD 1] 2.장타령 14.품바타령

■ 노래 〈장타령〉 − 2011년 녹음

● MICD-7252~7253

타령 황제 최세월 − 우리소리 삶타령

세월기획/훈상음향 HS-110525/110605(2CD 염가 보급반), 2011년 제작.
작사 · 작곡 · 노래: 최세월. 기악반주자 성명 미상. 앞 · 뒷표지에 최세
월 칼라사진 수록.

[CD 2] 2.장타령(1: 59)

■ 노래 〈장타령〉 − 녹음 시기 미상

● MICD-6889~6890

최세월 장타령 − 복 받아라

다성미디어 AM-18K-212~213(2CD 염가반), 2018년 제작. 발매 당시 할
인점 판매가: 7000원. 노래: 최세월. 기악반주자 성명 미상.

[CD 1] 18.장타령

[MC]

■ 노래 〈장타령〉 − 녹음 시기 미상

● MIMC-0679

최장봉 최신 활량타령

(주)노랫마을 SSP-0139(1MC), 녹음/제작 시기 미상. 앞표지에 최장봉
사진 수록. 노래: 최장봉, 기획: 삼성프로덕션, 연출: 양영식. 기악반주

자들 성명 미상.

　SIDE A) 2. 장타령

　■ 노래 〈장타령〉, 〈품바타령〉 － 녹음 시기 미상

　● MIMC-2039

왕타령(노래: 최장봉)

M.S co./삼성프로덕션 SSP-0146(1MC), 녹음 · 제작 시기 미상. 기획 · 연
출: 양영식. 기악반주자들 성명 미상. 앞 · 뒷표지에 최장봉 칼라사진 수록.

　Side A) 2. 장타령

　Side B) 3. 품바타령

　■ 노래 〈장타령〉 － 녹음 시기 미상

　● MIMC-2040

왕타령(2)(노래: 최장봉)

삼성음반 SSR-1154(1MC), 녹음 · 저작 시기 미상. 기획 · 연출: 양영식,
연주: 최강산. 앞 · 뒷표지에 최장동 칼라사진 수록.

　Side A) 10. 장타령

　[USB]

　■ 노래 〈장타령〉, 〈품바타령〉 － 녹음 시기 미상

● MIUSB-0018

각설이의 왕 최장봉 76곡

삼성음반 SSR-1758(1USB), 제작 시기 미표시. 앞표지에 최장봉 칼라 사진 수록. 발매 당시 할인점 판매가: 14500원.

　2.장타령 14.품바타령 56.장타령

품바

[DVD]

■ 노래 〈각설이타령〉 −2016년 촬영

● MIDVD-0998

품바 장똘뱅이−한많은 각설이들의 숨막히는 품바 한마당

삼성음반 SSR-1728(1DVD), 2016년 3월 제작. PD: 최진우, 감독: 남민철. 앞·뒷표지에 출연자들 칼라사진 수록. 총 55분.

　1.각설이타령(품바)

한심해 훼밀리

[DVD]

■ 노래 〈품바타령〉, 〈장타령〉 - 촬영 시기 미상

● MIDVD-1022

품바 초특급 호화쑈 - 꽃미남 꽃뿌니 쑈쑈쑈 / 한심해 훼밀리쑈 / 바보온달과 평강공주 예술단

봉뮤직/오봉미디어 SIN-140324-DVD(1DVD), 제작 시기 미표시. 기획: 나무로, 반주 음악 담당: 전홍민. 앞·뒷표지에 출연자들 칼라사진 수록. 총 100분. 18세 이상 관람가.

1. 품바타령(구전민요) 한심해 훼밀리
17. 장타령(구전민요) 한심해 훼밀리

기타(其他)

[REEL]

■ 창 〈장타령〉 - 녹음 시기 미상

● MIREEL-0054(기록용 녹음테입)

B) 330-440. 장타령(창자 성명 미기록 상태)

[12인치 LP]

■ 품바(사운드 트랙) − 1984년 녹음

● MI12LP-1453

순수한 우리 노래 싸운드 트랙-품바

주식회사 대성음반 DAS-0249(1LP), 1984년 STEREO 녹음, 1985년 제작. 뒷표지에 수록곡 가사 수록.

앞면) 1. 품바! 품바! 품바!(대사: 정규수, 에필로그 · 글: 김시라)(2: 42)

2. 꽃버선(노래: 신정숙, 작사 · 작곡: 오준영)(2: 06)

3. 월령가(노래: 최성수, 작사: 김시라, 민요)(3: 15)

4. 육자배기 신사(노래: 김경호, 작사: 김시라, 작곡: 박시춘)(1: 29)

5. 인생가(노래: 양정현, 작사: 김정률, 작곡: 오준영)(2: 31)

6. 봄 · 여름 · 가을 · 겨울(노래: 이대현, 작사: 김시라, 민요)(2: 29)

7. 천자풀이(노래: 오준영, 작사: 김시라, 민요)(3: 16)

뒷면) 1. 한오백년(민요, 이생강 대금 독주)(3: 12)

2. 어디로 가야 하나(노래: 박영일, 작사 · 작곡: 오준영)(2: 44)

3. 해로가(노래: 양정현, 작사: 김시라, 민요)(3: 57)

4. 사모야곡(노래: 임지훈, 작사 · 작곡: 오준영)(4: 08)

5. 어디로 가야 하나(임진환 단소 독주, 작곡: 오준영)(2: 45)

6. 시장에 가면(건전가요: 본 작품집과 무관한 음악)(1: 22)

[MC]

■ 장타령 − 1981년 녹음

● MIMC-0347

1981년 성명 미상의 국악인 녹음(신중현 소장 자료 복사본)

장타령

■ 드라마 품바품바(각설이타령) - 1980년대 녹음

● MIMC-2746

드라마 품바품바 실황 녹음 - 흥과 해학의 각설이타령

대한음향주식회사 DHR-9071/7009(1MC), 1980년대 제작. 취입자 성명 미상. 발매 당시 판매 정가: 1500원.

■ 흥과 해학의 각설이타령 테이프(품바) - 1980년대 녹음

● MIMC-2859

흥과 해학의 각설이타령 테이프(품바) 극단 현장 녹음

금성레코드, 제품번호 없음(1MC), 제작 시기 미표시.

■ 품바(사운드 트랙) ─1984년 녹음

● MIMC-0566~0567

순수한 우리 노래 싸운드 트랙-품바

주식회사 대성음반 DAS-0249 DAS-0639(1MC), 1984년 STEREO 녹음, 1985년 2월 20일 제작. 심의번호: 8411-7570~7578, 8405-2484, 8501-430~431. 이 카세트테입은 같은 시기에 장시간음반(주식회사 대성음반 DAS-0249, 1LP)으로도 제작된 바 있다.

SIDE A) 1.품바! 품바! 품바!(대사: 정규수, 에필로그 · 글: 김시라)(2: 42)

2.꽃버선(노래: 신정숙, 작사 · 작곡: 오준영)(2: 06)

3.월령가(노래: 최성수, 작사: 김시라, 민요)(3: 15)

4.육자배기 신사(노래: 김경호, 작사: 김시라, 작곡: 박시춘)(1: 29)

5.인생가(노래: 양정현, 작사: 김정률, 작곡: 오준영)(2: 31)

6.봄 · 여름 · 가을 · 겨울(노래: 이대현, 작사: 김시라, 민요)(2: 29)

7.천자풀이(노래: 오준영, 작사: 김시라, 민요)(3: 16)

SIDE B) 1. 한오백년(민요, 이생강 대금 독주)(3: 12)

2. 어디로 가야 하나(노래: 박영일, 작사 · 작곡: 오준영)(2: 44)

3. 해로가(노래: 양정현, 작사: 김시라, 민요)(3: 57)

4. 사모야곡(노래: 임지훈, 작사 · 작곡: 오준영)(4: 08)

5. 어디로 가야 하나(임진환 단소 독주, 작곡: 오준영)(2: 45)

■ 민요 각설이 공연용－녹음 시기 미상

● MIMC-2745

민요 각설이－각설이 공연용

금성레코드 제작, 제품번호 없음(1MC), 녹음 · 제작 시기, 취입자 성명 미상.

■ 민요 〈각설이타령〉－녹음 시기 미상

● MIMC-2857

품바 품바! 품바

한성음향주식회사, 제품번호 없음(1MC), 제작 시기 미표시. 취입자 성명 미상.

■ 민요 〈장타령〉, 〈품바타령〉－녹음 시기 미상

● MIMC-2846~2851

마당놀이 품바와 함께 – 디스코 메들리

남도뮤직, 제품번호 없음(6MC 박스물), 제작 시기 미표시. 취입자 성명 미상.

[테입 4] 품바와 각설이

SIDE A) 1.장타령 2.품바타령

■ 대중양악 기악합주 〈각설이타령〉 – 녹음 시기 미상

● MIMC-0687~0688

리믹스 깜짝 민요

우신아펙스/시노레코드 WCM-020(1MC), 녹음 · 제작 시기 미상. 연주자 성명 미상.

뒷면) 1. 각설이타령

[VHS]

■ 노래 〈각설이타령〉 - 1987년 녹음

● MIVHS-0345(방송 수신 녹화: 노저명)

1998년 2월 8일 04: 00~06: 00 DCN-TV. 영화 '감자'

* 영화 '감자' 1987년 제작, 1988년 3월 1일 개봉. 감독: 변장호, 각본: 김하림 · 나한봉 · 이희우 · 홍종원, 원작: 김동인, 음악 담당: 이철혁, 주연: 강수연 · 김인문 · 이대근.

창자 미상의 〈각설이타령〉 등의 민요, 국악가요, 구음, 그리고 풍물 반주의 신탈춤(반주자 미상, 김인문 탈춤 외), 국악 · 양악 섞어 만든 배경음악(작곡자 · 연주자 미상, 가야금 · 피리 등의 국악기 쓰임) 수록.

[CD]

■ 품바(사운드 트랙) - 1984년 녹음

● MICD-0902

순수한 우리 노래 싸운드 트랙-품바

주식회사 대성음반 CDAS-0249(1CD), 1984년 STEREO 녹음, 1991년 4월 20일 제작. 이 컴팩트디스크는 1985년에 제작된 장시간음반(대성음반 DAS-0249, 1LP)과 1985년 2월 20일에 제작된 카세트테입(대성음반 DAS-0639, 1MC)을 재발매한 것이다. 발매 당시 음반 가격: 7,500원.

1. 품바! 품바! 품바!(대사: 정규수, 에필로그 · 글: 김시라)(2: 42)

2. 꽃버선(노래: 신정숙, 작사 · 작곡: 오준영)(2: 06)

3. 월령가(노래: 최성수, 작사: 김시라. 민요)(3: 15)

4. 육자배기 신사(노래: 김경호, 작사: 김시라, 작곡: 박시춘)(1: 29)

5. 인생가(노래: 양정현, 작사: 김정률, 작곡: 오준영)(2: 31)

6. 봄·여름·가을·겨울(노래: 이대현, 작사: 김시라, 민요)(2: 29)

7. 천자풀이(노래: 오준영, 작사: 김시라, 민요)(3: 16)

8. 한오백년(민요, 이생강 대금 독주)(3: 12)

9. 어디로 가야 하나(노래: 박영일, 작사·작곡: 오준영)(2: 44)

10. 해로가(노래: 양정현, 작사: 김시라, 민요)(3: 57)

11. 사모야곡(노래: 임지훈, 작사·작곡: 오준영)(4: 08)

12. 어디로 가야 하나(임진환 단소 독주, 작곡: 오준영)(2: 45)

■ 품바(사운드 트랙) 등－1984년 녹음

● MICD-5645~5649

깐순이 깜비의 최고의 각설이－마당쇠 품바타령

(주)클레오엔터테인먼트 K-1207-4694-1~5(5CD 박스물), 2012년 저가
보급반 제작. 과거에 나온 여러 음반들을 모아 재발매한 것. 음반 뒷표
지에 기록되어 있는 '검증자와 각시패'는 김중자와 각시패의 오자이다.

[CD 1] 이는 '순수한 우리 노래 싸운드 트랙-품바' 음반(주식회사 대성음
반 CDAS-0249, 1CD, 1984년 STEREO 녹음, 1991년 4월 20일 제작)과 동일한 음원.
이 컴팩트디스크는 1985년에 제작된 장시간음반(대성음반 DAS-0249, 1LP)

과 1985년 2월 20일에 제작된 카세트테입(대성음반 DAS-0639, 1MC)을 재발매한 것이다.

1. 품바! 품바! 품바!(대사: 정규수, 에필로그 · 글: 김시라)(2: 42)
2. 꽃버선(노래: 신정숙, 작사 · 작곡: 오준영)(2: 06)
3. 월령가(노래: 최성수, 작사: 김시라, 민요)(3: 15)
4. 육자배기 신사(노래: 김경호, 작사: 김시라, 작곡: 박시춘)(1: 29)
5. 인생가(노래: 양정현, 작사: 김정률, 작곡: 오준영)(2: 31)
6. 봄 · 여름 · 가을 · 겨울(노래: 이대현, 작사: 김시라, 민요)(2: 29)
7. 천자풀이(노래: 오준영, 작사: 김시라, 민요)(3: 16)
8. 한오백년(민요, 이생강 대금 독주)(3: 12)
9. 어디로 가야 하나(노래: 박영일, 작사 · 작곡: 오준영)(2: 44)
10. 해로가(노래: 양정현, 작사: 김시라, 민요)(3: 57)
11. 사모야곡(노래: 임지훈, 작사 · 작곡: 오준영)(4: 08)
12. 어디로 가야 하나(임진환 단소 독주, 작곡: 오준영)(2: 45)

[CD 2] 취입자들 성명, 초판 미상.

2. 각설이타령 3.장타령

[CD 4] 취입자들 성명, 초판 미상.

9. 각설이타령

■ 노래 〈각설이타령〉 −1987년 녹음

● MICD-5841~5844

한국 영화 음악 기록사(1919~2001) 5차

영화음악작곡가협회 제작 주관, 영화진흥위원회 후원, (주)오아시스 제조 OCP-235A~D(4CD), 2002년 1월 비매품 한정판 제작 발행. 편집 · 감수: 이철혁, 사운드 마스터링: 유니온사운드 황유연 · 이상윤 · 신영. 이철혁 · 신우철 · 유길촌 · 황문평 칼라사진 · 글 등이 실려있는 총 16면짜리 한글 해설지 내장. 각 음원의 작곡자와 연주자 이름이 제대로 명시되어 있지 않다.

[CD 1] 14. 영화 '감자' 중에서 – 테마 15. 영화 '감자' 중에서 – 봉여의 사랑 16. 영화 '감자' 중에서 – 고독 17. 영화 '감자' 중에서 – 환희

* 영화 '감자' 1987년 제작, 1988년 3월 1일 개봉. 감독: 변장호, 각본: 김하림 · 나한봉 · 이희우 · 홍종원, 원작: 김동인, 음악 담당: 이철혁, 주연: 강수연 · 김인문 · 이대근.

창자 미상의 〈각설이타령〉 등의 민요, 국악가요, 구음, 그리고 풍물반주의 신탈춤(반주자 미상, 김인문 탈춤 외), 국악 · 양악 섞어 만든 배경음악(작곡자 · 연주자 미상, 가야금 · 피리 등의 국악기 쓰임) 수록.

■ 노래 〈장타령〉, 〈품바타령〉 – 1990년대 후반 녹음

● MICD-1068

품바관광 민요 2집

(주)뮤직마스터 MM-1014(1CD), 1990년대 후반 녹음 제작. 남자 · 여자 가수 각 1명(성명 미상) 취입반. 반주자들 성명 미상.

1. 장타령 2. 품바타령

■ 노래 〈각설이타령〉 – 녹음 시기 미상

● MICD-4683~4684, MICD-6157~6158

각설이 품바쇼 – 이 시대 최고의 품바 디스코

월드미디어 ORC-PBS1~2(2CD 박스물), 2007년 염가 보급반 제작. 해설 인쇄물 따로 없음. 가수·기악반주자들 성명 미상.

[CD 2] 1. 각설이타령 10. 각설이타령

■ 노래 〈각설이타령〉 – 녹음 시기 미상

● MICD-4923

트로트의 결정판! 대중 트로트 가요 VOL.3

한일음반 CHUNHA-032(1CD), 2009년경 염가 보급반 제작. 알판만 제품으로 나오고 표지 케이스는 함께 제작되지 않았으며 간단한 보관 비닐에 들어있음. 취입자들 성명 미상.

25. 각설이타령

[VCD]

■ 품바 다큐멘터리와 공연 실황 동영상 – 2001년 촬영

● MICDROM(VIDEOCD) – 0178

품바 20주년 기념 및 고 김시라 선생 추모 공연 – 품바(3) 동영상 VCD

예당 YDCD-542(1VCD), 2001년 6월 1~21일 동숭아트홀 공연 실황, 2001년 제작. 품바의 이해를 돕기 위한 다큐멘터리와 공연 실황 동영상 수록. 품바에 대한 해설 글 등이 실려있는 총 4면짜리 국·영문 인쇄물 내장.

[DVD]

■ 노래 〈품바타령〉-2010년 촬영

● MIDVD-0315

난타 민요 디스코

민요 창: 정수정·임종숙·조소현·이운선·원미숙·이은영·박부순·이납순·김진출, 특별 출연: 나무로·조창길, 난타: 음빛문화예술단, 음악: 홍기성, 반주: 윤길원·장기호(태평소·대금·색소폰), 북: 김대식, 상쇠: 강윤규, 징: 이납순, 부쇠: 우해경, 장고: 유영금·안순자, 상모: 김재호·김상득.

오봉미디어 제작, 제품번호 없음(1DVD), 2010년 제작. 별도 인쇄물 따로 없음. 녹음 담당: 성아뮤직, 기획·연출: 나무로, 장소 협찬: 양주 별산대 상설 공연장. 뒷표지에 정수정 칼라사진 수록.

23. 품바타령(구전민요)

■ 노래 〈각설이타령〉-2013년 촬영

● MIDVD-0999

명품 각설이 코뿔소 – 명품 각설이들의 신명나는 품바 한마당
삼성음반 SSR-1658(1DVD), 2013년 4월 제작. PD: 최진우, 감독: 남민철. 앞·뒷표지에 출연자들 칼라사진 수록. 총 60분.
1. 각설이타령

저자 노재명(盧載明)

　국악음반박물관 관장, 한국고음반연구회 대표, 판소리 설치미술가, 다큐멘터리 감독, 한국예술종합학교 전통성악창작실습 담당교수.

　1969년 서울 출생. 배재고등학교와 성균관대학교 동아시아학과 석사 · 박사 졸업. 40여년간 국악 자료 63,000여점 수집 · 정리 DB(hearkorea.com) 구축, 국악 음반 사전 7권(3,000여면) 완간.

　서울여대 · 한양대 · 한성대 · 단국대 · 연세대 · 국민대 · 국립국악원 · 국립민속국악원 · 국립민속박물관 · 국립세종도서관 · 토지주택박물관　등 출강, 한국문화예술위원회 전통예술위원, 나라음악큰잔치 기획위원, 전주세계소리축제 프로그래머, 충남문화재단 예술감독, 인천서구문화재단 운영위원을 역임했고 KBS, 국악방송 MC로 20여년간 활동.

　주요 논문으로 「판소리 명창 이선유의 음반에 관한 연구」(1991년), 「1973년 판소리 감상회 방명록 연구」(2023년) 등 50여편과 주요 저서 『판소리 음반 걸작선』, 『판소리 음반 사전』, 『중고제 판소리 흔적을 찾아서』, 『신중현과 아름다운 강산』, 『코카서스산맥 민속음악 여행 － 아르메니아 · 조지아』, 『잊혀진 판소리 무숙이타령을 찾아서』, 『동편제 심청가 흔적을 찾아서』, 『염계달 명창과 수궁가』 등 50여권 발표.

　국악 고음반 전시회, 국악 유성기음반 복원 연주회, 판소리 3명창 특별공연, 귀명창대회, 적벽가 연속 감상회, 판소리 명창의 발자취를 찾아서, 소리 MC 선발대회, 100개의 별 전주에 뜨다(명인명창 전주에 모이다) 행사, 한국 방짜 국악기 전시회, 한국－실크로드 국제 아리랑 축제, 지영희 특별전, 중고제 충청소리제, 세종국제실크로드음악제, 음성국제판소리축제 등 기획 연출.

　국악 음반과 서적 총 400여종 기획 제작. 지영희국악관, 우리소리도서관, 우리소리박물관, 나주신청문화관, 한국소리터 평택토리사랑방 설립 자문 · 자료 제공. 2001년 설립한 국악음반박물관이 서울시청에 의해 음악 명소로 선정됨.

　2003년 KBS국악대상 출판 및 미디어 부문상, 2004년 난계예술제 국악공로상(난계악학공로상), 2021년 대통령 표창 수상.

품바 각설이타령의 재발견

초 판 인 쇄	2026년 03월 20일
초 판 발 행	2026년 03월 30일

저　　　자	노재명
발 행 인	윤석현
발 행 처	박문사
책 임 편 집	최인노
등 록 번 호	제2009-11호

우 편 주 소	서울시 도봉구 우이천로 353
대 표 전 화	02) 992 / 3253
전　　　송	02) 991 / 1285
전 자 우 편	bakmunsa@hanmail.net

ⓒ 노재명, 2026 Printed in KOREA.

ISBN 979-11-7390-036-5　　　93380　　　　　정가 26,000원